Naturwunder und Kulturschätze unserer Welt

Nord- und Westafrika

Das Welterbe der UNESCO

Naturwunder und Kulturschätze unserer Welt

Nord- und Westafrika

EIN ADAC BUCH

Zu einer Entdeckungsreise nach Nord- und Westafrika lädt dieser Band ein. Er präsentiert Ihnen die faszinierenden Kultur- und Naturschätze des Schwarzen Kontinents zwischen dem Roten Meer, der Mittelmeerküste und dem Golf von Guinea.

Die Königsstadt Fès in Marokko strahlte als kulturelles Zentrum des Maghreb weit über Nordafrika hinaus. Berühmt ist auch Marrakesch mit seiner verwinkelten Medina und der Koutoubia-Moschee, dem architektonischen Vorbild für viele Gebetshäuser.

Algeriens Beitrag zum Welterbe umfaßt neben der reizvollen Altstadt von Algier die jahrtausendealten Felszeichnungen im Nationalpark Tassili n'Ajjer und die Ruinen der Römersiedlungen Tipasa, Djemila und Timgad sowie die mittelalterliche Bergfestung Beni Hammad und die alten Lehmstädte im Tal von M'Zab. Als bedeutendstes Feuchtgebiet Nordafrikas zeichnet sich der tunesische Nationalpark Ichkeul durch eine außergewöhnliche Artenvielfalt aus. Die herrliche Medina von Tunis repräsentiert Baustile verschiedener Epochen, während in der Altstadt von Sousse und in der Heiligen Stadt Kairouan einzigartige Zeugnisse islamischer Baukunst zu bewundern sind. Das imposante Amphitheater von El Djem verdankt seine Entstehung dem florierenden Handel mit Olivenöl. Tunesiens wohl bekannteste Welterbestätten stellen die Ruinen des einst mächtigen Stadtstaates Karthago und das ebenfalls von den Phöniziern gegründete Kerkouane mit seiner Totenstadt dar.

Von einer blühenden Sahara-Landschaft zeugen die Felszeichnungen von Tadrart Acacus im Südwesten Libyens. Das reiche kulturelle Erbe dieses Landes wird durch die archäologischen Stätten von Sabratha und Leptis Magna sowie durch die Altstadt von Ghadames eindrucksvoll sichtbar.

Mit den berühmten Pyramiden von Giseh in Ägypten, gigantischen Monumenten frühgeschichtlicher Baukunst, ließen sich die Pharaonen eindrucksvolle Grabstätten errichten. Einzigartig sind auch die Überreste von Theben mit seiner Totenstadt und die 2000 Jahre alten Monumente von Abu Simbel, die von der UNESCO in einer internationalen Gemeinschaftsaktion vor den Fluten des Nasser-Stausees gerettet werden konnten. Das alte Kairo wurde ebenso wie die Ruinen von Abu Mena in die Liste des Weltkulturerbes aufgenommen.

An den Sklavenhandel erinnern die Baudenkmäler auf der Insel Gorée vor Senegal. Das Zentrum des »sudanesischen Humanismus« stellte das alte Timbuktu in Mali dar. Djenné, die älteste Stadt Schwarzafrikas, verdankte seinen Aufschwung dem Transsahara-Handel. Im Schutz der mächtigen Bandiagara-Felsen konnte das Bauernvolk der Dogon seine traditionelle Lebensweise bewahren.

Die Ashanti in Ghana hinterließen ein bemerkenswertes religiöses und architektonisches Erbe. Ein europäisches Erbe stellen dagegen die Festungen und Schlösser an der Goldküste dar, die den verschiedenen Seefahrernationen als Handelsstützpunkte dienten. In Benin erinnern noch zwei Paläste an die einstigen Könige von Abomey.

Der Nationalpark Banc d'Arguin an der mauretanischen Atlantikküste, ein Winterquartier für Zugvögel aus Europa, ist ein wichtiges Refugium der gefährdeten Mittelmeer-Mönchsrobben. Tierparadiese sind auch das Vogelschutzgebiet Djoudj sowie der Nationalpark Niokolo-Koba in Senegal mit seinem hohen Bestand an Roten Stummelaffen. Die Wüstenlandschaft des Naturreservats Aïr und Ténéré in Niger mußte aufgrund des dort herrschenden Bürgerkrieges auf die Liste des gefährdeten Welterbes gesetzt werden. Dasselbe Schicksal ereilte das Naturreservat Nimba-Berge im Grenzgebiet zwischen Guinea und der Elfenbeinküste. Im Nationalpark Comoé gelang es bisher nicht, die Wilderei zu unterbinden. Das zweite Naturerbe der Elfenbeinküste, der Nationalpark Taï, beherbergt den letzten geschlossenen Regenwald des Gebietes und eine besondere Attraktion: Schimpansenherden.

Überzeugen Sie sich selbst von der Vielgestaltigkeit der Natur und vom kulturellen Reichtum Nord- und Westafrikas!

Dr. Bernd von Droste zu Hülshoff
Direktor des Welterbezentrums
der UNESCO

Auszug aus der Konvention zum Schutz des Kultur- und Naturerbes der Menschheit

Die Generalkonferenz der Organisation der Vereinten Nationen für Erziehung, Wissenschaft und Kultur, die in der Zeit vom 17. Oktober bis 21. November 1972 in Paris zu ihrer 17. Tagung zusammengetreten ist, beschließt am 16. November 1972 dieses Übereinkommen

- im Hinblick darauf, daß das Kulturerbe und das Naturerbe zunehmend von Zerstörung bedroht sind, nicht nur durch die herkömmlichen Verfallsursachen, sondern auch durch den Wandel der sozialen und wirtschaftlichen Verhältnisse, der durch noch verhängnisvollere Formen der Beschädigung oder Zerstörung die Lage verschlimmert;
- in der Erwägung, daß der Verfall oder der Untergang jedes einzelnen Bestandteils des Kultur- oder des Naturerbes eine beklagenswerte Schmälerung des Erbes aller Völker der Welt darstellt; (...)
- in der Erwägung, daß es angesichts der Größe und Schwere der drohenden neuen Gefahren Aufgabe der internationalen Gemeinschaft als Gesamtheit ist, sich am Schutz des Kultur- und Naturerbes von außergewöhnlichem universellem Wert zu beteiligen, indem sie eine gemeinschaftliche Unterstützung gewährt, welche die Maßnahmen des betreffenden Staates zwar nicht ersetzt, jedoch wirksam ergänzt; (...)

Bestimmung der Begriffe Kulturerbe und Naturerbe

Im Sinne dieses Übereinkommens gelten als »**Kulturerbe**«

Denkmäler: Werke der Architektur, Großplastik und Monumentalmalerei, Objekte oder Überreste archäologischer Art, Inschriften, Höhlen und Verbindungen solcher Erscheinungsformen, die aus geschichtlichen, künstlerischen oder wissenschaftlichen Gründen von außergewöhnlichem universellen Wert sind;
Ensembles: Gruppen einzelner oder miteinander verbundener Gebäude, die wegen ihrer Architektur, ihrer Geschlossenheit oder ihrer Stellung in der Landschaft aus geschichtlichen, künstlerischen oder wissenschaftlichen Gründen von außergewöhnlichem universellen Wert sind;
Stätten: Werke von Menschenhand oder gemeinsame Werke von Natur und Mensch sowie Gebiete einschließlich archäologischer Stätten, die aus geschichtlichen, ästhetischen, ethnologischen oder anthropologischen Gründen von außergewöhnlichem universellen Wert sind.

Im Sinne dieses Übereinkommens gelten als »**Naturerbe**«

Naturgebilde, die aus physikalischen und biologischen Erscheinungsformen oder -gruppen bestehen, welche aus ästhetischen oder wissenschaftlichen Gründen von außergewöhnlichem universellen Wert sind;
geologische und physiographische Erscheinungsformen und genau abgegrenzte Gebiete, die den Lebensraum für bedrohte Pflanzen- und Tierarten bilden, welche aus wissenschaftlichen Gründen oder ihrer Erhaltung wegen von außergewöhnlichem universellen Wert sind;
Naturstätten oder genau abgegrenzte Naturgebiete, die aus wissenschaftlichen Gründen oder ihrer Erhaltung oder natürlichen Schönheit wegen von außergewöhnlichem universellen Wert sind.

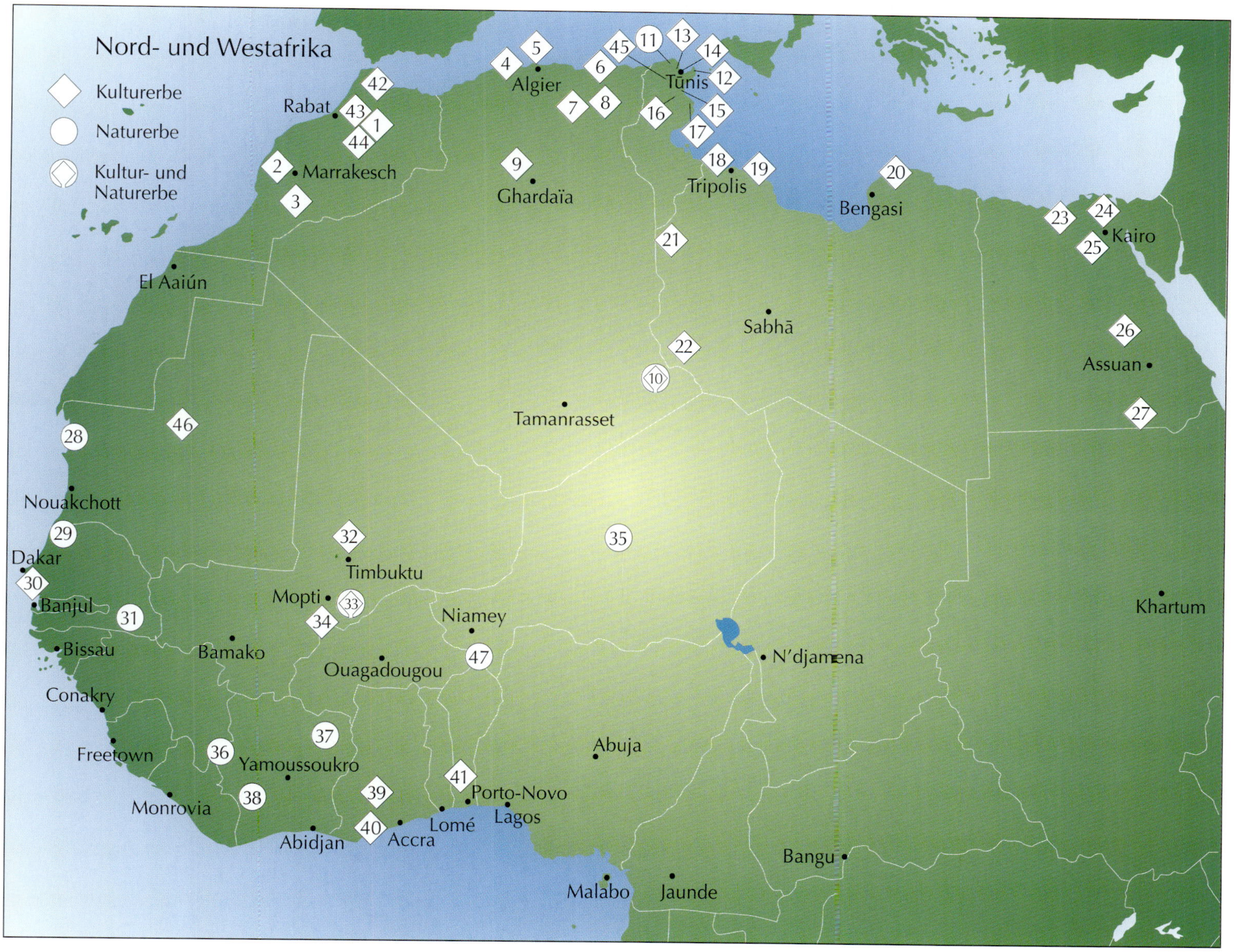

Marokko
- ◇ 1 Medina von Fès
- ◇ 2 Medina von Marrakesch
- ◇ 3 Festungsdorf Aït Benhaddou

Algerien
- ◇ 4 Ruinenstadt Tipasa
- ◇ 5 Kasbah von Algier
- ◇ 6 Ruinen von Djemila
- ◇ 7 Bergfestung des Beni Hammad
- ◇ 8 Ruinen von Timgad
- ◇ 9 Tal von M'Zab
- 10 Tassili n'Ajjer

Tunesien
- ○ 11 Nationalpark Ichkeul
- ◇ 12 Punische Stadt Kerkouane und ihre Nekropole
- ◇ 13 Ruinen von Karthago
- ◇ 14 Medina von Tunis
- ◇ 15 Medina von Sousse
- ◇ 16 Kairouan
- ◇ 17 Amphitheater von El Djem

Libyen
- ◇ 18 Ruinen von Sabratha
- ◇ 19 Ruinen von Leptis Magna
- ◇ 20 Ruinen von Kyrene
- ◇ 21 Altstadt von Ghadames
- ◇ 22 Felszeichnungen von Tadrart Acacus

Ägypten
- ◇ 23 Ruinen von Abu Mena
- ◇ 24 Das islamische Kairo
- ◇ 25 Memphis und seine Totenstadt mit den Pyramidenfeldern von Giseh bis Daschur
- ◇ 26 Das alte Theben und seine Totenstadt
- ◇ 27 Die nubischen Denkmäler von Abu Simbel bis Philae

Mauretanien
- ○ 28 Nationalpark Banc d'Arguin

Senegal
- ○ 29 Nationales Vogelschutzgebiet Djoudj
- ◇ 30 Insel Gorée
- ○ 31 Nationalpark Niokolo-Koba

Mali
- ◇ 32 Timbuktu
- 33 Felsen von Bandiagara – das Land der Dogon
- ◇ 34 Das alte Djenné

Niger
- ○ 35 Naturreservat Aïr und Ténéré

Guinea/Elfenbeinküste
- ○ 36 Naturreservat Nimba-Berge

Elfenbeinküste
- ○ 37 Nationalpark Comoé
- ○ 38 Nationalpark Taï

Ghana
- ◇ 39 Traditionelle Bauten der Ashanti
- ◇ 40 Festungen und Schlösser an der Goldküste

Benin
- ◇ 41 Königspaläste von Abomey

Neue Welterbestätten
- ◇ 42 Medina von Tetuan
- ◇ 43 Ruinen von Volubilis
- ◇ 44 Meknès
- ◇ 45 Ruinen von Thugga/Dougga
- ◇ 46 Wüstenstädte Ouadane, Chinguetti, Tîchît und Oualata
- ○ 47 W-Nationalpark

Ghardaïa im Tal von M'Zab, Algerien

Ruinen von Djemila, Algerien

Inhalt

Hauptplatz der Medina von Marrakesch, Marokko

Mosaik in Sousse, Tunesien

Große Moschee in Kairouan, Tunesien

Altstadt von Ghadames, Libyen

Große Sphinx von Giseh, Ägypten

Relief aus Theben, Ägypten

Moschee im Dogon-Dorf Kani-Kombolé in der Felsenlandschaft von Bandiagara, Mali

Naturreservat Aïr und Ténéré, Niger

Naturreservat Nimba-Berge, Guinea/Elfenbeinküste

Elefanten im Nationalpark Taï, Elfenbeinküste

Wandrelief an einem Ashanti-Tempel, Ghana

Medina von Fès

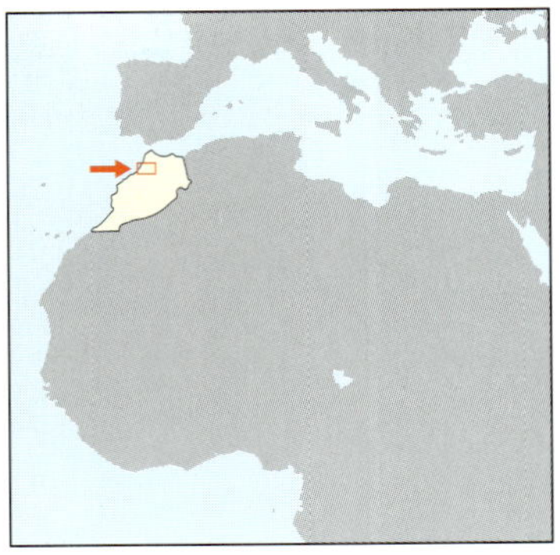

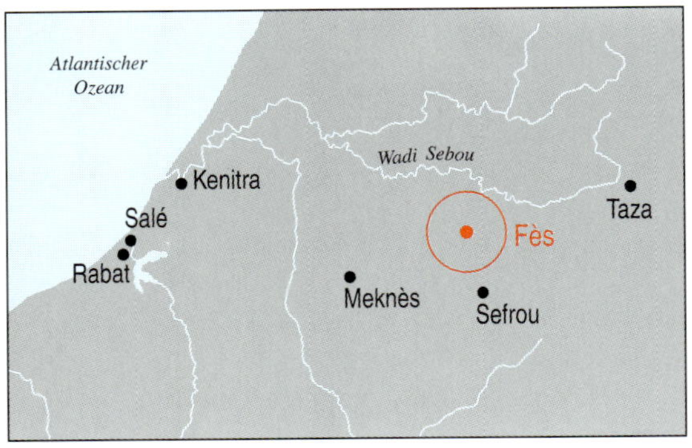

Lage: zwischen Rif-Gebirge und Mittlerem Atlas, etwa 200 Kilometer östlich von Rabat

Weltkulturerbe: seit 1981

Seit einem halben Jahrtausend hat das historische Zentrum der alten Königsstadt Fès, bis heute geistig-kultureller Mittelpunkt Marokkos, sein Aussehen kaum verändert. Prächtige Moscheen, Minarette und Koranschulen, ein Labyrinth enger Gassen und Souks mit geschäftigem Treiben kennzeichnen die Medina. Für den Erhalt dieser Welterbestätte sind neben den dringlichen Restaurierungen auch die akuten Probleme der Überbevölkerung und Umweltverschmutzung zu bewältigen.

Nördlich der Altstadt erstrekken sich die Ruinen der Totenstadt der Meriniden, einer Dynastie, die zwischen dem 13. und dem 15. Jahrhundert Fès beherrschte. Von dort bietet sich ein herrlicher Blick über die Stadt.

Zwischen 1203 und 1207 erhielt die ursprünglich aus dem 9. Jahrhundert stammende Andalusier-Moschee im Viertel »El Andalous« ein neues Nordportal mit einem reichverzierten Holzdach.

Die Königsstadt Fès war als geistig-kulturelles Zentrum des Maghreb schon im 11. Jahrhundert bis weit über die Grenzen Nordafrikas hinaus in der arabischen Welt berühmt. Ein almoravidischer Sultan ließ damals die trennende Mauer zwischen dem Kairaouine-Viertel und dem Andalusier-Viertel niederreißen; so entstand die Medina, die Fès el Bali genannt wird. Dennoch bewahrten diese beiden Teile der Altstadt über die Jahrhunderte hinweg ihr unverwechselbares Gepräge.
Hinter den erhaltenen Stadtmauern des historischen Kerns, dessen Erscheinungsbild sich seit dem 14. Jahrhundert kaum verändert hat, überragen die wichtigsten Baudenkmäler der Königsstadt das enge Gassenlabyrinth von Alt-Fès, das seinen Rang als geistige und religiöse Mitte Marokkos bis in die Gegenwart bewahren konnte.

Zeugnisse islamischer Kultur

Den Grundstein der Wallfahrtsstadt Fès am gleichnamigen Fluß legte im Jahr 808 der zweite Sultan aus der nordwestafrikanischen Idrisiden-Dynastie, Idris II. (791 bis 828), der schon zu seinen Lebzeiten als Heiliger verehrt wurde. Fès verdankte den schon zehn Jahre nach der Stadtgründung einsetzenden Aufschwung jenen Glaubensflüchtlingen, die aus dem andalusischen Emirat von Córdoba vor den neuen Omaijaden-Herrschern geflohen waren. Die maurischen Handwerker erbauten in ihrem Quartier »El Andalous« im 9. Jahrhundert die Andalusier-Moschee; das nördliche Portal des zu Beginn des 13. Jahrhunderts neuerrichteten Gebetshauses wurde mit einem geschnitzten Holzdach verziert.
Einwanderer aus der Heiligen Stadt Kairouan in Tunesien, die mit ihren fortgeschrittenen Handwerkstechniken das Stadtviertel »El Kairaouine« errichteten, erbauten ab dem Jahr 857 die Kairaouine-Moschee. Etwa ein Jahrhundert später wurde ihr eine Universität angeschlossen, die als älteste Lehrstätte des westlichen Islam das Geistesleben entscheidend prägte. Nicht nur der berühmte Geschichtschreiber Ibn Chaldun (1332–1406) lehrte hier, auch der bedeutende Philosoph und Mediziner Ibn Ruschd (1126–1198), der im Abendland unter dem Namen Averroes bekannt wurde, verbrachte einige Jahre in Fès.
Bis zu 22 000 Gläubige fassend, besitzt die mehrfach erweiterte, im Inneren eher nüchtern anmutende Kairaouine-Moschee heute 16 Schiffe mit jeweils 21 Gewölbebögen, die von insgesamt 270 Säulen getragen werden. In die Qibla-Wand baute man eine reich verzierte polygonale Gebetsnische, in der Bestattungsmoschee stand während des Trauergebetes der Sarg des Verstorbenen. Schwarze Fliesen bedecken den Hof, in dessen Mitte ein steinernes Brunnenbecken für die rituellen Waschungen steht. Farbige Fliesen sowie filigrane Holz- und Steinarbeiten schmücken die Wände des Gebetshauses; glänzende, flaschengrüne Ziegel

decken das vielgliedrige Dach der insgesamt 16 000 Quadratmeter umfassenden Anlage. Große Teile des Bauschmucks stammen aus der Zeit der Almohaden, die Fès ab Mitte des 12. Jahrhunderts in ein Goldenes Zeitalter führten.
Grünglasierte Ziegel decken auch das zeltförmige Dach der 1437 errichteten und im 18. Jahrhundert renovierten Zaouia, eines als besonders geheiligt geltenden Ortes, in dem Idris II. zur letzten Ruhe gebettet wurde. Zu Ehren des Heiligen versammeln sich die Handwerker noch heute einmal jährlich in der Grabmoschee; den Katafalk überziehen die Seidenweber zu diesem Anlaß mit einem neuen Brokattuch.

Bauten aus merinidischer Zeit

Als die Dynastie der Meriniden ihre almohadischen Widersacher vom Thron verdrängt hatte, war Fès el Bali offenbar bereits überbevölkert. So wurde um 1276 Fès el Jedid gegründet, die neue Stadt mit dem ersten Sultanspalast und der 1395 vollendeten Großen Moschee. Ungefähr zur selben Zeit entstand das architektonisch von den arabischen Stadtteilen deutlich abweichende Judenviertel Mellah. Vor einer nördlich der Stadt angelegten Meriniden-Nekropole sind nur noch Reste erhalten.
Die Medresen der Meriniden-Zeit zählen zu den schönsten Koranschulen des Maghreb.

Die riesige Kairaouine-Moschee soll bis zu 22 000 Menschen aufnehmen können. Die Innenräume sind allein den Muslimen vorbehalten – Andersgläubigen ist der Zutritt nicht gestattet.

Nächste Doppelseite: Wie seit alten Zeiten stellen die Gerber von Fès hochwertiges Leder her – ein pittoreskes Bild, aber eine übelriechende und ungesunde Arbeit.

Unter der Meriniden-Dynastie entstand im 14. Jahrhundert die Medrese Es Sahrij. Sie ist zwar nicht so berühmt wie andere Koranschulen in der alten Königsstadt, kann aber ebenfalls mit dekorativem Bauschmuck aufwarten.

Die Medrese El Attarine gilt als eine der schönsten Koranschulen in Marokko. Sultan Abu Said Othman erteilte in der ersten Hälfte des 14. Jahrhunderts den Auftrag zu ihrem Bau.

Die um die Mitte des 14. Jahrhunderts fertiggestellte Medrese Bou Inanija, zu der auch eine Moschee gehört, war jahrhundertelang eine der bedeutendsten Lehrstätten Marokkos. Ihre Lehrräume, deren Wände Mosaiken und Koraninschriften schmücken, öffnen sich zum Innenhof hin. Holzgeschnitzte und bemalte »Muquarnas«, wie die maurischen Wabengewölbe genannt werden, zieren die Pyramidenkuppel der Halle, den Hof legte man mit Platten aus Onyx, rosarotem und weißem Marmor aus. Stuck und Fliesen schmücken auch die 1323–25 errichtete Medrese El Attarine.
Während der prächtige Nejjarîn-Brunnen am Tischlermarkt, eine Arbeit des 17. Jahrhunderts, neben einem Zedernholz-Vordach eine Verkleidung aus glasiertem Fliesenmosaik erhielt, weist der benachbarte Fondouk, der als Warenlager und Herberge zugleich diente, Dekorationen aus Stuck, geschnitztem Holz und Mosaikfeldern auf. Der Tischler-Souk dient heute als Museum für das Holzhandwerk.

Anschluß an die Zukunft

Mit der Fertigstellung ihrer Paläste nach dem Vorbild des Generalife-Palastes in Granada schufen die alidischen Sultane im 19. Jahrhundert die letzten bemerkenswerten Baudenkmäler der Stadt. Seit 1912 wurde die Medina praktisch nicht mehr instandgehalten. Einst für 100 000 Menschen angelegt, drängen sich heute dreimal so viele Bewohner und damit 60 Prozent der Gesamtbevölkerung von Fès in den engen Wohnungen der Altstadt. Die über 1000 Jahre alten Wasserleitungen sind den Anforderungen längst nicht mehr gewachsen.
Über die Jahrzehnte hat die Umweltverschmutzung so stark zugenommen, daß 1980 der damalige UNESCO-Generalsekretär Amadou Makhtar M'Bow die internationale Gemeinschaft aufrief, Fès als eine der wertvollsten Städte der islamischen Welt gemeinsam vor dem Untergang zu bewahren. Seit 1989 bemüht sich die staatliche Agentur Ader-Fès darum, der Altstadt einen Weg in die Zukunft zu ermöglichen. Weil öffentliche Gelder fehlen, versucht die Agentur, die Einwohner zum eigenständigen Erhalt ihrer Gebäude zu bewegen; dabei macht sie auch Handwerker wieder mit traditionellen Arbeitsformen vertraut. Als Symbol für den Schaffensgeist des Islam benötigt Fès heute mehr denn je den Beistand der internationalen Völkergemeinschaft.

Medina von Marrakesch

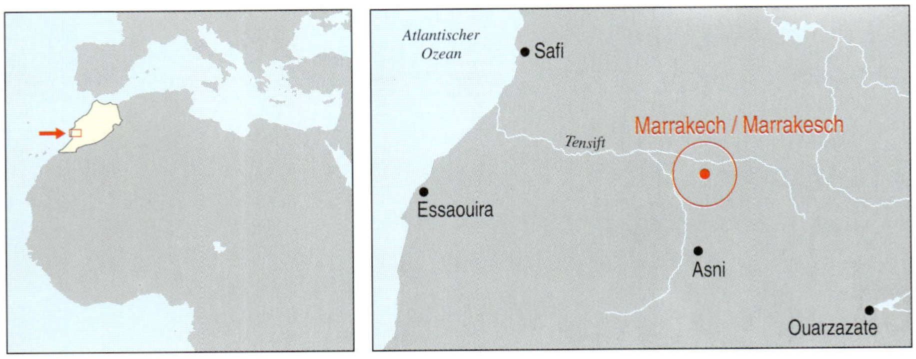

Lage: vor dem Nordwesten des Hohen Atlas, etwa 235 Kilometer südlich von Casablanca

Weltkulturerbe: seit 1985

Bei der Verschönerung der Medina von Marrakesch, das dem ganzen Königreich seinen Namen gab, wetteiferten die jeweiligen Sultansdynastien nach Kräften, ihre Vorgänger noch zu übertreffen. Wahrzeichen der Stadt ist das Minarett der Koutoubia-Moschee aus dem 12. Jahrhundert im klassisch-maurischen Stil. Prachtvolle Paläste, Mausoleen und Moscheen sowie das Gassengewirr der Souks geben der Altstadt ihren besonderen Charme. Sorgen bereitet den Denkmalschützern neben dem Verfall vieler Wohngebäude die zunehmende Umwandlung der legendären Gärten in Baugrundstücke.

Auf dem Hauptplatz der Medina, Djemaa el Fna genannt, pulsiert das Leben der Stadt. Noch bis ins vorige Jahrhundert ließen die Herrscher hier die abgeschlagenen Köpfe der Hingerichteten auf langen Stangen zur Schau stellen.

TERRASSE
PANORAMIQUE
HAWAI

Wenn die Hitze spätnachmittags nachläßt, füllt sich der größte Platz der Medina allmählich mit Leben. In farbigen Kostümen vollführen Akrobaten, vom Rhythmus der Trommler angespornt, tollkühne Luftsprünge vor einem bunten Völkergemisch. Aufmerksam lauschen Kinder am Platzrand einem alten Geschichtenerzähler, der gerade ein Märchen aus seinem schier unermeßlichen Fundus zum besten gibt. Der mündlichen Überlieferung kommt in dieser Kultur bis heute eine große Bedeutung zu. Während Quacksalber und Dentisten mit geradezu schreckenerregenden Utensilien ihre Heilkünste anbieten, recken sich zu den schrill-näselnden Klängen der Zungenpfeifen die giftigen Reptilien der Schlangenbeschwörer in die Höhe.

Weitgehend erhalten ist die über zehn Kilometer lange, wehrhafte Stadtmauer von Marrakesch, die in ihrer heutigen Form ab dem späten 17. Jahrhundert erbaut wurde.

Die »Perle des Südens«

Wie eine »Versammlung der Toten« – so eine mögliche Übersetzung des Namens »Djemaa el Fna« – wirkt der ausgedehnte Hauptplatz der alten Königs- und Handelsstadt im Süden des Königreiches wahrlich nicht. Marrakesch und seine alte Richtstätte, auf der früher die Schädel der Geköpften zur Schau gestellt wurden, ist nach wie vor »die über den Atlas geworfene Perle des Südens«, wie ein Dichter die in Palmenhaine und Gärten eingebettete Residenzstadt einmal nannte. Nirgends schlägt ihr Herz kraftvoller als auf der Djemaa el Fna, an deren Rand das Minarett der Koutoubia-Moschee seit über acht Jahrhunderten, so der spanische Schriftsteller Juan Goytisolo, »standhaft über die ewige Seligkeit der Toten und das getriebene Dasein der Lebenden wacht«. Nördlich des Platzes erstreckt sich das faszinierende Labyrinth der Souks mit ihren engen Gassen, in denen ein lebhaftes Treiben herrscht.

Die Königsstadt im Süden, die dem ganzen Land ihren Namen geben sollte, geht auf den berberischen Almoraviden-Herrscher Youssouf Ben Tachfin zurück. Er ließ ab dem Jahr 1071 das ursprüngliche Militärlager zu einer Residenz ausbauen, bevor er und seine Nachfolger die Fahne und das

Das 77 Meter hohe Minarett der Koutoubia-Moschee stammt aus der Zeit der Almohaden. Im Inneren befinden sich sechs übereinanderliegende Räume, um die eine Rampe nach oben führt. Der Muezzin konnte so auf dem Rücken eines Esels bis zur Terrasse gelangen.

Ende des 16. Jahrhunderts ließ der Saadier-Sultan Ahmed el Mansour einen neuen Königspalast, den Dar el Badi, errichten, von dem selbst die Ruinen beeindrukkend sind. Links ist das Minarett der Kasbah-Moschee zu erkennen, die gegen Ende des 12. Jahrhunderts entstand und später mehrfach umgebaut wurde.

Schwert des Propheten durch die Sahara bis zum Atlantik und in die Kabylei sowie an die Ufer des Ebro im arabischen Teil der Iberischen Halbinsel trugen.

Die Gründung der Medina fällt in das erste Drittel des 12. Jahrhunderts; östlich der Stadt ließen die Almoraviden auf 13 000 Hektar einen Palmenhain anlegen. Marrakesch, noch Anfang des 20. Jahrhunderts Umschlagplatz für den Sklavenhandel, hat bis heute den Charakter einer typischen Oasenstadt bewahrt.

Um 1147 mußten die Almoraviden den Almohaden weichen. Die neuen Herrscher zeigten wenig Respekt vor dem Architekturerbe, das bis auf wenige Relikte niedergerissen wurde. Erhalten blieben Reste der Kasbah (Stadtfestung) des Abu Bekr, der Moschee des Youssouf Ben Tachfin, des Palastes des Ali Ben Youssouf sowie des Wasserbeckens und der 1120 erbauten Koubba el Baadiyn, einst Teil der damaligen Ali-Moschee. Überlappende Spitzbögen mit darübergelegtem Zickzackdekor verlaufen um das Äußere dieser Kuppel, die innen mit Rippenbögen versehen wurde.

Almohadische Glanzpunkte

Den almohadischen Sultanen verdankt Marrakesch sein Wahrzeichen, das ab 1147 aus Backstein und schieferhaltigem Sandstein errichtete, 77 Meter hohe Minarett der Koutoubia-Moschee. Sein Fassadenschmuck besteht aus Blendarkaden mit Reliefs, die als Flechtwerk gestaltet sind. Dabei malte man die Vertiefungen farbig aus und schmückte das wohlproportionierte Baudenkmal, das noch heute beim Bau neuer Minarette in diesem Teil der islami-

Unter den vielen Stadttoren Marrakeschs ragt als architektonischer Höhepunkt das Bab Agnaou hervor, das in der zweiten Hälfte des 12. Jahrhunderts errichtet wurde.

schen Welt als Vorbild dient, mit dekorativen Inschriftenbändern.
Weil der Vorgängerbau der Koutoubia-Moschee nicht die vorgeschriebene Ausrichtung nach Mekka aufwies, wurde er abgerissen. Die neue Moschee erhielt einen T-förmigen Grundriß aus Mittelschiff, mehreren Seitenschiffen und einem Querschiff vor der korrekt gen Mekka weisenden Qibla-Wand. Wabengewölbe nach maurisch-maghrebinischer Art zieren im Wechsel mit hölzernen Decken das Querschiff, das beim Bau der nasridischen Königshalle in der Alhambra von Granada Modell stand. Während die Wände in Weiß gehalten sind, wurden Halbsäulen und Pfeiler mit reichgeschmückten Kapitellen verziert.
Gleichfalls in der Almohaden-Zeit entstand die später mehrfach umgestaltete Moschee der Kasbah. Sie besitzt fünf Innenhöfe, die miteinander verbunden sind. Die Erbauer hielten die Schiffe der Gebetshalle klein und kehrten so die bis dahin übliche Relation zwischen gedeckten und offenen Räumen um. Mit seinen vier überdimensionalen Bögen, durch die man den Innenhof betritt, knüpft das Ensemble architektonisch an die im Nahen Osten verbreiteten Vier-Iwan-Höfe an.
Während der almohadischen Epoche entstanden auch neue Stadttore, darunter das aus blauen Guéliz-Steinen errichtete Bab Agnaou. Die Sultane aus dieser Dynastie gründeten außerdem neue Stadtteile und ließen die berühmte, im Mittelteil von 27 Jochen getragene Tensift-Brücke erbauen. Ihnen verdankt die Stadt auch mehrere Pflanzungen in der unwirtlichen Umgebung und das ausgefeilte Kanalsystem, das zur Bewässerung der Gärten diente.

1

1 Kostbare farbige Dekorfliesen zieren die Decke des Großwesirsaales im weitläufigen Bahia-Palast, der aus der zweiten Hälfte des 19. Jahrhunderts stammt.

Paläste und Mausoleen

Auf die Meriniden-Sultane folgten Anfang des 16. Jahrhunderts die Saadier, unter ihnen Ahmed el Mansour, den seine Zeitgenossen nicht grundlos den »Goldenen« nannten. Nachdem er die sagenumwobene Goldstadt Timbuktu geplündert hatte, ließ er sich den Palast Dar el Badi erbauen, von dem heute nur noch Ruinen erhalten sind. Auf dem ausgedehnten Paradehof der einstigen Residenz, aus deren Baumaterial ein Nachfolger im 17. Jahrhundert die Paläste von Meknès errichten ließ, findet heutzutage das jährliche Folklore-Festival statt. Die Saadier verzierten die Medina mit prächtigen Brunnen und ließen die Medrese Ben Youssouf restaurieren und vergrößern. Zedernholzdecken, Fliesen, Stuck und Marmorsäulen aus Carrara verschönern ihre Mausoleen, die sogenannten Saaditen-Gräber. Die alidischen Sultane schließlich schufen im vorigen Jahrhundert auf acht Hektar Fläche den mit Arabesken und Stukkaturen fast überreich verzierten Bahia-Palast sowie den Agdal-Garten.

Auch in der »Perle des Südens« ist der Verfall der Wohngebäude lange Zeit leider ungebremst vorangeschritten. Seit 1985 bemüht sich eine staatliche Vereinigung um den Schutz der Altstadt. Um den innerstädtischen Fahrzeugverkehr zum zentralen Busbahnhof Bab Doukkala zu erleichtern, ließen die Behörden allerdings noch in jüngster Zeit Durchbrüche in die zehn Kilometer lange Stadtmauer der Aliden-Sultane schlagen; der Platz Djemaa el Fna im Zentrum der Altstadt, hinter dem sich das Gassengewirr der Souks erstreckt, wurde vollständig geteert. Auch die Fläche der einzigartigen Gärten um die Medina von Marrakesch nimmt ab, da für die unter Platznot leidende Bevölkerung der Altstadt dringend Baugrund benötigt wird.

2

3

4

2 In einem alten Fondouk – einem Handelshof, in dem Waren gelagert wurden, Käufer und Verkäufer aber auch ein sicheres Nachtlager fanden – wartet ein Händler auf Kundschaft.

3/4 Zahlreiche Handwerker produzieren in den Souks der Altstadt ihre Waren und bieten sie in kleinen Läden zum Kauf an.

Festungsdorf Aït Benhaddou

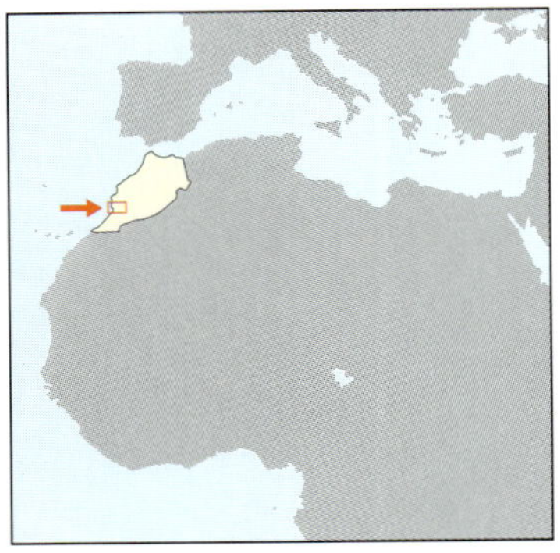

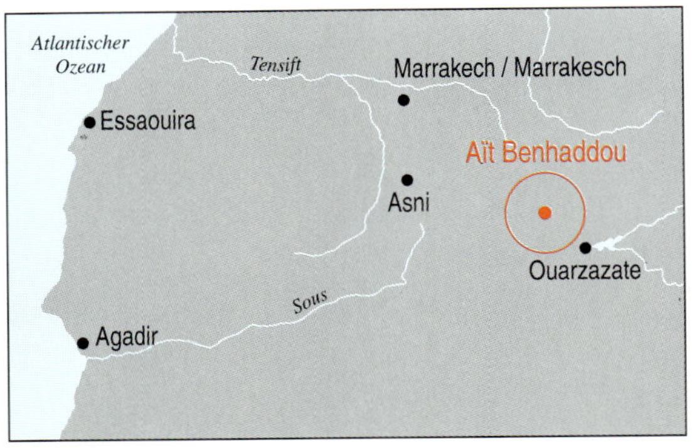

Lage: am Südrand des Hohen Atlas, etwa 165 Kilometer südöstlich von Marrakesch und 35 Kilometer nordwestlich von Ouarzazate

Weltkulturerbe: seit 1987

In keinem Berberdorf des marokkanischen Hochlandes blieb der wehrhafte Charakter der aus sechs Kasbahs und verschachtelten Privatgebäuden bestehenden Festungsanlage besser erhalten als in Aït Benhaddou. Nicht von ungefähr wählte Orson Welles diesen Ort als Kulisse für einen seiner Spielfilme. Die rotbraunen Bauwerke aus gestampftem Lehm zeigen mustergültig die ganze Palette uralter Handwerkstechniken, die heute leider in Vergessenheit zu versinken drohen.

Beim genauen Blick auf eine der verzierten Hausmauern des Festungsdorfes erkennt man, daß als Baumaterial eine Mischung aus Lehm und Stroh verwendet wurde.

1

1 *Für die muslimischen Bewohner Aït Benhaddous zählt die Moschee zu den wichtigsten Gebäuden des Festungsdorfes. In ihrem Inneren befindet sich dieser Ziehbrunnen.*

Im sanften Licht der Morgensonne färben sich die rotbraunen Lehmmauern des hochgelegenen befestigten Berberdorfes golden. Während sich hinter den Türmen von Aït Benhaddou in der Ferne allmählich die schneebedeckten Gipfel des Hohen Atlas abzeichnen, beginnen die Frauen ihr Tagewerk und füllen am Brunnen vor dem mächtigen Eingangstor ihre Tonkrüge mit Wasser. Wenn die Angehörigen der Sippe, nach der diese Siedlung benannt ist, ihre erste, auf einfachen Holzöfen zubereitete Mahlzeit zu sich genommen haben, treffen wie üblich bereits die ersten Touristenbusse vor der imposanten Kulisse der Berberfestung am Fluß Assif Mellah ein: Aït Benhaddou, umgeben von Getreidefeldern und Dattelpalmenhainen, Mandel- und Aprikosenbaumplantagen, zählt zu den besterhaltenen Festungsdörfern an der marokkanischen Burgenstraße. Ksar (Plural: Ksour) heißen diese Anlagen in der Sprache der Region.

Mehrstöckige Kasbahs

Auch dieser Ksar – im umliegenden Bergland gibt es noch mehrere hundert – ist von einer Verteidigungsmauer mit Ecktürmen umgeben. Dahinter verbergen sich die Wohnhäuser, einige bescheiden in Ausmaß und Gestaltung, andere dagegen wehrhafte Stadtpaläste mit mehreren Stockwerken, sogenannte Kasbahs, die mit Lehmziegelor-

2

2 *Die Balken und Latten der Decken in den Lehmhäusern bestehen aus Palmholz, die Zwischenräume sind mit dekorativ angeordnetem, mehrfarbigem Schilfrohr ausgefüllt.*

namenten verzierte Türme an jeder Ecke besitzen und einen Innenhof umschließen – ein Bautyp, der sich möglicherweise bereits im 8. Jahrhundert entwickelte. Im Erdgeschoß der Kasbahs liegen die Viehställe, die erste Etage dient als Vorratsspeicher, weiter oben erstrecken sich die Wohnbereiche mit Schlafkammern. Während sich die Familien im Winter in den höheren Stockwerken aufhalten, zieht man in den heißen Sommermonaten eher die unteren Etagen vor. Nur selten durchbrechen Fenster die Wände, dafür besitzen die Häuser im Inneren offene Galerien, durch die das Tageslicht fällt.
Im Dorf gibt es gemeinsame Schafställe und Lagerhäuser, ein Versammlungsgebäude für die Familienchefs, Koranschulen und eine Gebetsstätte. Ein dichtes Gewirr enger Gassen verleiht Aït Benhaddou einen besonderen Reiz.

Südarabische Dekorationsmuster

Auf der Spitze des Berges, an dessen Flanke das Festungsdorf liegt, thront ein massiver Wehrspeicher, von dem aus im Falle eines Angriffs die Siedlung verteidigt werden konnte. Dieser als Agadir bezeichnete Turm ist über Schutzmauern mit dem Dorf verbunden.
Wahrscheinlich ist kein Gebäude dieser Berberburg älter als zwei Jahrhunderte, dennoch läßt sich in Aït Benhaddou fast die ganze Palette der uralten berberischen Handwerkstechniken exemplarisch nachweisen. Während die Gebäude aus Stampflehm mit Stroh errichtet wurden, griff man für die Decken auf Palmholz, Lehm und Schilfrohr als Bau- und Schmuckmaterialien zurück. Eingeritzte Kreuzornamente, die eindeutig an südarabische Dekorationsmuster erinnern, zieren die geschnitzten Holztüren, die durch hölzerne Zackenschlösser gesichert sind. Trotz der keineswegs unvergänglichen Baumaterialien überstand die Berberburg bislang alle klimatischen Widrigkeiten. Nicht wenige Ksour des kargen Berglandes wurden allerdings in den letzten Jahrzehnten auch verlassen, manche sind inzwischen verfallen.
Die erste Restaurierung der jüngeren Zeit verdankt Aït Benhaddou der Filmindustrie. Orson Welles hat hier gedreht, und einige Szenen des Films »Sodom und Gomorrha« von Robert Aldrich sind ebenfalls hier entstanden. Um eine möglichst authentische Kulisse herzustellen, ließ man das stark zerfallene Haupttor rekonstruieren und große Mengen roter Farbe in das Bergland schaffen, um die verwitterte Bemalung der Hausfassaden aufzufrischen.

3

3 Vom befestigten Hügel blickt man über die reizvoll geschmückten Turmhäuser hinab auf den Fluß.

Nächste Doppelseite: Malerisch präsentiert sich Aït Benhaddou am Fuß des Hügels.

Ruinenstadt Tipasa

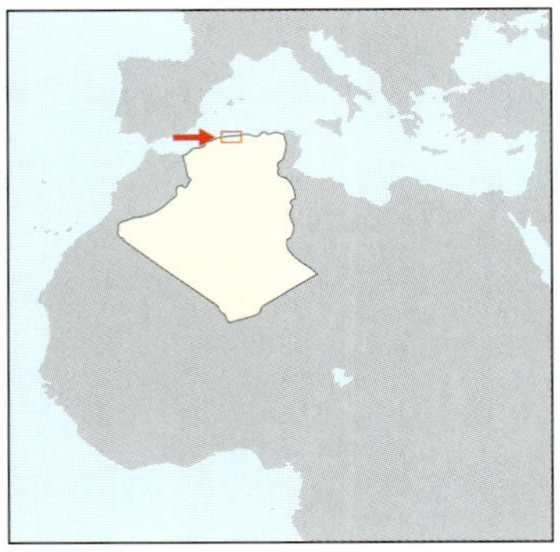

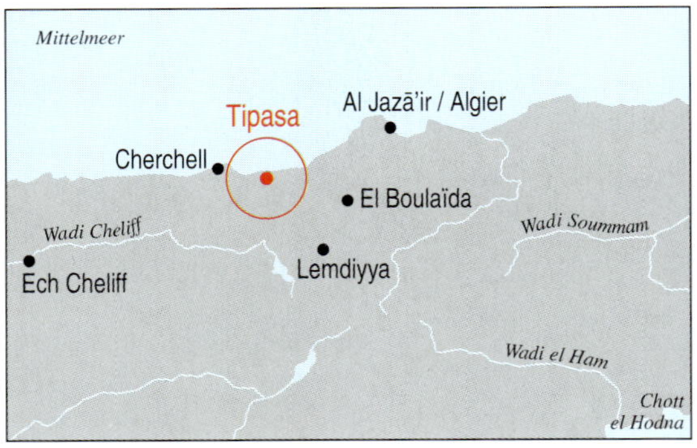

Lage: etwa 70 Kilometer südwestlich der Hauptstadt Algier, direkt an der Mittelmeerküste

Weltkulturerbe: seit 1982

Einst war Tipasa ein wichtiger Stützpunkt der Römer und besaß eine führende Rolle als kulturelles Zentrum. In dem antiken Ruinenort am Mittelmeer erinnern noch die Reste zahlreicher Baudenkmäler an seine Blütezeit. Da sich das moderne Tipasa in den vergangenen Jahren immer weiter in das Ruinenfeld vorgeschoben hat, empfehlen Archäologen zum Schutz der noch im Erdreich verborgenen Gebäudereste inzwischen sogar, von weiteren Ausgrabungen zumindest vorläufig abzusehen.

Auf einem Hügel im Osten Tipasas sind noch Teile einer dreischiffigen Basilika erhalten. Das frühchristliche Gotteshaus war der Märtyrerin Salsa geweiht.

Zauberhaft liegt die antike Ausgrabungsstätte am Ufer des Mittelmeeres. Eine Überbauung der römischen und christlichen Ruinen konnte vor einiger Zeit gerade noch verhindert werden.

Um der Ruinenstätte »neues Leben einzuhauchen«, beschlossen die Behörden in den späten sechziger Jahren dort den Bau einer Ferienanlage – für die Archäologie ein schwerer Rückschlag. Seit seiner Fertigstellung 1973 erstreckt sich der Hotelkomplex auf dem Grabungsgebiet, insbesondere auf den punischen Nekropolen, den Totenstädten, die nun nicht mehr erforscht werden können. Als dann auch noch Algeriens Post 1990 ausgerechnet auf den Überresten eines antiken Keramikofens ein Verwaltungsgebäude errichten wollte, schlugen die Denkmalschützer Alarm: Das moderne Tipasa am Rande des archäologischen Bezirks war im Begriff, Algeriens ausgedehntestes Ruinenfeld unter häßlichen, teilweise ohne Baugenehmigung hochgezogenen Betongebäuden zu begraben. Um ein Haar wäre »Tefassed« oder »die Zerstörte«, wie die arabischen Eroberer den Hafenort getauft hatten, damals von der UNESCO-Welterbeliste gestrichen worden.

Punische und römische Relikte

Um ein zerklüftetes Vorgebirge am Mittelmeer wohl schon im 7. vorchristlichen Jahrhundert errichtet, gehörte Tipasa – der punische Name bedeutet schlicht Handelsplatz – nach Karthagos Untergang im Jahr 146 v. Chr. kurzzeitig zum numidischen Reich. Im 1. Jahrhundert v. Chr. wurde es von dem in Caesarea von Roms Gnaden residierenden König Juba II. beherrscht. Damals entwickelte sich Tipasa zu einem bedeutenden Hafen der Provinz Mauretania Caesariensis und durfte sich seit Kaiser Claudius sogar mit dem Titel »Colonia« schmücken. Von hier aus unterwarfen in der Mitte des 2. Jahrhunderts Roms Legionen die mauretanischen Königreiche.

Von einer über zwei Kilometer langen Stadtmauer mit befestigten Toren und Türmen geschützt, entstanden in den ersten beiden Jahrhunderten nach der Zeitenwende die wichtigsten Baudenkmäler der Stadt: Forum, Kapitol, Tempel, Thermen, Amphitheater und Theater. Spätpunische Grabstelen und die Trümmer einer Gerberei blieben bislang die einzigen sichtbaren Spuren der ursprünglichen Stadtgründer.

Während die Wohnviertel aus römischer Zeit mit ihren malerei- und mosaikgeschmückten Häusern heute großteils unter modernen Gebäuden verschwunden sind, ist wenigstens das antike Zentrum mit dem Marktplatz noch erkennbar. Säulenfragmente und Treppenstufen aus rötlich-braunem Stein erinnern an die Gerichtsbasilika; von den drei Cellae für die Gottheiten Jupiter, Juno und Minerva stehen auf der höchsten Stelle der Stadt immerhin noch die Grundmauern. Auf dem Rundgang kommt man wenig später zu den Resten zweier Tempel und des Amphitheaters.

Über den 14 Meter breiten und 200 Meter langen gepflasterten Decumanus führte der Weg zum marmornen Nymphäum, einem Quellheiligtum, dessen Wasser einst die Skulpturengruppen und Blumenbeete einer verspielt gestalteten Gartenanlage umfloß.

Die Quader des Theaters, das etwa 3000 Menschen Platz bot, fanden Mitte des 19. Jahrhunderts als Baumaterial für ein Krankenhaus Verwendung.

Spuren christlicher Bewohner

Beeindruckendere Gebäudereste, darunter die Ruinen der neunschiffigen, 52 × 42 Meter messenden Großen Basilika aus dem 4. Jahrhundert im westlich gelegenen Nekropolenbezirk, stammen aus der Zeit, als Tipasa Bischofssitz war. Algeriens größtes frühchristliches Gotteshaus weist außer den Resten eines Reliefbandes, das früher den ganzen Bezirk schmückte, auch ein rechteckiges Baptisterium mit einem doppelten Taufbecken im Boden auf. Eine dreischiffige, weithin sichtbare Pfeilerbasilika im Osten der Ruinenstadt erinnert an die Märtyrerin Salsa, die im 4. Jahrhundert Götzenbilder zertrümmert haben und dafür gesteinigt worden sein soll.

Den Einfall der Vandalen im 5. Jahrhundert überstand die Stadt; erst unter den Byzantinern – nach 534 – verließen immer mehr Einwohner Tipasa. Die im 7. Jahrhundert vorrückenden Araber fanden schließlich eine leere Stadt vor.

Seit dem Abbruch der Grabungen haben Beifuß, Goldlack und wilde Olivenbäume Tipasas freigelegtes Kulturerbe wieder zurückerobert. Experten empfehlen mittlerweile, von weiteren Arbeiten derzeit abzusehen: Die noch im Erdreich verborgenen Reste bleiben so besser erhalten.

Zu den wenigen Zeugnissen der punischen Stadtgründer zählen die Nekropolen, die Totenstädte, in denen die Verstorbenen beigesetzt wurden.

Kasbah von Algier

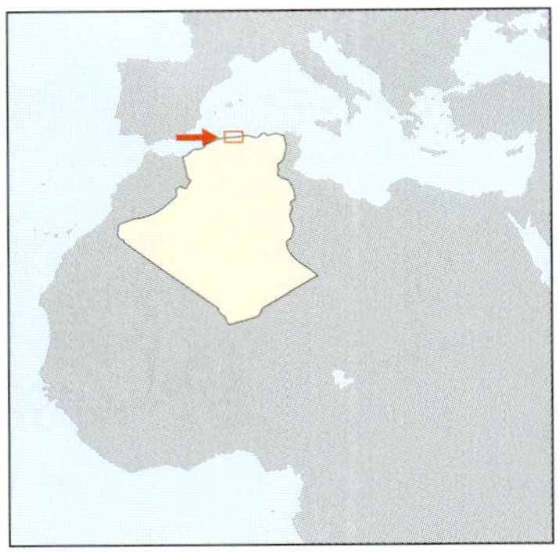

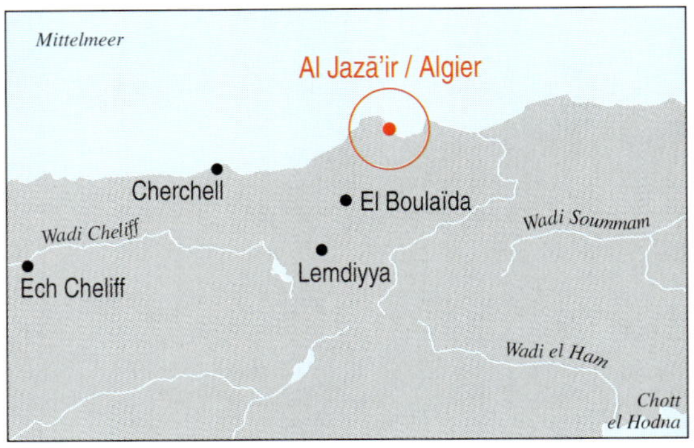

Lage: im Zentrum der algerischen Hauptstadt, oberhalb der Hafenanlagen

Weltkulturerbe: seit 1992

Mit dem Einzug der türkischen Statthalter im Jahr 1529 brach für die Hafenstadt Algier eine Periode des Wohlstandes und der Machtentfaltung an. Bis zum französischen Einmarsch 1830 hielt sich die gut befestigte Stadt der Freibeuter, die mit Lösegeldern ihre Kassen füllten und die Medina mit einer Reihe prächtiger Paläste und Moscheen schmückten. Französische Stadtplaner ließen dann für die Modernisierung Algiers einen großen Teil der Altstadt abreißen. Abgesehen von einzelnen Gebäuden ist die in den achtziger Jahren beschlossene Sanierung der Medina bisher noch nicht vorangekommen.

Nur noch wenige Menschen leben heute in den malerischen, teilweise allerdings nicht gerade komfortablen Wohnhäusern der Altstadt mit ihren engen Gassen.

68A

72 Säulen mit kunstvollen Bögen tragen die Decke und gliedern den Innenraum des Betsaales der Moschee Djama el-Kebir.

Auf steile Steintreppen folgen enge, gewundene Gassen, die häufig vor den offenen Türen leerer Häuser enden. Verwitterte Holzbalken tragen die Mauervorsprünge hellblau getünchter Gebäude, die sich eng aneinanderschmiegen. Ebene Flächen findet man im halbdunklen Labyrinth der dicht bebauten Medina selten. El-Djazair Benou Mezghenna, wie Alt-Algier offiziell heißt, klammert sich an einen Hügel hoch über dem Mittelmeer. Benannt ist es nach seinen heute größtenteils nicht mehr sichtbaren Hafeninseln. Um den höchsten Punkt zu erreichen, muß der Besucher der Kasbah – der Name der Zitadelle bezeichnet hier zugleich die gesamte Medina – fast 120 Meter Höhenunterschied bewältigen.

Altstadt im Wandel

Im belebten, häufig überwölbten Gassengewirr der Altstadt fand der italienische Regisseur Gilles Pontecorvo 1965 die ideale Kulisse für seinen Film »Die Schlacht von Algier«. Während Scharen von Händlern schwerbepackte Esel lautstark durch die schmalen Gassen zu den Souks trieben, lieferten sich damals Intellektuelle im legendären Café Malakoff bei heißem Tee hitzige Wortgefechte um die Zukunft Algeriens, das nach einem blutigen Bürgerkrieg 1962 unabhängig geworden war.

Von dieser Aufbruchsstimmung ist heute nichts mehr zu spüren. Immer mehr Einwohner haben der einst kosmopolitischen Medina inzwischen den Rücken gekehrt. Ihre Souks sind verwaist, nur noch selten wehen verlokkende Gewürz- und Essensdüfte durch die Gassen. So wirkt die ganze Kasbah heute wie ein Fremdkörper, bedrängt vom Häusermeer des modernen Algier, das nach den Vorstellungen französischer Stadtplaner die europäischste Großstadt Nordafrikas werden sollte.

Auf den Hafeninseln, El-Djazair genannt, trieben im 2. Jahrhundert v. Chr. die Phönizier und später die Römer Handel. Die aufstrebende Weltmacht Spanien erkannte die strategische Bedeutung des Ortes und errichtete Anfang des 16. Jahrhunderts die Inselfestung El Peñon. Im Jahr 1529 schlug der osmanische Korsar Chaireddin, den man in Europa wegen seiner rötlichen Barttracht Barbarossa nannte, an der Spitze einer Expeditionsarmee die Eindringlinge in die Flucht: Der Traum von einem spanischen Flottenstützpunkt in diesem Teil des Maghreb war damit beendet.

Die Hauptstadt der Piraten

Mit dem Sieg über die Spanier setzte Algiers Stadtentwicklung ein. Nach seinem Aufstieg zum Stadtherrscher begann Chaireddin mit seinen Freibeutern, die Bewohner der küstennahen Gebiete Europas in Angst und Schrecken zu versetzen. Die »Barbaresken« kaperten Handelsschiffe und preßten den Königs- und Fürstenhöfen für die Freigabe prominenter Geiseln unerhörte Geldsummen ab. Als Rückzugsort der Piraten hielt sich der Raubstaat drei Jahrhunderte lang.

Immerhin fünf Jahre schmachtete der spanische Dichter Miguel de Cervantes in einem Kerker der Zitadelle, bevor ihn Mönche 1580 freikauften. Mit stillschweigender Duldung der Hohen Pforte, der Regierung des Osmanischen Reiches, konnten die algerischen Freibeuter 1817 gar bis in die Nordsee vorstoßen. Dank der Beute und üppiger Lösegelder ließen Chaireddin und seine Nachfolger ihre Stadt, die sie zur Seeseite mit einer uneinnehmbaren Befestigungsanlage schützen ließen, kräftig ausbauen.
Die bedeutendsten Baudenkmäler gehen mit wenigen Ausnahmen auf die letzten drei Jahrhunderte zurück; osmanische Reeder errichteten die mehrstöckigen Paläste Dar el Aziza und Dar el Hamra, die zugleich als Warenlager dienten. Wertvolle Fayence-Kacheln schmückten die Innenwände, die massiven Holzdecken wurden mit prächtigen Gemälden überzogen.
Die Zitadelle, Residenz der Stadtherrscher, beeindruckte durch ihre gewaltigen Dimensionen und eine verschwenderische Verzierung der Säle, Amtsräume und Wandelgänge. Kurz nachdem Frankreichs Statthalter in Algerien 1962 zum letzten Mal die Trikolore eingeholt hatte, drängten sich schon 1500 Menschen in diesem Baudenkmal. Sie teilten die Prunkräume in getrennte Wohnbereiche ein und kochten ihre Mahlzeiten auf den kostbaren Parkettböden. Kaum eine der bemalten Holzdecken überstand die Massenbelegung, der die Behörden erst Anfang der neunziger Jahre ein Ende bereiteten.
Die für Alt-Algier typischen Douaras, die einfacheren Wohnhäuser, erbaute man auf engstem Raum in den Houmas genannten Vierteln, in denen die Angehörigen der verschiedenen Nationalitäten und Religionen lebten. Gegen 1568 zählte die Stadt neben rund 12 500 alteingesessenen Bewohnern noch 30 000 Janitscharen – diese türkischen Kerntruppen bestanden aus gefangenen, zum Islam übergetretenen Söldnern – sowie 3500 Berber, 5000 Juden, einige tausend Araber und 25 000 von den Türken gefangengesetzte Christen.

Prächtige Moscheen

Der älteste Betsaal, wohl schon 941 konstruiert, befindet sich in der Safir-Moschee, der am höchsten gelegenen Moschee der Kasbah. Marmorsäulen aus Carrara rahmen ihre Qibla-Wand, deren blaue Fliesen von abbasidischen Handwerkern geschaffen wurden. Blaue und weiße Delfter Kacheln schmükken den Mihrab, die Gebetsnische.
Alt-Algiers große Moschee Djama el-Kebir, vermutlich im 11. Jahrhundert an der Stelle einer frühchristlichen Basilika errichtet, besitzt elf Schiffe und ein 1324 erbautes Minarett. Die drei äußeren Schiffe auf jeder Seite wurden über die Gebetshalle verlängert und schließen so den Innenhof als Seitengalerien ab. Der 1017 geschaffene Minbar, die Kanzel, ist ein Meisterwerk abbasidischer Drechsler und Holzschnitzer.
Als osmanischer Beitrag entstand 1660 die Djama Dschedid, auch Moschee am Fisch-

Den Innenhof der Moschee Djama el-Kebir mit seinem Brunnen säumen fein verzierte, von gewundenen Säulen getragene Arkadengänge.

Im Jahr 1860 wurde die in neumaurischem Stil erbaute Saint-Philippe-Kathedrale vollendet. Seit der Unabhängigkeit des Landes dient sie unter dem Namen Ketchaoua-Moschee als Hauptmoschee der Altstadt.

markt genannt. Sie besitzt eine 24 Meter hohe Zentralkuppel; außer dem fein gearbeiteten Minbar und dem Mihrab aus Marmor besitzt dieses Gebetshaus ein reich ausgemaltes Koran-Manuskript, ein Geschenk Istanbuls aus dem 18. Jahrhundert. 1622 wurde die ebenfalls reizvolle Moschee des Ali Bechine vollendet. Die Grabmoschee des Sidi Abderrahmane, dessen Kenotaph mit Kalligraphie und ziseliertem Dekor überzogen wurde, erinnert an den Patron der Kasbah.

Neustadt nach Pariser Vorbild

Das Wirken französischer Stadtplaner erwies sich für Alt-Algier als katastrophal; 1839 beschlossen sie den Abriß der Ketchaoua-Moschee von 1209, die der neumaurischen Saint-Philippe-Kathedrale weichen mußte. Seit der Unabhängigkeit Algeriens dient das Bauwerk erneut als Moschee; die beim Abbruch geretteten Wandmosaiken und ein Minbar aus vielfarbigem Marmor schmükken das Innere des Gebetshauses.

Nicht mehr rückgängig machen läßt sich der Abriß der Stadtmauern und etlicher Viertel, die den Boulevards nach Pariser Vorbild im Wege standen. Mit einer Fläche von gerade noch 45 Hektar blieb von der Kasbah nur ein bescheidener Rest erhalten, für dessen Rettung erst seit den achtziger Jahren ein umfassender Sanierungsplan vorliegt. Umgesetzt wurde der Plan jedoch bis heute nicht. Zahlreiche Häuser befinden sich in den Händen von Besetzern, die am Erhalt der Bausubstanz meist so wenig Interesse zeigen wie die Hauseigentümer – sofern die Besitzverhältnisse überhaupt eindeutig sind. Deutliche Fortschritte lassen sich hingegen bei einem »Bastion 23« genannten Ensemble aus dem 16. und 17. Jahrhundert beobachten. Mit bewundernswerter Beharrlichkeit kämpfte ein Kulturzentrum zehn Jahre lang um den Erhalt dieser osmanischen Baudenkmäler, die abgerissen werden sollten.

Selbst im jetzigen Zustand ist die Medina von Algier, in deren Zitadelle sich kein Herrscher lange gegen den Willen der Einwohner halten konnte, ein Ort, der die Menschen in Atem hält. Wie kein zweiter reflektiert er die komplizierte Geschichte dieses nun schon seit Jahren von religiösen Fanatikern geplagten Landes. Noch heute erzählt man sich schauerliche Geschichten über Freiheitskämpfer, die durch verborgene Verbindungstüren, geheime Tunnels oder über die Hausdächer in letzter Sekunde dem Zugriff ihrer Widersacher entkamen. Kein algerischer Präsident ging bisher das Wagnis ein, die Altstadt von Algier persönlich aufzusuchen, die derzeit als Hochburg der Islamischen Heilsfront FIS gilt.

Ein Blick über die Dächer der Kasbah: Zum Trocknen aufgehängte Wäsche und unzählige Antennen beherrschen aus dieser Perspektive das Gassengewirr der Altstadt.

Ruinen von Djemila

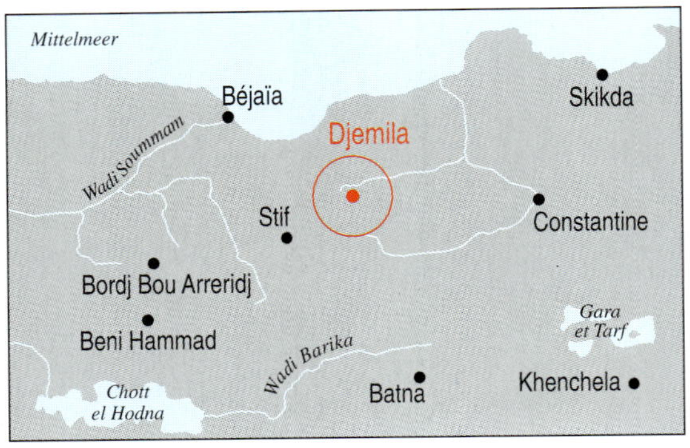

Lage: südöstlich der Kleinen Kabylei, rund 50 Kilometer nordöstlich von Stif

Weltkulturerbe: seit 1982

In keiner anderen antiken Ruinenstätte des heutigen Algerien blieb eine größere Zahl vielfarbiger und phantastisch gestalteter Mosaiken vornehmlich des 2. nachchristlichen Jahrhunderts erhalten, die jetzt die Wände im dortigen Museum von oben bis unten vollständig bedekken. Sie dokumentieren das hohe handwerkliche Niveau der Mosaikleger, die in Cuicul, das die Araber nach der Eroberung in Djemila umbenannten, wahre Meisterwerke der nordafrikanischen Kunst jener Epoche hinterließen.

Der Caracalla-Bogen aus dem Jahr 216, das Wahrzeichen von Djemila, wurde zu Ehren des Sohnes des römischen Kaisers Septimius Severus errichtet.

Asinus Nica förderte nicht nur die schönen Künste, als einer der reichsten Bürger der Stadt besaß er offenbar auch eine ordentliche Portion Selbstironie. Er ließ sich in der römischen Kolonie Cuicul eine stattliche Villa bauen und beauftragte die geschicktesten Handwerker, den Fußboden in Anspielung auf seinen nicht gerade schmeichelhaften Namen mit einem vielfarbigen Eselsmosaik zu verkleiden. Diese phantasiereich gestaltete Arbeit, als dauerhaftes Symbol für den spätantiken Wohlstand Nordafrikas neben der riesigen »Toilette der Venus« und verschiedenen Jagdszenen heute im Museum von Djemila untergebracht, ist eine der reifsten Leistungen heimischer Mosaikleger, die damit einen bedeutenden Beitrag Nordafrikas zur Kunst des römischen Imperiums leisteten.

1

1 Säulen flankieren die Hauptstraße Cardo Maximus am Westrand der römischen Kolonie: Sie trugen einst ein Holzdach, das vor der brennenden Sonne und überraschenden Regengüssen Schutz bot.

2

Siedlung für Kriegsveteranen

Cuicul entstand gegen Ende des 1. Jahrhunderts n. Chr. als planmäßig angelegte Stadt, wahrscheinlich an der Stelle eines numidischen Dorfes; Kaiser Nerva wollte hier Kriegsveteranen ansiedeln. Als Standort wählten die Erbauer einen spitzwinklig zulaufenden Hügelkamm, den zwei Wasserläufe einfaßten. Auf rund 900 Meter Höhe gelegen, ließ sich Cuicul gut verteidigen; in friedlichen Zeiten widmeten sich die ehemaligen Soldaten der Landwirtschaft.

Die Baumeister mußten sich hier allerdings in besonderem Maße der Topographie anpassen: Der von zwei Toren begrenzte, säulengesäumte Cardo Maximus in Nord-Süd-Richtung verläuft nicht gemäß dem üblichen römischen Stadtplan durch das

Zentrum, sondern führt vielmehr am Westrand der Kolonie entlang.

Wo sich die bogenüberspannte Hauptstraße Cardo Maximus und der von Ost nach West verlaufende Decumanus, dessen Wagenspurrinnen im Straßenpflaster noch sichtbar sind, im rechten Winkel schnitten, legten die Baumeister einen 48 × 44 Meter großen Platz an, um den Cuiculs wichtigste Baudenkmäler entstanden. Dazu gehört die an das Alte Forum angrenzende Gerichtsbasilika, die mit mehrfarbigen Marmorsäulen geschmückte Kurie, also das Versammlungshaus der Bürger, sowie das Kapitol, auf dessen Podium in einer 14 Meter hohen Säulenhalle die Gottheiten Jupiter, Juno und Minerva verehrt wurden.

Ein kräftiger Wachstumsschub

Immer wieder stößt der Besucher auf Reste von mosaikgeschmückten Villen der Reichen und Vornehmen, darunter das Haus des Castorius nahe dem Heiligtum der Ve-

2 Über die Ruinen mehrerer Tempel und anderer Gebäude hinweg erblickt man in der Bildmitte hinten den Tempel der Septimier. Der Bogen rechts bildet das Nordtor des Cardo Maximus.

1

nus Genitrix, der Patronin der Gens Julia, und das Haus der Europa ganz im Norden. Reste eines sechseckigen Brunnens erinnern an den 27 × 21 Meter messenden Marktplatz des Cosinus; auch der steinerne Meßtisch für Hohlmaße blieb erhalten. Einst umgaben den Marktplatz Säulenhallen, in denen die Verkäufer ihre Waren auf Steintischen präsentierten.
Im Zuge eines kräftigen Wachstumsschubes in der Mitte des 2. Jahrhunderts wuchs Cuicul über die alten Stadtgrenzen hinaus. Bis ins 4. Jahrhundert entstanden im Süden

2

1 Auf dem Marktplatz des Cosinus erkennt man im Vordergrund den steinernen Meßtisch für Hohlmaße, dessen Vertiefungen jeweils ganz bestimmte Warenmengen faßten.

2 Das Museum von Djemila birgt wertvolle Mosaiken und Steinfragmente, darunter diesen Torso einer Kaiserstatue.

3 Von Süden bietet sich ein schöner Blick auf die Ruinenstätte und die grünen Hügel. Im Vordergrund erhebt sich der Tempel der Septimier.

3

4

4 *Der im Jahr 229 geweihte Tempel der Septimier erinnert eindrucksvoll an die große Bedeutung, die der römische Kaiser Septimius Severus für seine Heimatregion Nordafrika besaß.*

neue Stadtbezirke. Zu Ehren des Kaisers Septimius Severus, der als Sohn Nordafrikas seine Heimatregion besonders förderte, wurde im Jahr 229 der Tempel der Septimier erbaut; seinen Sohn Caracalla hatte man schon 216 mit einem noch heute eindrucksvollen Triumphbogen geehrt.
Cuicul erhielt zu Beginn des 4. Jahrhunderts ein neues Forum und eine Basilica vestiaria, in der Stoffhändler ihre Tuche feilboten. Nach dem Vorbild der Meta Sudans in Rom zierte ein kleiner Brunnen den Vorplatz. Da die Alten Thermen mittlerweile zu klein geworden waren, wurden auf einer Fläche von 2600 Quadratmetern die Großen Thermen angelegt. Östlich davon lag das Theater, auf dessen 30 Stufen rund 3000 Zuschauer Platz fanden.
An Cuiculs frühchristliche Ära – ein Bischof namens Pudentianus wird schon im Jahr 255 erwähnt – erinnert das Baptisterium einer Basilika, das im 4. Jahrhundert als Kuppelbau mit mosaikgeschmücktem Taufbecken und einer von zwölf Nischen durchbrochenen Reliefbildergalerie entstanden war.
Nach der Besetzung durch die Vandalen im 5. Jahrhundert geriet Cuicul ab 533 unter byzantinische Herrschaft. Gegen Ende des 6. Jahrhunderts verließen die Einwohner dann aus ungeklärten Gründen ihre Stadt. Fasziniert von der Architektur und der landschaftlichen Umgebung nannten die Araber, die bei ihrem Vorstoß im 7. Jahrhundert eine zerfallende Geisterstadt vorfanden, Cuicul begeistert »Djemila« – die Schöne!

Bergfestung des Beni Hammad

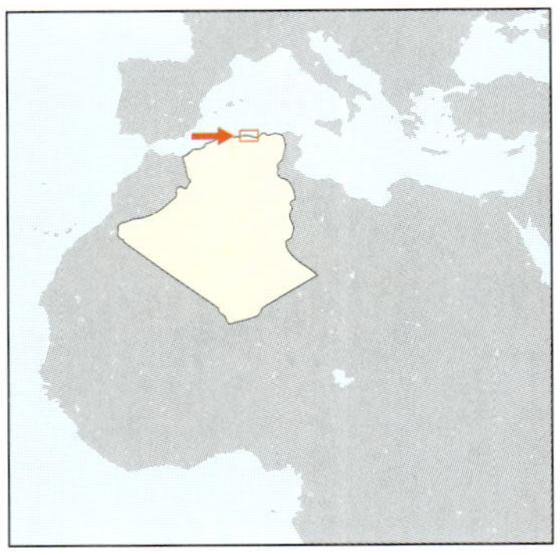

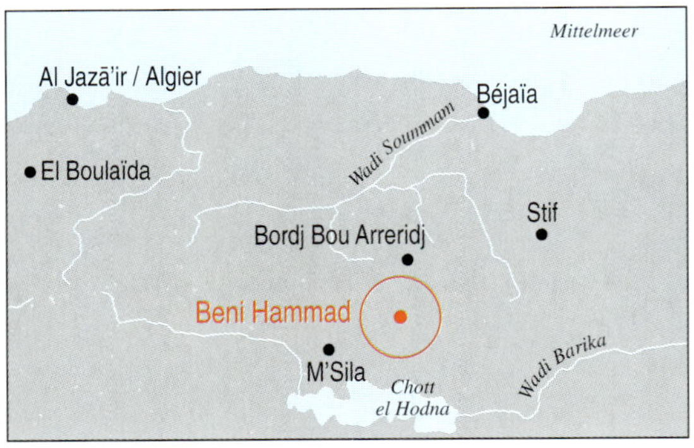

Lage: in der Nähe des Ortes Bichara südöstlich des Djebel Maadid im Hodna-Gebirge, etwa 35 Kilometer nordöstlich von M'Sila

Weltkulturerbe: seit 1980

Mittelalterliche Chronisten lobten vor allem das Geschick der Weber und Schneider, denen die Bergfestung des Ziriden-Gründers Bologhine den Aufstieg zu einem wohlhabenden Handelsplatz verdankte. Die Moscheen und Paläste der Stadt, die schon wenige Jahrzehnte nach ihrer Gründung im frühen 11. Jahrhundert als Residenz aufgegeben wurde, beeinflußten nicht nur die almohadischen Minarette von Marrakesch, Rabat und Sevilla, sondern auch im Normannenpalast der sizilianischen Hauptstadt Palermo finden sich Anklänge an den Ziriden-Stil.

Der Fanal-Palast, auch Dar El Menat genannt, thronte einst auf einer Felsspitze über der Festungsstadt. Von der prachtvoll ausgestatteten Residenz sind nur noch Teile der Außenmauern erhalten geblieben.

1

1 Auch vom einst größten Palast Dar El Bahar, dem Seepalast, ragen nur noch Ruinen auf – hier ein Abschnitt der östlichen Außenmauer.

»Die Kleider aus den Werkstätten der Kalaa (Festung) sind weitaus besser als jene aus Dschidda (im heutigen Saudi-Arabien), und man kann sie nur mit Golddinaren erwerben«, schrieb der arabische Geograph El-Bekri, nachdem er im 11. Jahrhundert als Gast in der blühenden Handels- und Hauptstadt des Berbers Hammad Ibn Bologhine Ibn Ziri empfangen worden war. Dieser hatte sich von der Vorherrschaft der Fatimiden gelöst und hier eine eigene Dynastie, die der Ziriden oder Hammaditen, gegründet.

Zentrum des Karawanenhandels

Von einem sieben Kilometer langen Mauerwall umgeben, gehörte die in fast 1000 Meter Höhe an der Südflanke des Djebel Maadid gelegene Festungsstadt, die Kalaa, schon wenige Jahre nach ihrer Gründung 1007 zu den wichtigen Handelszentren der arabischen Welt. Der Karawanenhandel brachte der geschützten, landschaftlich sehr reizvoll gelegenen Stadt enormen Wohlstand, der in der Großen Moschee und den Palästen der Hammaditen-Emire seinen künstlerischen Ausdruck fand.
»Die Bevölkerung mehrte sich schnell, die Studierenden kamen aus den fernsten Ländern in Menge dorthin, angezogen durch die reichen Hilfsmittel, welche die neue Hauptstadt all denen bot, die Wissenschaft, Handel und Künste pflegten«, so berichtete rückblickend der Chronist Ibn Chaldun (1332–1406).
Die Große Moschee war einmal das zweitgrößte Bauwerk seiner Art in ganz Algerien: Nur von der Mansoura-Moschee in Tlemcen wurde sie noch übertroffen. Ihre Architektur war am ehesten mit jener der Sidi-Okba-Moschee im tunesischen Kairouan vergleichbar, doch heute lassen nur noch Ruinen die einstige Größe und Pracht des Bauwerks erahnen. Das muslimische Gotteshaus der Bergfestung des Beni Hammad besaß einen Gebetssaal mit 13 Schiffen und acht Jochen. Am besten erhalten ist noch ein Teil des Minaretts, von dessen Terrasse aus in früheren Zeiten der Muezzin fünfmal am Tag die Gläubigen zum Gebet rief. Der ursprünglich 25 Meter hohe Turm ist architekturgeschichtlich außerordentlich wichtig, da er als direktes Vorbild für die berühmtesten Minarette der almohadischen Baukunst gilt: für den Turm der Koutoubia-Moschee in Marrakesch, den Hassan-Turm in Rabat und für die Giralda, das Wahrzeichen der spanischen Stadt Sevilla. Der harmonische Wechsel von reinen Bauformen und dekorativ gestalteten Flächen war stilbildend für zahlreiche spätere Bauwerke.

2 Beim Bau des Minaretts der Großen Moschee entwikkelten die Baumeister im 11. Jahrhundert einen eigenen Stil, der verschiedene Nachahmer finden sollte.

Ruinen prächtiger Paläste

Auf einer Felsspitze thronen die Überreste des seit 1964 freigelegten Fanal-Palastes, von dem immerhin noch Teile der äußeren Mauern stehen. Kreuzförmig waren die Räume um die zentrale Kuppel angeordnet, zur prächtigen Verzierung gehörten glänzende Fliesen aus dem Irak, doppelstöckige Arkaden und Hufeisenbögen sowie Stalaktitenkuppeln. Vulkansteine, die dank ihrer Poren dem Zement besseren Halt gaben, dienten oft als Schlußsteine. Die Gestaltung der auch Dar El Menat genannten Residenz zeigt den Einfluß der frühislamischen Stukkatur- und Gipsschneidekunst, die im Zuge der arabischen Eroberung des Maghreb von Ägypten hierher vordrang und sich mit berberischen Elementen zu einem eigenständigen hammaditischen Kunststil verband. Daß dieser seine faszinierende Wirkung auch auf die später in das Gebiet vorgedrungenen Normannen nicht verfehlte, läßt sich am Palazzo dei Normanni in Palermo auf Sizilien erkennen: Der Keramik- und Fayencenschmuck dieses heute als Sitz des Regionalparlaments dienenden Baudenkmals zeigt noch Anklänge an jenen Stil.
Vom größten Palast der Bergfestung stehen nur noch Ruinen: Der Seepalast oder Dar El Bahar bestand aus einem Hauptgebäude mit zahlreichen Sälen und imposanten Zimmerfluchten sowie zwei Seitenflügeln und einem Nebengebäude, die um ein gewaltiges, 260 × 160 Meter messendes Wasserbecken angeordnet waren.
So zügig sich die Bergfestung im frühen 11. Jahrhundert zum Handels- und Handwerkerzentrum entwickelte hatte, so schnell verlor die Stadt auch wieder ihre Bedeutung. Aus Furcht vor den räuberischen Beduinenstämmen des Beni Hilal, die den gesamten Westen des Maghreb terrorisierten, verließen die Ziriden ihre Hauptstadt um 1090. Im Jahr 1148 kamen dann Normannen aus Sizilien in die Gegend und vertrieben die Ziriden. Bevor almohadische Soldaten die Kalaa vier Jahre später in Brand steckten, töteten sie die verbliebenen Einwohner und die in der Festung stationierten Bewacher und plünderten die gesamten Schätze der ehemals so prachtvollen Residenz der Ziriden-Herrscher.

2

Ruinen von Timgad

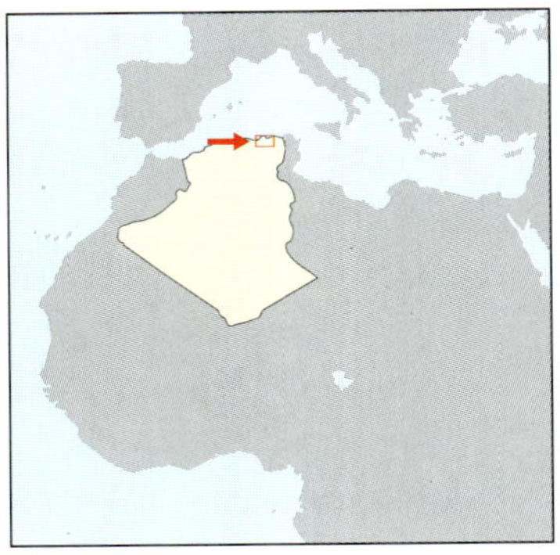

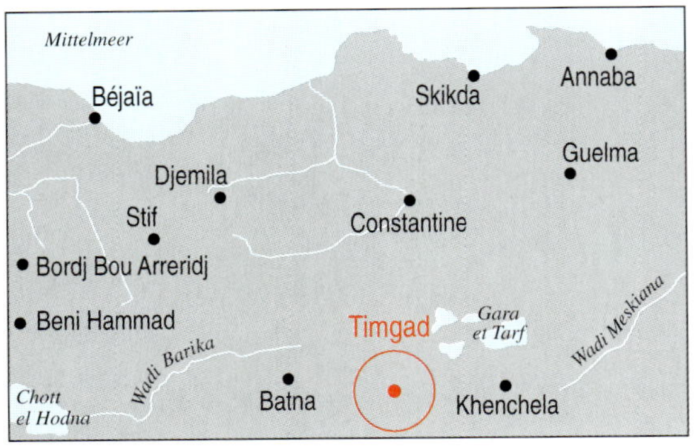

Lage: etwa 30 Kilometer südöstlich von Batna, im nördlichen Vorland des Aurès-Gebirges

Weltkulturerbe: seit 1982

Seit ihrer Freilegung im Jahr 1880 werden Straßen und Plätze der besterhaltenen Ruinenstätte Algeriens jeden Abend so gründlich gefegt, als sei am nächsten Morgen mit der Rückkehr der ehemaligen Bewohner zu rechnen. Während der Blütezeit dieser idealen Römerstadt war ihren wohlhabenden Bürgern kaum eine Ausgabe zu hoch. Sie genossen die schönen Seiten des Lebens und ließen ihre Villen mit prächtigen Mosaiken verzieren. Die öffentlichen Bauwerke, darunter Theater und zahlreiche Thermen, erhielten einen aufwendigen Fassadenschmuck aus Marmor.

Das halbrunde römische Theater, zwischen 161 und 169 n. Chr. erbaut, bot etwa 3500 Zuschauern Platz.

Als Alterssitz für Kriegsveteranen der Legio Tertia Augusta gedacht, ließ sich Thamugadi – so der antike Name – problemlos nach dem Vorbild der idealen Römerstadt planen: Die sanftgewellte Hochebene, die man als Standort auserkoren hatte, erlaubte den vorgegebenen Straßengrundriß im Schachbrettmuster. Auch an Wasser für die Versorgung des Stützpunktes herrschte kein Mangel. Während der Regierungszeit Kaiser Trajans begannen im Jahr 100 n. Chr. die Bauarbeiten, und schon bald markierten die Hauptstraßen Cardo Maximus und Decumanus die Grundstruktur der Stadtanlage. Dann unterteilte man die vier Centuriae, die Stadtviertel, in viele kleine Insulae oder Wohnblöcke, die fast alle eine Seitenlänge von exakt 20 Metern aufwiesen. Während die Hauptstraßen mit bläulichdunklen Basaltsteinen gepflastert wurden, erstrahlten die Nebenstraßen in weißem Kalkstein. Jeder Soldat im Ruhestand erhielt in einem der Wohnblöcke seinen festen, spartanisch eingerichteten Wohnraum. In einem Kataster verzeichneten Roms Beamte peinlich genau die Besitzverhältnisse.

1

1 Der säulengesäumte, mit dunklen Basaltsteinen gepflasterte Decumanus durchzieht als West-Ost-Hauptachse die als ideale Römerstadt entworfene Anlage.

Entspannung im Badehaus

Ab der Mitte des 2. Jahrhunderts erlebte die Siedlung einen spürbaren Aufschwung. Von großen Zisternen gespeist, versprachen über ein Dutzend öffentliche Thermen den Kolonisten und ihren Familien Kühle und Entspannung. Als Vorbild dienten Roms riesige Badehäuser. Timgads reiche Bürger ließen derweil ihre aufwendigen Villen verschönern. Die farbenprächtigen Mosaikfelder zählen – zusammen mit den Mosaiken von Djémila – zu den gelungensten Leistungen nordafrikanischer Kunsthandwerker aus dieser Epoche. Obwohl das Haus des Hermaphroditen und die Stadtvilla des Faustus Sertorius ihre Obergeschosse eingebüßt haben, läßt sich an ihnen die einstige Pracht Timgads, gerne auch als »Pompeji Afrikas« bezeichnet, noch heute eindrucksvoll ablesen. Beide Bauwerke stammen aus der ersten Blütezeit der Stadt unter der Severer-Dynastie in der ersten Hälfte des 3. Jahrhunderts.

Kostbarer numidischer Marmor, der über weite Entfernungen herantransportiert werden mußte, diente zur Verkleidung der Wände im Säulenhof und im Lesesaal der städtischen Bibliothek, die der Mäzen Julius Quintianus Flavius Rogatus seiner Stadt gestiftet hatte. Dort stand passenderweise auch eine Statue der Minerva, der Göttin der Weisheit. Ein gegen Ende des 2. Jahrhunderts vollendetes und mehrfach restauriertes Baudenkmal wird oft als »Trajans-Bogen« bezeichnet, obgleich der immer noch beeindruckende Triumphbogen keinen direkten Bezug zu diesem Herrscher aufweist.

Wenige Relikte erinnern an das auf einem 90 × 62 Meter großen Podium errichtete Kapitol, Tempel der drei Gottheiten Jupiter, Juno und Minerva, die als Garanten der Reichseinheit galten. Die zwei erhaltenen Säulen, eine Art Wahrzeichen der Ruinenstätte, tragen Kapitelle mit Wein- und Akanthusranken sowie menschlich-tierische Zwitterwesen. Heilendes Wasser sprudelte einst aus der Aqua Felix – Glückbringendes Wasser – genannten Quelle. Als Material für Säulenhalle, Becken, Tempel und Kapellen dieses Quellheiligtums verwendeten die Baumeister rot-weißen Marmor.

Eine Hochburg der Donatisten

Timgad entwickelte sich ab dem 4. Jahrhundert zu einem Zentrum der Donatisten, einer rigoristischen christlichen Sekte, die sich in Nordafrika stark ausbreitete. Zu den wichtigsten frühen Kirchen Timgads gehört

2

2 Den westlichen Endpunkt des Decumanus markiert ein Torbau, der oft als »Trajans-Bogen« bezeichnet wird. Der mittlere, gut sechs Meter hohe Durchlaß war Fahrzeugen vorbehalten, die beiden seitlichen Öffnungen dienten den Fußgängern.

3 Dieses Bruchstück eines Grabsteins demonstriert eindrucksvoll die hohe Kunst der Steinmetzen im römischen Nordafrika.

die mit Mosaiken verzierte, nach einem donatistischen Bischof benannte Optatus-Basilika mit Taufkapelle.
Im 5. Jahrhundert von Bergvölkern zerstört, erlebte die Stadt unter den Byzantinern eine zweite Blütezeit. Um 539 errichteten die byzantinischen Herrscher ein mächtiges Kastell südlich der alten Stadt. Nach der arabischen Eroberung in der zweiten Hälfte des 7. Jahrhunderts verließen die Bewohner Timgad, das schließlich unter Sand und Steppengewächsen verschwand. Als 1880 französische Archäologen die Ruinen dem Vergessen entrissen, stießen sie unter anderem auf das Forum mit der Gerichtsbasilika und der Curia. An einer Treppenstufe entzifferten sie die Botschaft eines Veteranen, der sein Verständnis irdischen Daseins in den Stein geritzt hatte: »Jagen, baden, spielen, lachen – das ist das Leben.«

3

Tal von M'Zab

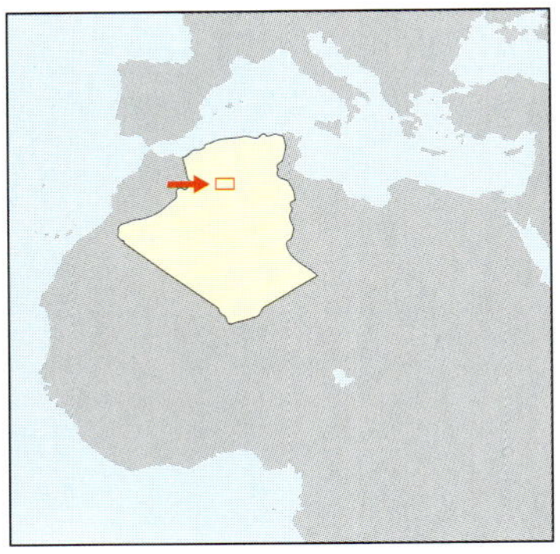
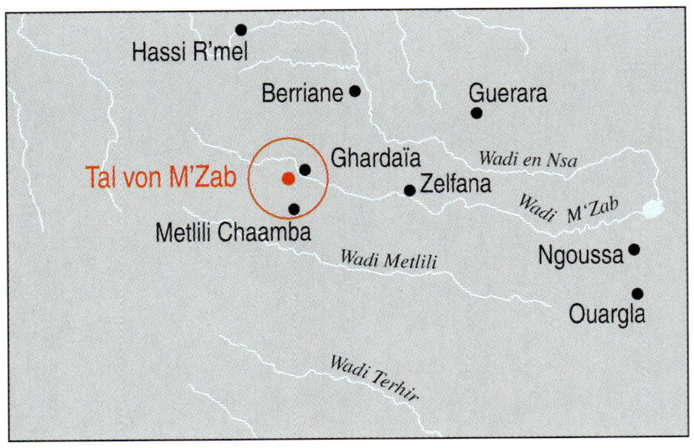

LAGE: etwa 600 Kilometer südlich von Algier, in der Region Ghardaïa in der nördlichen Sahara

WELTKULTURERBE: seit 1982

Nach einer Odyssee erwählten die Mozabiten, die den Koran besonders streng auslegten, im frühen 11. Jahrhundert ein ödes Tal im Norden der Sahara zu ihrem Siedlungsgebiet. Mit einer ausgeklügelten Bewässerungstechnik ließen diese geschäftstüchtigen Berber eine blühende Oasenlandschaft entstehen, in der sie seit fast einem Jahrtausend ihren Glauben und ihre Traditionen bewahren konnten. Der eigentümliche Baustil ihrer Städte in der Wüste faszinierte auch europäische Avantgarde-Architekten, die im M'Zab-Tal Impulse für neue städtebauliche Lösungen fanden.

Im Norden der algerischen Sahara erstreckt sich an einem Hügel die befestigte Altstadt von Ghardaïa, dem Hauptort des M'Zab-Tales. Palmengärten und Neubauviertel umgeben den historischen Stadtkern.

Auch El Atteuf, die wohl älteste der Mozabitensiedlungen, wird von einer Stadtmauer umschlossen und von einem Minarett überragt.

»Jedes Mal, wenn die Inspiration ausbleibt, kaufe ich mir ein Flugbillet nach Ghardaïa«, bekannte Le Corbusier (1887–1965), Architekt, kubistischer Maler und maßgeblicher Wegbereiter des modernen Städtebaus. Wie seine Kollegen Fernand Pouillon und Ludwig Mies van der Rohe fühlte sich der Künstler von der surrealistisch anmutenden Architektur der fünf alten Mozabiten-Handelsorte mit ihren weißgelb schimmernden Wohngebäuden und den Minaretten in Pyramidenform magisch angezogen. Ghardaïa, größter und besterhaltener der Miniaturorte im Tal von M'Zab, fasziniert durch einen Formenreichtum, der die europäischen Avantgarde-Architekten immer wieder auf neue Ideen brachte. Bis in die Gegenwart blieb das Erscheinungsbild dieser nach demselben Grundschema errichteten Berbersiedlungen fast unversehrt.

Kostbares Wasser

Ghardaïa, El Atteuf, Bou Noura, Beni Isguen und Melika nannten die Mozabiten, die den Koran überaus streng interpretierten, ihre befestigten Talstädte, die in der Berbersprache »Ksour« genannt werden. Als Angehörige der frühislamischen Ibaditen-Sekte, die im 10. Jahrhundert über Teile des Maghreb herrschte, brachte sich ein Berberstamm auf der Flucht vor den gemäßigten Mohammedanern arabischer Abstammung nach einer Odyssee in der Halbwüste des M'Zab in Sicherheit. Nach den dortigen Nomaden der Beni M'Zab nannten sie sich fortan Mozabiten.

Die »Reinen«, die mit beispielloser Beharrlichkeit ihre religiösen, sozialen und sittlichen Wertvorstellungen über einen Zeitraum von nunmehr fast 1000 Jahren bewahren konnten, verwandelten ab 1014 den unfruchtbaren und felsigen Boden ihres selbstgewählten Exils allmählich in eine blühende Landschaft. Sie bohrten bis zu 100 Meter tiefe Brunnen und bändigten die verheerenden, durch plötzliche Regenfälle verursachten Fluten der Wadis mit massiven Sperrmauern. Niemand weiß bis heute besser, wo selbst bei anhaltenden Dürreperioden – die sich in diesem Teil der Sahara nicht selten über mehrere Jahre hinziehen können – das kostbare Naß für Dattelhaine und Oasengärten zu finden ist. Kein Gartenbesitzer dort verfiele jemals auf die Idee, die Gemeinschaft zu hintergehen, indem er mehr Wasser abzweigt, als ihm zusteht.

So konsequent, wie sie das heilige Buch des Islam auslegten, entwarfen sie auch ihre neuen Städte, deren Gemeinwesen auf dem Gleichheitsprinzip beruhte. Im Zentrum erbauten die Mozabiten aus Lehm eine kleine Moschee und strichen sie blendend weiß an. Weder durch Ornamente noch durch größere Ausmaße durfte sie sich von den Wohngebäuden unterscheiden. Eines der ältesten Gebetshäuser, die aus dem 12. Jahrhundert stammende Moschee von Chaaba, wurde sogar unterirdisch angelegt.

Die Minarette der mozabitischen Moscheen dienten bei Angriffen als Wehrtürme. Sie verjüngen sich nach oben und tragen als Abschluß einen kronenartigen Aufsatz. Bei Belagerungen zog sich die Bevölkerung hinter die Mauern der Moschee zurück, denn dort befanden sich auch die Waffenkammer und Getreidespeicher. Die würfelartigen Wohnhäuser wurden konzentrisch um die Moschee herum angeordnet, so daß die Gebäude zu einer Einheit verschmolzen.

Zweitresidenz im Palmengarten

Der Hof des mozabitischen Wohnhauses, das keine Fenster besitzt, ist bis auf eine kleine Lichtöffnung völlig überdeckt. Während an den Außenwänden die Farbtöne Elfenbein, Helltürkis, Hellblau oder Hellokker dominieren, sind die Innenwände nur mit einer einfachen Putzschicht versehen. Möbel gibt es nicht, dafür besitzen alle Räume Wandnischen. Messingriegel schützen die schweren Haustüren der Gebäude, die man über verwinkelte Gassen, Treppen und Durchgänge erreicht.

Zwar tragen die dicken Wände dazu bei, die Sommerhitze in den Stadthäusern etwas zu mildern; Temperaturen von über 40° C im Schatten veranlaßten die Mozabiten jedoch schon bald, in den kühleren Palmengärten sommerliche Zweitresidenzen anzulegen, obwohl dadurch wertvolles Ackerland verlorenging. Jede Mozabitenstadt besitzt daher ihre eigene Gartenstadt mit jeweils einer – hier allerdings minarettlosen – Moschee.

Das dritte Element in dieser einzigartigen Stadt- und Gartenlandschaft bilden die Friedhöfe, deren Grabsteine ebenfalls recht schmucklos gestaltet sind. Anspruch auf aufwendigerere Grabmonumente hatten nur bedeutende Mozabitenführer.

Während Sklaven die Arbeiten in den Gärten und Oasenhainen übernehmen mußten, erledigten Juden, die in Ghardaïa ein eigenes Viertel zugewiesen bekamen, die handwerklichen Aufgaben. Die Mozabiten selbst erwiesen sich als begnadete Kaufleute, die vor allem an der Küste des heutigen Algerien Handelsniederlassungen gründeten. Als die Erträge der Landwirtschaft nicht

Im schattigen Hof der Moschee von Bou Noura versammeln sich die Gläubigen. Das hohe Minarett mit seiner charakteristischen Form bot den Mozabiten einst auch Schutz vor feindlichen Angriffen.

1

1 Außerhalb der Stadtmauern liegen die Friedhöfe, deren Grabstätten – wie hier bei Melika – zumeist sehr schlicht gestaltet sind.

mehr ausreichten, um die größer gewordene Bevölkerung zu ernähren, wanderten immer mehr Mozabiten aus. Sie gelangten bis nach Agadez im heutigen Niger, wie sich am pyramidenförmigen Minarett der dortigen Moschee erkennen läßt.

Mozabitische Sittenstrenge

Ein Tebria genannter Gesetzesrat wacht darüber, daß Brauchtum, Berbersprache und Sittenkodex in der Mozabiten-Gemeinschaft bis heute respektiert werden. Nach alter Tradition verheiraten Väter ihre Töchter im Alter von etwa zwölf Jahren; von da an haben die Mädchen üblicherweise im Haus zu bleiben. Während Frauen das M'Zab-Tal nie verlassen dürfen, kehren die Männer, selbst wenn sie lange Jahre in der Fremde gelebt haben, wieder in ihr Tal zurück und wählen dort ihre Ehepartnerin.
Das traditionelle Strafmaß für gravierende Vergehen mag befremdend wirken, bis heute wird es jedoch verhängt: Wer gegen die Gesetze verstößt, wird regelrecht exkommuniziert und muß sein Leben fortan mit Leidensgenossen in einem eigens dafür vorgesehenen Stadtviertel fristen.

2

2 Wichtiger Bestandteil eines mozabitischen Gemeinwesens ist – neben der eigentlichen Stadt und dem Friedhof – die palmenbestandene Gartenstadt, in die sich viele Bewohner während der heißen Jahreszeit zurückziehen. Dieses Sommerhaus mit Brunnen steht in Beni Isguen.

3

3 Die Mozabiten gelten als geschickte Händler: Der Marktplatz von Ghardaïa mit seinem lebhaften Treiben erfüllt eine wichtige wirtschaftliche und gesellschaftliche Funktion.

Die Puritaner der Wüste

Noch heute dürfen Fremde die Heilige Stadt Beni Isguen, im 14. Jahrhundert erbaut, ausschließlich mit einem Führer betreten. Während der Gebetszeit zwischen 12 und 15.30 Uhr sowie bei Einbruch der Dämmerung werden die Stadttore der »Frommen«, so die deutsche Übersetzung, geschlossen. Besucher müssen Beni Isguen abends verlassen: Nicht-Mozabiten dürfen in der Stadt nicht übernachten.

Im Hauptort und Touristenzentrum Ghardaïa, dessen Gesetzesrat die Torschließung mittlerweile abgeschafft hat, lassen sich die Spuren der modernen Zivilisation inzwischen nicht mehr übersehen. Auf dem von Arkadengängen umgebenen Marktplatz parken nicht selten tonnenschwere Fernlastzüge. Immer mehr Bewohner greifen beim Umbau ihrer traditionellen Häuser auf modernes Baumaterial zurück: Statt Kalkstein und ungebrannten Ziegeln ziehen sie jetzt Beton vor, bauen stilfremd riesige Fenster ein und fügen sogar Balkone mit schmiedeisernem Geländer an. Kühlaggregate von Klimaanlagen, Satellitenschüsseln und Fernsehantennen durchbrechen zunehmend die Formstrenge traditioneller mozabitischer Bauwerke und beeinträchtigen so das historische Stadtbild.

Zwischen den fünf Ksour sind seit den siebziger Jahren immer mehr Talsiedlungen entstanden. Wenn sie sich weiter ausdehnen, besteht die Gefahr, daß die Städte zusammenwachsen und die einzigartige Harmonie von Gebäuden, Friedhöfen, Palmengärten und der umgebenden Natur bald der Vergangenheit angehört.

1970 gründeten Bewohner des M'Zab-Tales eine Werkstatt, die sich die Restauration traditioneller Bauten zur Aufgabe gemacht hat. In einem ersten Schritt wurden die fast ein Jahrtausend alten Sperrmauern saniert, die Hochwasserkatastrophen verhindert hatten. Auch der Festungswall um Bou Noura – »die Leuchtende« – wurde nach historischem Vorbild wiederhergestellt.

Das Rad der Zeit läßt sich jedoch auch im Tal der Mozabiten nicht zurückdrehen. Um die Dauerbewässerung der Oasen sicherzustellen, wurden moderne Kreiselpumpen installiert. Die alten Schöpfbrunnen aus Lehm wirken inzwischen wie zerfallende Relikte einer vergangenen Zeit. Auch der Widerstand traditionsbewußter Mozabiten gegenüber Strom, Fernsehgeräten, Kinos und Cafés ist anscheinend inzwischen gebrochen. Will die rund 30 000 Angehörige zählende Gemeinschaft ihre Jugend nicht verlieren, wird sie ihr gewisse Annehmlichkeiten wohl in Zukunft nicht vorenthalten können.

Tassili n'Ajjer

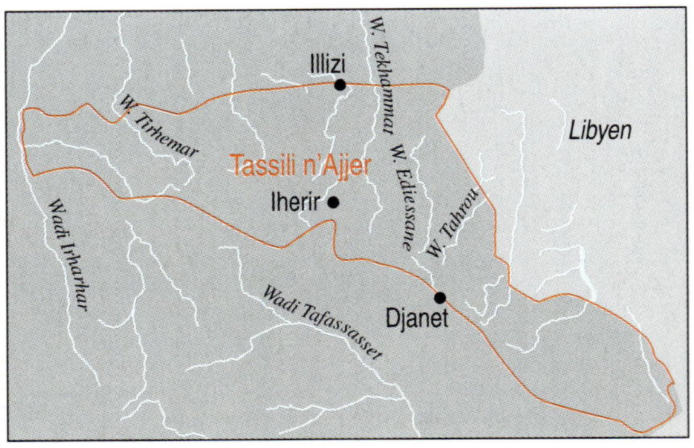

Lage: im Südosten der algerischen Sahara, nordöstlich des Hoggar-Gebirges

Weltnatur- und Weltkulturerbe: seit 1982

Fläche: 80 000 Quadratkilometer

Tausende gut erhaltener Gravuren und Felsgemälde erforschte der französische Frühgeschichtler Henri Lhote in den fünfziger Jahren im abgelegenen Tassili-Gebiet. Auf eindrucksvolle Weise dokumentieren sie, wie sich eine feuchtheiße Tropenregion allmählich in die heutige Wüstenlandschaft verwandelte. Als letzte Relikte einer mediterranen Vegetation hielten sich im »Teufelsgarten« uralte Tarut-Zypressen, eine akut bedrohte Pflanzenart; auch für eine überraschende Zahl seltener Tiere bietet die unwirtliche Gegend einen Lebensraum. Wegen seiner besonderen Bedeutung wurde der Tassili n'Ajjer zum Weltkultur- und Weltnaturerbe erklärt.

Verblüffend modern mutet das Relief der »Weinenden Kuh« an, das ein prähistorischer Künstler vor Tausenden von Jahren schuf.

Der »Große Gott von Séfar« breitet seine verzierten Arme aus, als wolle er den Irdischen seinen Segen erteilen. Ehrfurchtsvoll nähern sich der über drei Meter großen Erscheinung, deren weißen Körper bräunlichrote Umrißlinien hervorheben, mehrere kugelköpfige Frauen; während aus dem Bauch des Riesen eine junge Antilope ins Freie drängt, schenkt ein weibliches Wesen, auf dem Rücken liegend, einem Kind das Leben.

Sand- und Felswüste, so weit das Auge reicht: Kaum zu glauben, daß sich hier einstmals eine blühende Landschaft erstreckte.

Welche Botschaft die prähistorischen Künstler der Nachwelt mit ihrem Felsgemälde übermitteln wollten, ließ sich bis heute nicht eindeutig entschlüsseln; für den Frühgeschichtler Henri Lhote, der die beeindruckende Bilderwelt nordöstlich der Oase Djanet in den fünfziger Jahren erforschte, symbolisierte das monumentale Felsgemälde ein Fruchtbarkeitsritual der ersten Sahara-Bewohner.

Alte Siedlungsplätze

Unter schwierigsten Bedingungen fertigten Lhote und sein Team zwei Jahre lang Tausende von Gemäldekopien an, die in der europäischen Fachwelt Aufsehen erregten: Die oft erstaunlich gut erhaltenen Gravuren und Felsmalereien des Tassili n'Ajjer – die Tuareg-Bezeichnung bedeutet »Hochebene der Flüsse« – widerlegten die landläufige Ansicht, daß sich auf dem Gebiet der heutigen Sahara schon immer eine leere, lebensfeindliche Wüste erstreckte.
Lhote entdeckte unter anderem eine Feuerstelle, die er mit Hilfe der Radiokarbonmethode auf ein Alter von 4700 Jahren datierte; weitere Funde wie etwa Töpferscherben, Geräte zur Getreideverarbeitung und Wallreste befestigter Siedlungsplätze legten den Schluß nahe, daß im Tassili-Gebiet schon im 8. Jahrtausend v. Chr. Menschen lebten, als Europa noch von einem kompakten Eispanzer bedeckt war.

Wie von einem anderen Planeten

Die steinerne, in gelbbraunen und rötlichen Farbtönen schimmernde Zauberlandschaft des heutigen Nationalparks mit ihren labyrinthartigen Felsformationen wirkte auf den französischen Forscher Paul Soleillet im 19. Jahrhundert wie »ein anderer Planet, einzigartig, mysteriös und bisweilen zermürbend«. Heute eine der unwirtlichsten Gegenden der Sahara, war die Hochebene während der Steinzeit offenbar eine blühende Landschaft, in deren feuchtwarmem Klima Zypressen, Zedern, Eichen und Olivenbäume gediehen. Während in den Gebirgstälern sogar Baumarten der gemäßigten nördlichen Breiten wie Birke, Erle, Buche, Linde und Ulme wuchsen, erstreckten sich in tiefergelegenen Bereichen Seen, die von den Flüssen des Plateaus gespeist wurden. Im Tal des Flusses Iherir, an dessen Ufern Menschen leben, finden sich noch heute uralte Tarut-Zypressen. Die katalogisierten und unter Naturschutz gestellten Relikte mediterraner Vegetation wachsen in einer Landschaft, die von den Einheimischen »Teufelsgarten« genannt wird.
Neben seinen frühgeschichtlichen Felsgemälden und Fundstätten besitzt der Tassili, wichtiges Winterquartier für Zugvögel aus Europa, eine überraschende Vielzahl an Insekten-, Spinnen- und Amphibienarten. Durch Moose bildeten sich gewaltige Tuffsteinbarrieren an Wasserfällen und Teichen, in denen sich die Vertreter etlicher Buntbarschgattungen tummeln. Die Gründung des Nationalparks 1972 sollte auch dazu beitragen, die bedrohten Bestände der Geparden, Mähnenspringer, Dorkas-Gazellen und etwa 20 weiterer größerer Säugetierarten zu sichern.

Gewaltige Felswände und bizarre Gesteinsformationen bilden eine Landschaft von eigentümlichem Reiz: 1972 wurde der Tassili n'Ajjer zum Nationalpark erklärt.

Kunstwerke in grandioser Landschaft

Felsterrassen und schroffe Wände prägen das Bild der von steilen Abrißkanten gesäumten, bis zu 100 Kilometer breiten Hochebene, die sich auf einer Länge von gut 750 Kilometern nordöstlich des Hoggar-Gebirges erstreckt. Wind und Wetter formten bizarre Säulen, Pilze und Türme aus den Sandsteinschichten der Hochebene, die von kilometerlangen Schluchten und Höhlen durchzogen ist und bis auf 2000 Meter Höhe ansteigt.
Durch Felsüberhänge vor Regen, Wind und Sonne geschützt, überstand ein Großteil der prähistorischen Kunstwerke den extremen Klimawandel erstaunlich gut. Eine Schicht aus Eisen-Mangan-Hydroxiden auf der Oberfläche des Gesteins, sogenannter Wüstenlack, überzieht die Malereien und Ritzbilder. Die Farben bestehen aus Mineralien und Farberden, die sämtliche Ockervarianten zwischen Gelb und Rot zeigen. Als Bindemittel verwendeten die Künstler Eiweiße. Die weiße Farbe gewannen sie aus Gips, die schwarze aus Holzfeuerruß. Mit Knochen, Federn oder einfach mit ihren Fingern trugen sie meistens eine Gemäldeschicht auf die glatte, weitgehend trockene Felswand auf; in manchen Fällen überlagern sich auch mehrere Malschichten.

Ein naturgeschichtliches Bilderbuch

Die älteste Epoche nannte Lhote wegen der häufig dargestellten Elefanten, Nashörner, Flußpferde, Giraffen und Wildbüffel »Bubalus-Periode«. Während sich für diesen Zeitabschnitt nur Gravuren nachweisen ließen, konnte der Forscher die ersten Gemälde, bei denen die tier- und kugelköpfigen Menschengestalten noch plump und unrealistisch wirken, nach seiner Einteilung auf die beginnende »Rundkopf-Periode« datieren.

Nächste Doppelseite:
Ohne den einsamen Baum, die vereinzelten Grasbüschel und die beiden Menschen könnte man bei diesem Anblick tatsächlich an das Bild eines unbewohnten Planeten denken.

Eine imposante Schlucht zwischen schroffen Felswänden: Trotz der geringen Niederschlagsmenge von nur 30 Millimetern pro Jahr wachsen an geschützten Stellen wie hier durchaus einige spezialisierte Sträucher und Kräuter.

Über Jahrtausende bildeten Rinder das Hauptmotiv der prähistorischen Künstler – ein Hinweis auf die wichtige Rolle dieser Tiere für das Leben jenes Hirtenvolkes.

In einer späteren Phase des Rundkopf-Stils fallen die Darstellungen durch eine sicherere Linienführung auf: Die Körper der mit Lendenschurzen bekleideten Figuren, die sich mit ihren Jagdwaffen an Beutetiere heranpirschen, sind modelliert. Auch finden sich nun neue Farbtöne: Rotbraun für die Innenflächen sowie grüne, gelbe und weiße Töne für die Konturen und Verzierungen. Die als Tänzerin verewigte »Gehörnte Dame von In Aouanghat« trägt an Hüften und Armen kunstvoll dargestellte transparente Schleier.

Betätigten sich die Tassili-Bewohner in der »Rundkopf-Phase« noch ausschließlich als Jäger, gingen die Menschen der »Rinder-Periode«, die Lhote zufolge bis etwa 1500 v. Chr. andauerte, bereits zur Nutztierhaltung über. Die vermutlich aus dem heutigen Äthiopien eingewanderten Hirten verzichteten zwar nicht völlig auf das Sammeln, sie ergänzten ihre Nahrung jedoch bereits durch angepflanzte Feldfrüchte. Allmählich wurden sie seßhaft und verbesserten ihre Ackerbaumethoden. In der oft als »neolithische Revolution« bezeichneten Umbruchphase zwischen dem 6. und dem 5. Jahrtausend v. Chr. entstanden die meisten der Felsgemälde.

Ihr Hauptmotiv, das Hausrind, wird entweder als Einzeltier oder im Herdenverband dargestellt, nur selten sind die stilisierten und bewegt wirkenden Figuren größer als 30 Zentimeter. Geschickt nutzten die Maler Unebenheiten der Felswände, um den Bildern plastische Wirkung zu verleihen. Klar treten die Umrisse der schon viel exakter proportionierten Tiere und Menschen hervor – oftmals Hirten, Frauen und Bogenschützen, deren Alltag detailreich festgehalten wird.

Als im 3. Jahrtausend v. Chr. Weideflächen und Wasservorräte knapper wurden und eine anhaltende Dürreperiode einsetzte, begannen die auf feuchtwarmes Klima angewiesenen Wildtiere, nach und nach in Richtung Süden abzuwandern. Sie verschwanden daher allmählich auch aus den

1 Menschen sind auf den Felswänden des Tassili n'Ajjer oft als schlanke, feingliedrige Gestalten dargestellt. Trotz des Klimawandels blieb ein Großteil der Kunstwerke erstaunlich gut erhalten.

2 Die Felsgemälde geben auch Auskunft über die Jagdmethoden der Tassili-Bewohner: Sie stellten ihrer Beute mit Pfeil und Bogen nach.

1

2

Felsmalereien jener Zeit. Ihnen folgte vermutlich ein Teil der ursprünglichen Bewohner des Tassili.
Noch heute ist es bei einigen Volksstämmen südlich der Sahara üblich, vor der Jagd die Umrisse des Beutetieres in den Sand zu zeichnen und die erhoffte Jagdbeute durch symbolische Gesten zu töten. Auch erinnern die Bildinhalte einiger Tassili-Gemälde an die westafrikanischen Fulbe, deren Aussehen und Tätowierungen verblüffende Ähnlichkeiten mit den frühzeitlichen Porträts aufweisen.

Das Vordringen der Wüste

Um 1200 v. Chr. tauchte neben Rind und Schaf erstmals das Pferd auf. Das Tier wurde vermutlich von den Vorfahren der Tuareg im Tassili eingeführt. Wegen der Kopfform der porträtierten Menschen »Stabkopf-Periode« genannt, ist in den Bildern aus dieser Zeit außer schematischen Tierdarstellungen später auch das Motiv des zweirädrigen, von Pferden gezogenen Kampfwagens zu sehen. Um die Jahrtausendwende müssen sich dann die klimatischen Bedingungen im Tassili-Gebiet so verschlechtert haben, daß anstelle der Pferde andere Transporttiere eingesetzt werden mußten. Als neues Motiv standen den Künstlern seit dem 1. Jahrhundert die genügsamen Dromedare der »Kamel-Periode« Modell.
Nach Art eines riesigen Freiluft-Bilderbuches dokumentieren die Gravuren und Felsgemälde, wie sich das blühende Land allmählich in eine unfruchtbare Wüste verwandelte. Mit der Kamel-Epoche ging auch die Schaffensperiode im Tassili zu Ende. Wie die relativ plump wirkenden Kameldarstellungen aus der Endphase verdeutlichen, hatten auch die künstlerischen Fähigkeiten der Tassili-Maler in jener Zeit abgenommen. Seither benötigen die Menschen in dieser Gegend, die sich noch immer vornehmlich der Kamelzucht widmen, ihre ganze Energie, um sich gegen die beständig vordringende Wüste zu behaupten. Mittlerweile wurde die touristische Erschließung des Tassili n'Ajjer stärker vorangetrieben. In Tamanrasset, dem Hauptort dieser Gegend, wurde ein Flugplatz gebaut. Die Oase Djanet ist Ausgangspunkt für mehrtägige Fahrten zu den Felsbildern.

3

3 Diese geritzte Darstellung einer Giraffe ordnen die Wissenschaftler einer sehr frühen Epoche zu: Sie entstand wahrscheinlich vor mehr als 8000 Jahren.

4

4 Heute leben in der unwirtlichen Gegend wenige Tausend Tuareg, die als Hirtennomaden durch die Wüstenlandschaft ziehen.

Nationalpark Ichkeul

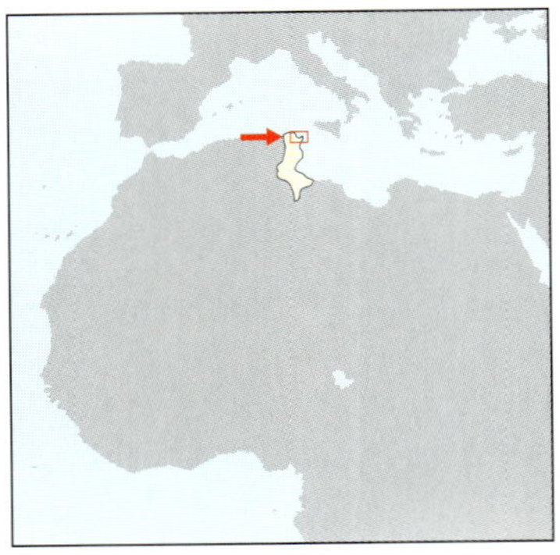

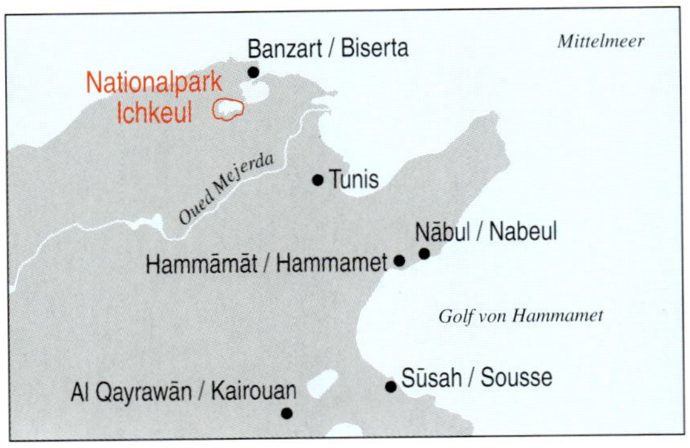

LAGE: rund 75 Kilometer nordwestlich der Hauptstadt Tunis, etwa 30 Kilometer von der Mittelmeerküste entfernt

WELTNATURERBE: seit 1980

FLÄCHE: 126 Quadratkilometer

Als letzter Rest einer Seenkette, die sich einst über ganz Nordafrika erstreckte, dient das noch weitgehend unberührte Überschwemmungsgebiet des Ichkeul-Sees Jahr für Jahr Hunderttausenden europäischer Zugvögel als Winterquartier; fast 200 Vogelarten konnten Experten dort bisher nachweisen. Der mit einer abwechslungsreichen Pflanzendecke überzogene Ichkeul-Berg vermittelt bis heute einen Eindruck von der einst in Nordafrika verbreiteten Vegetation.

Zwischen teilweise über 500 Meter hohen Bergen erstreckt sich der Ichkeul-See, dessen Wasserstand und Salzgehalt sich im Jahresverlauf ändern.

Zahlreiche Graugänse gehören zu den Wintergästen am Ichkeul-See. Das Gewässer stellt eine wichtige Überwinterungsregion für diese und andere Zugvögel dar.

Wenn das Wasser des Garaet Ichkeul in Vollmondnächten silbrig schimmert, ist der flinke Jäger nicht mehr zu bremsen. Unablässig ist er auf der Suche nach Krabben, Vögeln und kleinen Nagern. Obwohl im nordtunesischen Nationalpark Ichkeul, dessen Zentrum der 85 Quadratkilometer große See bildet, offiziell schon seit 1980 nicht mehr gejagt werden darf, haben Schätzungen zufolge dort kaum mehr als zehn Eurasiatische Fischotter bis heute überlebt. Während man die scheuen Wassermarder nur mit sehr viel Glück zu Gesicht bekommt, lassen sich die Wasserbüffel, die am Eingang des Nationalparks grasen, nicht aus der Ruhe bringen: Sie wurden wohl schon vor langer Zeit aus Asien eingeführt und entwickelten sich mit ihren markanten, bis zu 1,20 Meter langen, gebogenen Hörnern zum Symbol des Ichkeul.

Vom Jagdrevier zum Nationalpark

Nordafrikas bedeutendstes und noch weitgehend intaktes Feuchtgebiet um den 511 Meter hohen Djebel Ichkeul bildet erdgeschichtlich das letzte Relikt einer gewaltigen Seenplatte, die einstmals den Norden des Kontinents überzog. Obwohl das Überschwemmungsgebiet des Ichkeul-Sees in einem der am dichtesten besiedelten Landesteile liegt, blieb dem Landstrich das Schicksal der Trockenlegung für landwirtschaftliche Zwecke erspart.
Jahrhundertelang als fürstliches Jagdrevier genutzt, dann zum Nationalpark und zur

Weltnaturerbestätte ernannt, steht der Ichkeul zudem im Rang eines Biosphärenreservats, und sein Name findet sich aus gutem Grund seit 1980 auch auf der Liste der internationalen Ramsar-Konvention zum Schutz von Feuchtgebieten. Denn fast 200 verschiedene Vogelarten wurden hier registriert, und bis zu eine Viertelmillion Zugvögel – vor allem Pfeif- und Tafelenten, Bläßhühner und Graugänse – verbringen im Park jedes Jahr den europäischen Winter. Im Ichkeul-Gebiet wurden Ende der siebziger Jahre immerhin vier Prozent des weltweit noch vorhandenen Bestandes der bedrohten Ruderenten als Wintergäste gezählt. Brauner Sichler, Weiß- und Schwarzstorch staken durch das hohe Gras auf der Suche nach Fröschen und anderem Kleingetier, im dichten Röhricht brütet das Purpurhuhn. Wo so viel Beute zu finden ist, sind auch die Jäger nicht weit: Zwerg- und Habichtsadler, Rohr- und Kornweihe, Wanderfalke und Schmutzgeier halten hier nach Opfern Ausschau.

Beim Nordafrikanischen Stachelschwein, einem scheuen, nachtaktiven Nagetier, fällt neben den markanten Stacheln vor allem die lange Kopf-Nacken-Mähne auf.

Bilder aus vergangenen Zeiten

Wie das einst blühende Nordafrika vor drei Jahrtausenden ausgesehen hat, läßt sich eindrucksvoll am Djebel Ichkeul ablesen: Die Bergkuppe aus Kalk und Marmor, aus der einige Thermalquellen sprudeln, überzieht eine dichte Vegetation aus wilden Oliven-, Lorbeerliguster- sowie Mastixgewächsen, durchsetzt von den dornigen Stengeln und Blättern der Stechwinde, ei-

ner sommergrünen Liane. An der Südostflanke ist die kakteenartige Baumförmige Wolfsmilch, an der Nordseite der Phönizische Wacholder vertreten. Als Besonderheit verdient Schönenbergers Gamander Erwähnung, eine endemische Pflanze, die nur in Nordtunesien vorkommt.
Einfache Handwerksgeräte aus Feuerstein und Obsidian, die Archäologen aus dem Boden der Berggrotten ausgraben konnten, deuten auf eine frühe Besiedelung hin. Zudem fanden Paläontologen am Nordrand des Gebietes ungefähr 1,8 Millionen Jahre

1

1 Eine große Zahl von Graugänsen, Spieß- und Pfeifenten haben sich auf der offenen Wasserfläche niedergelassen. Ihre Hauptnahrungsquelle bilden die ausgedehnten Laichkrautvorkommen.

alte versteinerte Überreste von spättertiären und frühquartären Tieren: von Urelefanten und Urpferden, von Riesenschildkröten und anderen einst hier heimischen Lebewesen. Archäologische Fundstücke und Fossilien bilden – neben einer Ausstellung über die biologische Vielfalt des Schutzgebietes – den Schwerpunkt im »Ecomusée« des Nationalparks.

Hochwasser und Trockenheit

Während die in Parknähe gelegenen Überschwemmungsgebiete, die mit ihren ausgedehnten Binsenmooren einst Unterschlupf für zahlreiche Vogelarten boten, schon früh entwässert und besiedelt wurden, verläuft im Nationalpark Ichkeul die uralte Abfolge von Hochwasser und allmählicher Austrocknung bis heute nahezu ungestört. Im Winter

2

2 Einige Bereiche des Seeufers werden auch landwirtschaftlich genutzt, etwa für Olivenpflanzungen. Im Nationalparkgebiet leben etliche alteingesessene Familien, denen Sonderrechte eingeräumt wurden.

1

1 *Der selten gewordene Wanderfalke baut sein Nest gerne in felsigen Regionen. Seine bevorzugte Beute, Vögel bis zu Fasanengröße, schlägt er meistens im Flug.*

2

2 *Auf dem Flug von den Brutgebieten in Mittel- und Osteuropa zu ihren afrikanischen Winterquartieren machen Schwarzstörche im Nationalpark Ichkeul Zwischenstation. Das wichtige Feuchtgebiet ist mittlerweile jedoch stark gefährdet.*

lassen die Bäche aus den Mogod-Bergen den Ichkeul-See schnell über die Ufer treten, bei ausreichendem Niederschlag kann der Wasserstand auf zwei bis drei Meter hochschnellen und der Salzgehalt auf nur 1,7 Gramm pro Liter absinken.

Zwischen Juli und Oktober zieht sich das Wasser allmählich hinter die Schilfrohrzone zurück. Ist der Süßwasserstand schließlich unter die Meereshöhe abgesunken, strömt vom Mittelmeer über den lagunenartigen Lac de Bizerte und den Oued Tindja Meerwasser ein und erhöht den Salzgehalt des Wassers auf bis zu 38 Gramm pro Liter.

Der Seeuferbereich setzt sich aus mehreren Vegetationszonen zusammen: Auf einen Röhrichtgürtel aus Gemeinem Schilfrohr folgt ein Bereich mit – vorwiegend – Strand- und Sumpfbinsen. In trockeneren Zonen dominieren dann Strandgerste, Italienischer Lolch und Wilde Möhre.

Durch den Menschen bedroht

Das Kammlaichkraut, das auf dem ganzen See große Flecken bildet, stellt die Hauptnahrungsquelle für überwinternde Zugvögel dar. Seit zwei Flüsse, die in den Ichkeul-See einmündeten, vor einigen Jahren gestaut wurden, hat sich der Salzgehalt verändert; gleichzeitig stellte man fest, daß das Laichkraut weniger üppig wächst als in früheren Jahren. Sollte sich diese Tendenz fortsetzen, wäre die Futterversorgung vieler Wintergäste ernsthaft gefährdet.

Als besonderes Problem für den Parkschutz erwies sich in den vergangenen Jahren neben der Wilderei auch die illegale Besiedelung. Innerhalb des Parkareals leben Dutzende alteingesessener Familien, denen Teile der Sumpfgebiete gehören. Sie erhielten auch die Erlaubnis, im See zu fischen.

Eine weitere Gefahr bilden die benachbarten Steinbrüche, die ebenfalls den Parkbewohnern Brot und Arbeit geben; sie werden seit einigen Jahren wieder vermehrt genutzt. Da zudem die Abwässer ungeklärt in den Ichkeul-See fließen, befürchten Experten eine rapide Zunahme der Wasserverschmutzung. Der Nationalpark Ichkeul bedarf mittlerweile eines besonderen Schutzes und wurde deshalb im Dezember 1996 von der UNESCO auf die Rote Liste des gefährdeten Welterbes gesetzt.

3

3 Weißstörche, die in verschiedenen Gebieten West- und Mitteleuropas brüten, ziehen im Herbst über Gibraltar und Nordafrika in ihre Überwinterungsgebiete südlich der Sahara. Auf ihrer Reise benötigen sie ruhige Rastplätze wie den Ichkeul-See, um sich zu erholen und Nahrung aufzunehmen.

4

4 Im Nationalpark Ichkeul kommt die elegante Kleinfleck-Ginsterkatze recht häufig vor, doch bekommt man die nachtaktiven Tiere nur selten zu Gesicht.

Punische Stadt Kerkouane und ihre Nekropole

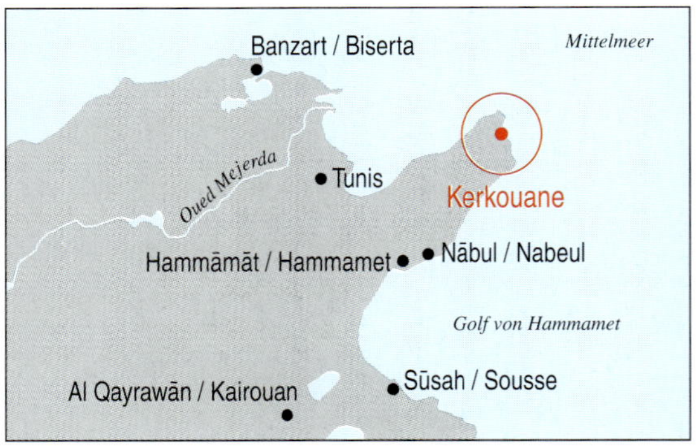

Lage: im äußersten Osten der Halbinsel Cap Bon, 13 Kilometer nördlich von Kelibia und rund 90 Kilometer nordöstlich von Tunis

Weltkulturerbe: seit 1985 (Kerkouane), erweitert 1986 (Nekropole)

Schon während des Ersten Punischen Krieges zwischen Römern und Karthagern um die Mitte des 3. vorchristlichen Jahrhunderts gaben die Einwohner Kerkouanes ihre florierende Handwerkerstadt auf – ohne daß die Wissenschaftler bisher einen plausiblen Grund dafür entdecken konnten. Weil der Ruinenort in späterer Zeit nie überbaut wurde, liefern Kerkouane und seine Totenstadt der Archäologie interessante Aufschlüsse über Stadtplanung und Begräbnisriten der Phönizier. Dennoch bleiben viele Fragen über die Zivilisation dieses Volkes noch immer unbeantwortet.

Von diesem Tempel der Phönizierstadt sind nur die Sockel und die Unterteile einiger präzise bearbeiteter Rundsäulen erhalten.

1

2

1 In einem Tempel konnten die Archäologen dieses Fußbodenmosaik freilegen. Das aus weißen Marmorsteinen geformte Zeichen sollte vermutlich Unheil bannen und stand wohl auch mit der Stadtgöttin von Karthago, Tanit, in Verbindung.

2 Diese Rinne ist ein Überrest des ausgeklügelten Wassersystems der alten Phönizierstadt.

Um ihre Siedlung nahe der Spitze des nach Nordosten weisenden Cap Bon gegen Angriffe von der Landseite her zu schützen, zogen die Erbauer halbkreisförmig eine doppelte Mauer – einst bis zu drei Meter dick und bis zu zehn Meter hoch – von einer Steilküste zur anderen. Von der Seeseite her mußten die Bewohner nichts befürchten, da die Phönizier unter der Vormacht von Karthago – von den Römern Punier genannt – zu jener Zeit das westliche Mittelmeer beherrschten.

Mysteriöse Ruinenstadt

Durch zwei Tore des turmbewehrten Mauergürtels gelangte der Besucher in die bis zu vier Meter breiten Straßen, die mit Entwässerungsgräben versehen waren. Die rechteckigen, früher teilweise wohl mehrstöckigen Häuser der phönizischen Stadt waren fast alle gleich angelegt: Hinter dem Hauseingang führte ein Korridor vorbei an verschiedenen Räumen, darunter ein Empfangszimmer, in den Innenhof, der mit Brunnen, Spülbecken und steinerner Sitzbadewanne ausgestattet war. Die schätzungsweise 2000 Einwohner Kerkouanes, deren 1957 entdeckte und seither teilweise freigelegte Stadt eine Ausdehnung von sieben Hektar erreicht haben dürfte, müssen danach besonderen Wert auf Körperpflege gelegt haben. Sehr viel mehr konnten die Archäologen über die Bevölkerung der mysteriösen Stadt zwischen zwei Meeresbuchten allerdings nicht herausfinden.

3

Einiges spricht dafür, daß Kerkouane schon im 6. Jahrhundert v. Chr. gegründet wurde und bald in regen Austausch mit anderen Handelsstädten trat. Da man den wirklichen Namen des Ruinenortes, in dessen Nähe 1985 die Nekropole Arg el Ghazouni mit rund 200 Gräbern freigelegt wurde, nicht kannte, wurde die Stätte einfach nach einem nahen Flurstück benannt.
Der mündlich überlieferten Tradition zufolge soll Kerkouane identisch sein mit der libyschen Gründung Tamezrat; doch Beweise dafür fehlen. Auf jeden Fall gehört der Ruinenort zu jenen phönizischen Städten, die während der römischen Epoche und auch später nie überbaut wurden. Daher zeigt die in ihrer ursprünglichen Form erhaltene, auf leicht unregelmäßigem Gittergrundriß angelegte Siedlung mit ihren Gebäuden, Straßen, Plätzen und Tempeln noch das unverfälschte Bild einer im 3. Jahrhundert vor der Zeitenwende aufgegebenen Stadt, in der offenbar hauptsächlich Handwerker und Fischer lebten.

Werkstätten und Grabkammern

In den Werkstätten Kerkouanes wirkten vor allem Steinmetzen, Maurer, Töpfer, Goldschmiede und Glasmacher. Eine wichtige Rolle dürfte auch die Gewinnung des wertvollen Textilfarbstoffes Purpur aus Meeresschnecken der Gattung Murex gespielt haben. Archäologen entdeckten im Boden einiger Wohnhäuser die Überreste von Altären aus Terrakotta. Ferner stießen sie auf

3 Bei manchen Häusern Kerkouanes wurden die Fußböden mit weißen Schmucksteinchen verziert.

Reste von Mosaikpflasterungen und auf Bruchstücke von Marmor, der als Gebäudeschmuck gedient haben dürfte.
In einer der beiden heiligen Stätten, hinter deren Monumentaleingang ein Vorraum mit Steinbänken und ein Hof ausgegraben wurden, fanden sich Reste einer Werkstatt. Dort wurden Votivgaben – hauptsächlich Statuetten – gefertigt, die assyrisch-babylonische, phönizische, griechische und sizilianische Kunsteinflüsse aufweisen. Ob die Stadt auch einen – möglicherweise später zerstörten – Hafen besessen hat, ließ sich nicht klären. Vielleicht zogen die Einwohner ihre Boote auch einfach über den Sand ans Land und verzichteten deshalb auf den Bau einer Hafenanlage.
Etwas mehr Licht in Kerkouanes rätselhafte Geschichte brachte die Entdeckung seiner Nekropole, die auf einem felsigen Hügel rund einen Kilometer nordöstlich der Ruinenstadt freigelegt wurde. In diesem mit Abstand am besten erhaltenen Teil der Grabungsstätten stieß man auf unterirdische, mit Stufen versehene Grabkammern und

1

1 Die meisten Häuser in Kerkouane waren mit einem eigenen Bad ausgestattet. Viele der aus Stein gehauenen Badewannen blieben bis heute erhalten.

2 Die teilweise wohl mehrstöckigen Häuser der planmäßig angelegten Stadt waren durch ein gitterförmiges Straßennetz erschlossen.

2

3

3 Ein Detail der Ausgrabungsstätte: Die Bedeutung mancher Relikte konnten die Wissenschaftler bisher noch nicht entschlüsseln, werden sie vielleicht auch nie ganz klären können.

auf direkt in den Fels geschlagene Sarkophage, wie man sie in keiner anderen phönizischen Nekropole bisher nachweisen konnte. Die frei stehenden Sarkophage trugen Verzierungen in rötlich schimmerndem Ocker; über den Eingangstüren der Grabkammern fanden sich die eingravierten Namen der Verstorbenen. Der Boden barg außer Schmuck- und Geldstücken auch Keramikreste und Bronzeobjekte. Ein Sarg aus Zypressenholz, der einer weiblichen Statue ähnelt, stellt den bislang größten Sarkophagfund aus phönizischer Zeit dar.

Rätselhafte Stadtflucht

Seit der Entdeckung Kerkouanes weiß die Wissenschaft etwas mehr über Stadtplanung und Begräbnisriten der Phönizier; warum die Bewohner vermutlich um 250 v. Chr. ihr Gemeinwesen für immer verließen, bleibt allerdings bis heute ein Geheimnis. Um die beachtlichen Überreste zu bewahren, entstanden in den vergangenen Jahren Schutzvorrichtungen gegen Witterungseinflüsse sowie eine Stützmauer, die verhindern soll, daß Kerkouane eines Tages vollständig ins Meer abrutscht.

Wer waren die Phönizier?

Man weiß wenig über dieses Seefahrervolk, dessen Heimat wohl ursprünglich im Landstreifen zwischen dem Libanon-Gebirge und dem Mittelmeer lag. Zwar gilt inzwischen als erwiesen, daß unser Alphabet von der phönizischen Schrift abstammt und daß ihre Sprache mit dem Hebräischen verwandt war, ihre Literatur ist jedoch bis auf wenige Reste verlorengegangen.

Die kühnen Seefahrer schufen ein ausgedehntes Handelsimperium rund um das gesamte Mittelmeer; zu einer politischen Einheit gelangten die Phönizierreiche allerdings nie.

Phönizische Kaufleute handelten vor allem mit Buntmetallen wie Zinn und Kupfer aus Sardinien, aber auch mit Sklaven, Gewürzen, Getreide und Teppichen. Außerordentlich geschätzt waren die phönizischen Goldschmiedearbeiten, Flakons und andere Glaswaren, die jedoch zu keiner Zeit einen eigenständigen Kunststil erkennen lassen.

Seit Mitte des 8. Jahrhunderts v. Chr. erwuchs den Phöniziern, die im 6. Jahrhundert den gesamten westlichen Mittelmeerraum beherrschten, durch die griechischen Seefahrer eine starke Konkurrenz. In Nordafrika stiegen sie als Punier mit ihrer Gründung Karthago zur bedeutenden Macht auf. Die römische Kriegsflotte leitete schließlich den Untergang des phönizischen Handelsimperiums ein.

Ruinen von Karthago

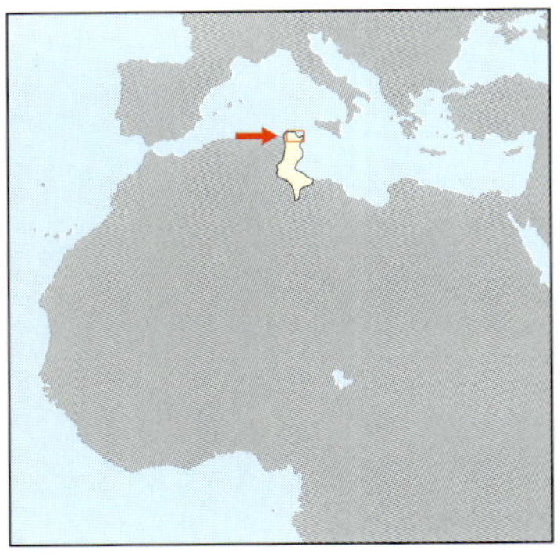

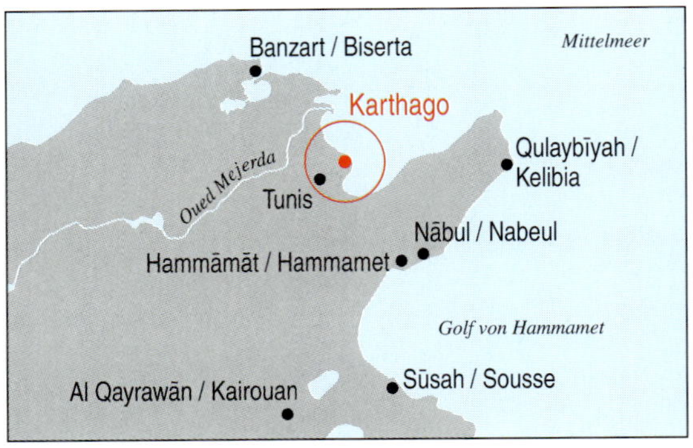

Lage: etwa 10 Kilometer nordöstlich von Tunis, direkt an der Mittelmeerküste

Weltkulturerbe: seit 1979

Die Geschicke des in der Antike sehr einflußreichen Macht- und Handelszentrums gehören zum Pflichtstoff im Geschichtsunterricht. Das als phönizische Kolonie entstandene und zur Großmacht aufgestiegene Karthago wurde 146 v. Chr. von den Römern zerstört, aber gut ein Jahrhundert später unter Augustus neu gegründet. Die Araber besiegelten 698 n. Chr. endgültig das Schicksal der Stadt. Mit der Schaffung eines Archäologischen Parks in den siebziger Jahren haben sich die Chancen verbessert, die spärlichen Überreste dieser einst berühmten Metropole Nordafrikas zu erhalten.

Das »Haus der Pferde«, einst die repräsentative Villa eines reichen Römers, bezaubert die Besucher mit zahlreichen kunstvollen Mosaiken.

Jahr für Jahr schob sich das Villenviertel näher an die Ruinenfelder am Mittelmeerstrand. So verwandelte sich das Gebiet, auf dem sich einst Karthago – die »Herrscherin der Welt« – erstreckt hatte, allmählich in einen Vorort, der mit der Hauptstadt Tunis zu verschmelzen drohte. Weite Teile der antiken Stadt, in deren Boden wertvolle Überreste aus fast drei Jahrtausenden ruhten, galten bereits als unwiederbringlich verloren. Da ging 1973 ein Appell der UNESCO an die Weltöffentlichkeit, von der Stätte, die zu den frühen und wichtigsten Stadtgründungen des Mittelmeerraumes zählt, gemeinsam zu retten, was noch zu retten war.

1

2

1 Die ältesten dieser punischen Grabstelen sollen 2500 Jahre alt sein. Wissenschaftler datierten sie anhand von Inschriften, aber auch aufgrund von Gestaltungsunterschieden.

2 Viele der Grabstelen auf dem Tophet tragen figürliche Darstellungen. Leider läßt sich aufgrund der Verwitterung nicht immer erkennen, ob es sich dabei um Kinder-, Erwachsenen- oder Götterbildnisse handelt.

»Cato ist verstummt«

Bald darauf erschwerten die Behörden die Neubautätigkeit und richteten hier einen Archäologischen Park ein, der Wissenschaftlern und Besuchern offensteht. Seit die Gefahr einer völligen Überbauung der Ruinenfelder gebannt ist, kümmern sich Archäologen aus aller Welt um den Erhalt der Stätte, deren zerfallende Tempel zuvor schon mit Hilfe von modernem Stahlbeton verschandelt worden waren. »Cato ist endlich verstummt. Man muß fortfahren, Karthago zu schützen«, erklärte 1992 der UNESCO-Generalsekretär Federico Mayor in Anspielung auf den berühmten Spruch des römischen Staatsmannes Cato d. Ä. (234–149 v. Chr.), der schon vor dem Dritten Punischen Krieg stets gefordert hatte, daß die Rivalin Roms zerstört werden müsse.

Der Sage nach gründete Elissa, die Dido der Äneis und Schwester des phönizischen Herrschers Pygmalion von Tyros, um 814 v. Chr. Karthago. »Kart Hadascht«, Neustadt, wie der Ort von den Phöniziern genannt wurde, entstand nach dem Vorbild der Städte an der levantinischen Küste, der Heimat der Phönizier. In einer Bucht wurde der vorzüglich befestigte Hafen angelegt, in dem die vielen Schiffe der Handels- und der Kriegsflotte vor Anker gingen.

Drei Jahrhunderte nach der Gründung der Handelskolonie beherrschte der Stadtstaat, dessen Verfassung der griechische Philosoph Aristoteles als vorbildlich pries, bereits den westlichen Mittelmeerraum.

3

Wohlstand und Opferkult

Auf dem über 60 Meter hohen Byrsa-Hügel, Standort der ersten Wehrburg, stießen Archäologen unter den Resten des römischen Forums auf Karthagos punisches Wohnviertel, dessen Gebäude entlang rechtwinkliger Straßen und Treppen auf das 3. und 2. Jahrhundert v. Chr. zurückgehen. Zisternen, Wasserrinnen, Stuckverzierungen und Mosaikfußböden zeigen, daß die Wohnhäuser alle Annehmlichkeiten einer wohlhabenden Stadt besaßen. Marmorsarkophage, die in den Begräbnisstätten des Wohnviertels freigelegt wurden, sind teilweise sogar noch Jahrhunderte älter. Weitere punische Wohnviertel wurden in den letzten Jahren an der Ostseite des Byrsa-Hügels und am Meer ausgegraben.

Zu Ehren des heiliggesprochenen französischen Königs Ludwig IX., der 1270 während eines Kreuzzuges vor Tunis starb, erbaute die frühere Kolonialmacht auf der höchsten Stelle der Ruinenlandschaft eine 1890 geweihte, derzeit ungenutzte Kathedrale in byzantinisch-maurischem Stil. Daneben befindet sich das Archäologische Nationalmuseum mit Fundstücken aus dem Boden der antiken Stadt.

Wichtigste religiöse Stätte Karthagos war der Tophet, ein heiliger Platz. Die in neuerer Zeit nachgebildete Stätte vermittelt al-

3 In einem Gewölbe unter dem Tophet von Karthago, dem heiligen Platz der punischen Stadt, stehen mehrere Altäre und Stelen.

Nächste Doppelseite: Wegen ihrer Größe und ihrer überaus reizvollen Lage rühmten schon antike Schriftsteller die Thermen des Antoninus Pius.

1

2

1 Aus Abertausenden verschiedenfarbiger Steinchen schufen die Künstler des römischen Karthago faszinierende Mosaiken.

2 Das »Haus der Pferde« im römischen Villenviertel Karthagos verdankt seinen Namen den zahlreichen Mosaiken mit Pferdedarstellungen.

3

3 Im Nationalmuseum von Karthago auf dem Byrsa-Hügel werden weitere Mosaiken aus der Römerzeit gezeigt, so diese Waldszene mit Hirschkuh und Hirsch.

lerdings nur sehr unzulänglich eine Vorstellung von der einstigen Anlage. Hier sollen die Phönizier der Muttergöttin Tanit – sie ist mit der römischen Juno Caelestis gleichzusetzen – und Baal Hammon – er entspricht etwa Saturn – unter freiem Himmel Tier- und Menschenopfer dargebracht haben. Ob die von den Römern Punier genannten Karthager wirklich ihre Erstgeborenen dem Feuertod übergaben, um die Götter gnädig zu stimmen, bleibt jedoch umstritten: Möglicherweise starben die auf dem Tophet beerdigten Kinder auch eines natürlichen Todes und wurden, da sie noch nicht in die Gemeinschaft der Erwachsenen aufgenommen waren, deshalb getrennt von Ihnen beigesetzt. Allerdings stieß man tatsächlich auf Stelen, in deren Inschriften das Opfer der Göttin geweiht wurde. Als ältestes Baudenkmal des ursprünglich zwei Hektar gro-

4

4 Auch dieses feine Fußbodenmosaik stammt aus dem »Haus der Pferde«.

ßen, nur zum Teil freigelegten Tophets gilt eine Weihekapelle, in der griechische Keramikscherben des frühen 8. Jahrhunderts v. Chr. gefunden wurden.

»Hannibal ante portas!«

Als Karthago in Blüte stand, unterhielt der Stadtstaat unter der Leitung eines aristokratischen Rates gute Handelsbeziehungen zu Rom und einigte sich mit dem späteren Erzfeind sogar vertraglich auf die Abgrenzung von Einflußgebieten. Nachdem Rom diese Vereinbarungen um den Preis des Ersten Punischen Krieges (264–241 v. Chr.) gebrochen hatte, lieferten sich die beiden Großmächte mehrere Schlachten. Schließlich unterlagen die Punier unter ihrem Feldherrn Hamilkar Barkas in der entscheidenden Seeschlacht bei den Ägadischen Inseln.

1 Die Überreste der gewaltigen Pfeiler des Untergeschosses der Antoninus-Thermen lassen die enormen Ausmaße dieser Badeanlage aus dem 2. Jahrhundert n. Chr. erahnen.

2 Dieses Relikt einer römischen Säule können Besucher im Garten des Nationalmuseums von Karthago bewundern.

Hamilkars Sohn Hannibal sollte im Zweiten Punischen Krieg (218–201 v. Chr.) Rom und dessen Bundesgenossen in Furcht und Schrecken versetzen: Nach einer verlustreichen Alpenüberquerung, bei der fast alle Kriegselefanten umkamen, konnte er viele der italischen Verbündeten Roms für sich gewinnen. Als er bei Cannae in Apulien um 216 v. Chr. acht Legionen vernichtend geschlagen hatte, schien die Eroberung Roms unabwendbar. Doch eine taktische Fehlentscheidung des Rates von Karthago rettete Rom: Er befahl den unbesiegten Feldherrn ins Winterlager, ohne den entscheidenden Angriff ausgeführt zu haben.
Jahrelang zogen sich nun die Kämpfe hin, und 211 v. Chr. stand Hannibal erneut vor Rom: »Hannibal ante portas!« lautete der Schreckensruf der Römer. Doch der Vorstoß mißlang. 204 v. Chr. setzte der römische Feldherr Scipio mit seinen Truppen nach Nordafrika über, Hannibal eilte mit seinen Verbänden aus Italien herbei. In der Entscheidungsschlacht von Zama – südwestlich von Karthago – wurde das punische Heer 202 v. Chr. geschlagen. Die Besiegten verloren Spanien, einen Großteil Nordafrikas und fast ihre gesamte Flotte. Im Dritten Punischen Krieg (149–146 v. Chr.), eroberten die Römer Karthago trotz heldenhaften Widerstandes und machten es dem Erdboden gleich; die Überlebenden wurden in die Sklaverei verkauft.

Relikte aus der Römerzeit

Unter Augustus wurde die Stadt nach Plänen Cäsars neu gegründet; ihre Bewohner erhielten unter Septimius Severus um 200 n. Chr. sogar das Bürgerrecht. Schon Hadrian und Antoninus Pius hatten zuvor das römische Karthago erweitert, das nun auch ein Forum erhielt. Als Hauptstadt der Provinz Africa proconsularis stieg Karthago nochmals zum kulturellen Zentrum auf.
Roms Kaiser hinterließen auch ein Amphitheater, dessen Arkaden noch die Besucher des Mittelalters bewunderten. Lange als Steinbruch mißbraucht, ist von der Anlage, die einst 50 000 Zuschauer faßte, heute kaum noch etwas erhalten. Über dem zu Beginn unseres Jahrhunderts ausgegrabenen Circus maximus wächst heute ein Pinienwald. Von den 145–162 n. Chr. er-

richteten, verschwenderisch ausgestatteten Antoninus-Thermen, deren Gewölbe auf kolossalen Säulen aus grauem Granit ruhten, blieben immerhin die Untergeschosse und einige Räume erhalten. An der Ostflanke des Odeon-Hügels ließen begüterte Bewohner im 3. Jahrhundert prächtige Villen erbauen. Das sehenswerteste der dortigen Gebäude, die »Maison de la Volière«, besticht durch seinen Mosaikschmuck und den Ausblick auf den Golf von Tunis.

Als das Christentum seinen Siegeszug antrat, entstand zu Ehren des Kirchenvaters Cyprianus, der 258 den Märtyrertod starb, eine erste byzantinische Basilika, eines der drei frühchristlichen Gotteshäuser des Ruinengebietes.

Auf die vandalische Eroberung 439 folgten 534 die Byzantiner und Ende des 7. Jahrhunderts die Araber, die Karthago zerstörten und mit dem Baumaterial die ersten Gebäude von Tunis errichteten.

3

3 Die Inschriften an den Antoninus-Thermen besagen, daß das Bauwerk im Jahr 162 n. Chr. vollendet und im 4. Jahrhundert renoviert wurde.

4

4 Wie prachtvoll das nicht mehr erhaltene Obergeschoß der Antoninus-Thermen einst ausgestattet war, läßt dieses Akanthusblattkapitell einer korinthischen Säule aus jenen Räumen noch erkennen.

Medina von Tunis

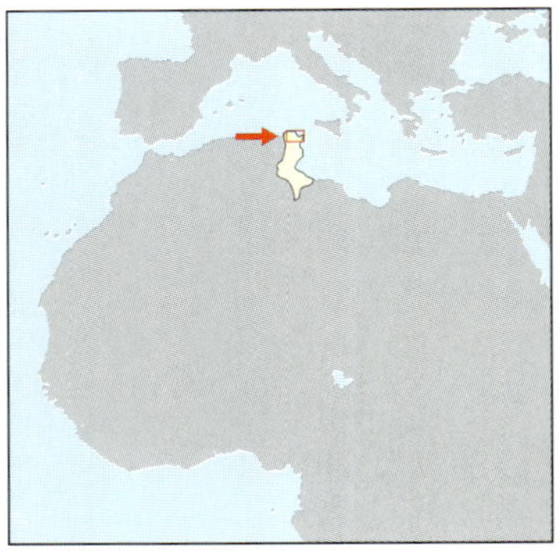

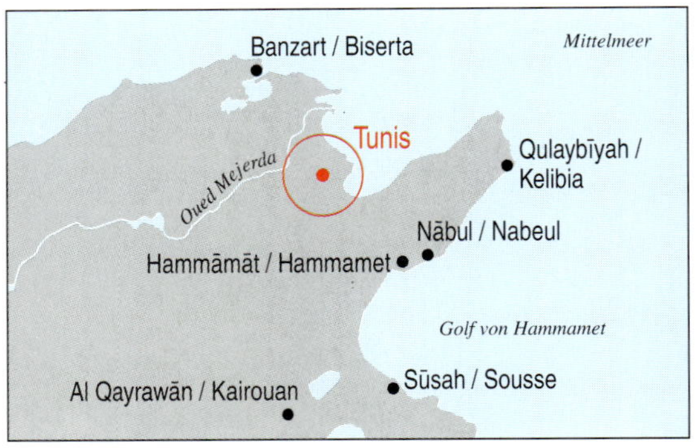

Lage: rund 10 Kilometer vom Golf von Tunis entfernt, im Nordosten des Landes
Weltkulturerbe: seit 1979

Moscheen, Paläste und Koranschulen prägen das unverwechselbare Erscheinungsbild der Medina von Tunis, der besterhaltenen Altstadt im Norden Afrikas. Die Souks stammen zum großen Teil aus dem späten Mittelalter. Türkische und husseinidische Statthalter verschönerten später den historischen Kern der Hauptstadt mit prunkvollen Palästen, die heute als Behördensitze oder Museen genutzt werden. Nordafrikas zweitgrößte Medina wird seit 1968 in Zusammenarbeit mit der UNESCO in vorbildlicher Weise restauriert.

Farbenfroh und detailreich bemalte Schmuckkacheln zieren viele der repräsentativen Stadtpaläste von Tunis, in denen einst die Reichen und Mächtigen des Landes residierten.

Nach einem Bummel durch die lebhafte Altstadt können Besucher im weltberühmten Bardo-Museum nicht nur Kunstwerke von unschätzbarem Rang, sondern auch die dortige Atmosphäre und die Stille genießen.

Zuverlässig wie eine Schweizer Uhr stoßen die Nachtwächter zu jeder vollen Stunde ihren schweren Holzstock auf das Gassenpflaster. Mit brüchiger Stimme versichern sie den schlafenden Einwohnern nach altem Brauch, daß sie nach Kräften alle Bedrohungen abwenden werden – doch einem wirklichen Angriff wären die betagten Männer wohl kaum gewachsen. Trotzdem gehören diese Wächter so untrennbar zum Leben der Altstadt wie ihre Händler und Handwerker, die seit dem 15. Jahrhundert den Lebensrhythmus der besterhaltenen und nach dem marokkanischen Fès mit 87 Hektar Fläche zweitgrößten Medina des Maghreb prägen.

Die Ölbaummoschee

Tynes, wie das von Berbern gegründete Zentrum der heutigen tunesischen Hauptstadt am Ufer des südlichen Salzsees Sebkha Sedjoumi zur Zeit der Phönizier genannt wurde, teilte 146 v. Chr. das Schicksal des benachbarten Karthago, wurde jedoch unter Kaiser Augustus als Hafenort wieder aufgebaut. Nach der arabischen Eroberung diente Tynes als Militärlager und Kriegshafen; von 894 bis 904 residierte hier Ibrahim II. aus der Aghlabiden-Dynastie.

Den Aufstieg zu einem glanzvollen Kulturzentrum symbolisiert wie kein zweites Baudenkmal die Große Moschee, auch Ölbaummoschee oder Ez-Zitouna genannt. Schon zu Beginn des 8. Jahrhunderts legten die Baumeister den Grundstein zu der vorwiegend in der ersten Hälfte des folgenden Jahrhunderts ausgebauten Moschee. Neben der Al-Azhar-Moschee in der Altstadt von Kairo zählte sie jahrhundertelang zu den einflußreichsten Hochschulen im arabischen Sprachraum. Sie war anfangs ein religiös-politisches Zentrum, das auch für Verträge und Handelsabkommen eine würdige Kulisse lieferte, später diente die Moschee ausschließlich als Lehrstätte für Studenten aus allen Ländern der arabischen Welt. Eine Gratisunterkunft fanden sie in den benachbarten Medresen, den Koranschulen.

Der Gebetssaal mit 15 Schiffen gehört zu den ältesten erhaltenen Teilen der Zitouna; die frei stehende Westgalerie mit doppeltem Säulengang wurde erst im 17. Jahrhundert angefügt. Das 44 Meter hohe, fayencengeschmückte Minarett in maurisch-andalusischem Stil ersetzt seit 1834 den alten Muezzinturm, der als zu klein angesehen wurde. Nach marokkanischem Vorbild entstand südlich der Großen Moschee im 12. Jahrhundert die El-Ksar-Moschee. Im dortigen Wohnviertel lebten seit dem 17. Jahrhundert wohlhabende Andalusier, die ihre spanische Heimat verlassen mußten und ihren eigenen Kunststil mitbrachten. Unter den Hafsiden, deren erste Moschee in der Kasbah, der Stadtfestung, entstand, entwickelte sich Tunis zwischen dem 13. und dem 16. Jahrhundert zu einem der bedeutendsten Handelshäfen des südlichen Mittelmeerraumes. Es wurde 1535 von Truppen Kaiser Karls V. erobert; als Hauptstadt der spanischen Gebiete im Maghreb blieb Tunis jedoch weiterhin unter der Verwaltung eines hafsidischen Emirs.

Paläste aus der Türkenzeit

Die meisten Souks gehen auf das 13. Jahrhundert zurück und konnten ihr Erscheinungsbild weitgehend bewahren. Einige der schönsten Paläste hingegen stammen von den türkischen Statthaltern. Seit 1574 Herrscher über das Gebiet des heutigen Tunesien, mußten die Gouverneure der Hohen Pforte und ihre Beys, die leitenden Beamten, ab dem Jahr 1705 die Macht mit den Husseiniden teilen.
Ein achteckiges Minarett und das Tourbet genannte Mausoleum ihres Gründers zieren die Anfang des 17. Jahrhunderts inmitten der Türkenmärkte über Läden und Lagern erbaute Sidi-Youssef-Moschee, in der sich vor allem Handwerker türkischer Herkunft zum Gebet versammelten.
Bey Hammouda Pacha, der von 1782 bis 1814 regierte und eine Schwäche für Garnisonen hatte, befestigte die Medina durch eine äußere Stadtmauer und ließ die Kaserne El-Attarine erbauen. Das Baudenkmal, in dessen geräumigen Stuben um einen langgestreckten Innenhof einst Janitscharen einquartiert waren, beherbergt heute die Nationalbibliothek. Vermutlich ließ dieser husseinidische Bey auch den zerstörten Palast Dar El Bey rekonstruieren. In den luxuriös eingerichteten Räumen, deren Verzierung maurisch-andalusische Einflüsse zeigt, residieren heute der Premier- und der Außenminister Tunesiens. Hafsidische Kapitelle schmücken die durch Schlußsteine erhöhten Säulen an drei Innenhofseiten des Dar El Haddad, des im 16. Jahrhundert erbauten ältesten Palastes in der Medina.

Neben punischer, römischer und frühchristlicher Kunst zeigt das Bardo-Museum in Tunis auch hervorragende Arbeiten arabisch-islamischer Meister.

Einige Jahrzehnte später ließ sich Bey Othman den nach ihm benannten Palast errichten, dessen prunkvolle Fassade wie auch den Innenhof die Handwerker mit schwarzen und weißen Marmorplatten verkleideten. Wie elegant die bessere Gesellschaft im 19. Jahrhundert lebte, zeigt die nahe der Färbermoschee rekonstruierte Inneneinrichtung des im 18. Jahrhundert erbauten Palastes Dar Ben Abdallah, der als Volkskundemuseum auch die größte historische Kostümsammlung des Landes birgt.

Die vier Städte von Tunis

Als die Franzosen Tunesien 1881 zum Protektorat erklärten, entstand am Rande des

1 Ab dem Jahr 1616 entstand das schlanke achteckige Minarett der Sidi-Youssef-Moschee. Das auffällige grüne Dach rechts daneben überspannt das Mausoleum des Moscheegründers Bey Sidi Youssef.

2 Von einer Dachterrasse der Altstadt schweift der Blick über die Souks zum Minarett der Sidi-Youssef-Moschee – in der Bildmitte im Hintergrund – und zum wuchtigen Turm der Großen oder Zitouna-Moschee, rechts im Bild, der seine heutige Form im 19. Jahrhundert erhielt.

1

alten Kerns eine Neustadt nach europäischem Muster; in der Medina hingegen, deren nutzlos gewordene Mauern geschleift wurden, hinterließ die Kolonialzeit kaum Spuren. Um die Neustadt wuchs allmählich ein zweiter Ring, die Gourbivilles genannten Elendsviertel. Und am Horizont erheben sich seit einigen Jahren die Hochhäuser der durchnumerierten Wohnviertel. Die einst beherrschende Medina wurde so zu einer von mehreren Städten innerhalb der Hauptstadt.

Bereits gut ein Jahrzehnt nach der Unabhängigkeitserklärung von 1956 schienen die Tage der Altstadt gezählt. Nach Art des französischen Stadtplaners Georges Eugène Haussmann sollte die Medina einem breiten Boulevard weichen. Die übereifrigen, in Frankreich ausgebildeten Modernisierer hatten ihre Rechnung allerdings ohne die Bewohner gemacht: Die Medina gab jedem Menschen seinen festen Platz in einer althergebrachten städtischen Ordnung – wer immer sie bedrohte, mußte mit Widerstand rechnen. Um eine blutige Konfrontation im Viertel Sidi Bachir zu verhindern, zogen die

2

Behörden 1967 ihre Planierraupen nach wenigen Tagen wieder ab.
Ein Jahr darauf begann die »Vereinigung zum Schutz des alten Tunis«, eine Art Denkmalschutzbehörde, die ersten wichtigen Bauten zu renovieren. Das Regierungsgebäude Dar Lasram, im 18. Jahrhundert unter den türkischen Statthaltern errichtet, erstrahlte bald in neuem Glanz. Hinter seinen Mauern residiert der Club Tahar Haddad, in dem Dichter, Musiker und Maler seither ihre Lesungen, Konzerte und Ausstellungen veranstalten. Dieser Club entwickelte sich auch zum wichtigsten Treffpunkt der tunesischen Frauenbewegung; offenbar sind die neuzeitlichen Umwälzungen am Sozialgefüge der Medina nicht ganz spurlos vorübergegangen. Gemäß der Scharia, dem altislamischen Recht, waren die Bewohnerinnen der Altstadt früher gehalten, ihre Wohnhäuser nur in Ausnahmefällen zu verlassen.
Mit der Eröffnung des renovierten »Hauses der Poesie«, in seiner Art in der arabischen Welt einzigartig, krönte die Vereinigung ihr Werk, dem in Tunesien Vorbildfunktion zukommt. Damit künftige Generationen »die Geschichte besser begreifen und lesen können«, rettete man einen großen Teil des Kulturerbes, das heute über einen ausgeschilderten Pfad von der Kasbah aus zu Fuß erkundet werden kann.

Beton statt Ziegelstein

Zugleich wurde jedoch deutlich, daß sich die Medina für ihren weiteren Fortbestand öffnen muß: Um die anhaltende Abwanderung in Neubauviertel zu bremsen, benötigt die Altstadt bequeme Wohnungen und Schulen in angemessenen Gebäuden. Da diese aber nicht immer vorhanden sind, müssen sich die Denkmalschützer wohl oder übel damit abfinden, daß nicht jedes Bauwerk zu retten sein wird.
Auf dem Gebiet des ehemaligen Judenviertels Al Hafsia entstand in den vergangenen Jahren ein neues, modernes Wohnquartier, dessen modellhafter Charakter von der Aga-Khan-Stiftung 1995 mit einem Architekturpreis ausgezeichnet wurde. Nicht etwa aus den gewohnten Ziegelsteinen, sondern aus weißverputzten Betonplatten konstruierte man die Hauswände, deren

3

3 An vielen Häusern von Tunis finden sich kunstvolle Schmuckkacheln: Immer wieder überraschend ist die große Vielfalt der Formen und Motive.

4

4 Den Arkadengang im Hof der Zitouna-Moschee tragen antike Säulen, die vermutlich aus den Ruinen von Karthago stammen.

Ein Gewirr aus schmalen Gassen, Treppen und Durchgängen verleiht der Medina von Tunis ihren unverwechselbaren Reiz.

Eingänge traditionelle Fayence-Einfassungen schmücken. Störende Autos sieht man in den neuen, von schmiedeeisernen Kandelabern gesäumten Gassen selten, da für die finanziell überwiegend gutsituierten Bewohner Tiefgaragen gebaut wurden. Die bisherige Entwicklung gibt Anlaß zu einem gewissen Optimismus: Wohnen in der Medina von Tunis ist wieder gefragt, jetzt fehlen nur noch die vor der Haustür gelegenen Arbeitsplätze, die man sich vom Tourismus verspricht.

Der Fremdenverkehr bleibt Tunesiens wichtigste Einnahmequelle. Um sie nicht zu gefährden, hält die Regierung die Fundamentalisten an der kurzen Leine. So ließen die Behörden die Geistlichen und Studenten der renommierten Zitouna-Moschee schon vor Jahren zwangsweise ausquartieren. In den Säulengängen des Innenhofes der nun für Touristen zur Besichtigung freigegebenen, ringsum von Souvenirläden gesäumten Ölbaummoschee nisten mittlerweile ganze Schwärme von Tauben – in den Ländern des Maghreb ein Symbol für den Zerfall; ihm will man sich in Tunis jedoch energisch widersetzen.

Zum großen Teil überdacht sind die Souks der Altstadt, in denen geschäftiges Treiben herrscht. Hier können die Besucher traditionelle Kleidung, Messinggeräte, Gewürze, Souvenirs und all die anderen Waren begutachten, die Händler und Handwerker feilbieten.

Die arabische Medina

Als Mohammed 622 vor seinen Feinden aus Mekka floh, fand er in der saudiarabischen Stadt Medina Zuflucht. Seither bezeichnet in der arabischen Sprache das Wort »Medina« die Stadt schlechthin. Jede Medina war ursprünglich von einer Stadtmauer umgeben und von der Freitagsmoschee aus nach festen Prinzipien organisiert. Obwohl die Freitagsmoschee, auch Große Moschee genannt, stets den religiösen Mittelpunkt bildet – so wie der Koran im Leben eines gläubigen Moslems –, muß dieses Gebetshaus nicht unbedingt auch im topographischen Zentrum der Altstadt liegen. In gebührendem Abstand erhob sich die Kasbah, die Festung, als Symbol der weltlichen Macht. Die Paläste der Herrscher befanden sich dagegen außerhalb der Stadtmauer.

Die von der Moschee aus angelegten Viertel sind in mehrere Gebäudegruppen eingeteilt, häufig endet der Zugang zu den Hauseingängen in einer Sackgasse. Jedes Wohnquartier, dessen Haushalte jeweils eine gemeinsame Infrastruktur aus einer weiteren kleineren Moschee, aus Backofen, dem Hammam genannten Bad, Koranschule und Lebensmittelgeschäft nutzen, ist einer bestimmten Gesellschaftsgruppe vorbehalten. Die vornehmeren Stadtbewohner lebten einst nahe der Freitagsmoschee, wobei der ranghöchsten Familie das Gebäude am Ende der Sackgasse zustand. Je mehr man sich der Stadtmauer nähert, desto ärmlicher werden die Häuser. In gebührender Entfernung von der Freitagsmoschee arbeiteten die sozial geringer geachteten Färber, Schmiede und Gerber, deren Gewerbe Lärm und üble Gerüche verursachte. Vom Wohnquartier der Stadttore aus sind es nur wenige Schritte bis zum bäuerlichen Souk, dessen Metzger, Frischobst- und Fischhändler ihre Waren außerhalb der Mauern feilbieten.

In der Hierarchie der Handwerksgilden nehmen die Chéchouachis, wie die Hersteller der Chéchias genannten roten Filzhüte heißen, mit Parfümhändlern, Buchhändlern, Seidenwebern, Trokkenobsthändlern und Sattlern die oberen Ränge ein. Ihr Souk, mit geschnitztem und bemaltem Holz reich dekoriert, ist in Tunis ein besonders gut erhaltenes Beispiel für einen Markt des 17. Jahrhunderts.

Wie in anderen Ländern des Maghreb sind auch Tunesiens Medinas seit Jahrzehnten einem zunehmend rasanteren Wandel unterworfen. Immer mehr kleinere Medinas am Rande des Sahel im Süden wurden in den vergangenen Jahrzehnten meist wegen Wassermangels aufgegeben und verfallen. Hält diese Entwicklung an, wird die Medina in absehbarer Zeit wohl ihre Rolle als gesellschaftlicher Kristallisationspunkt einbüßen.

Medina von Sousse

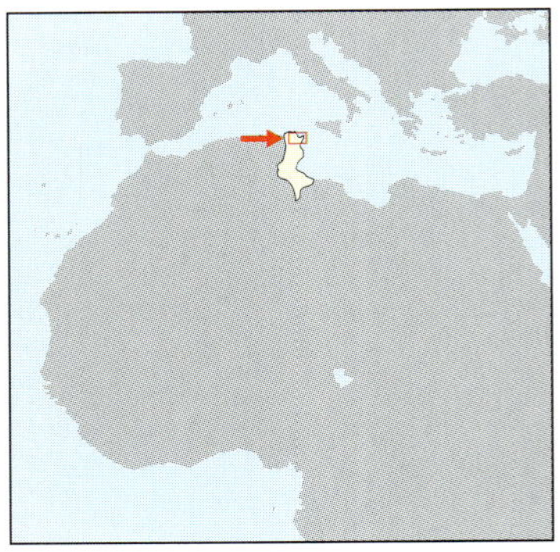

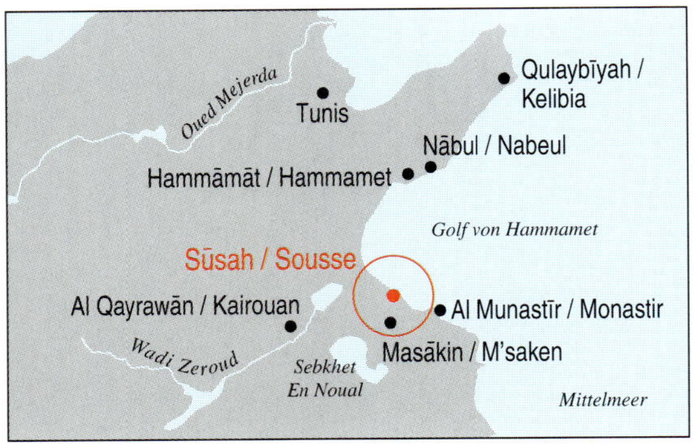

Lage: etwa 140 Kilometer südöstlich von Tunis, am Golf von Hammamet an der Ostküste des Landes

Weltkulturerbe: seit 1988

Als eine der frühesten Stadtanlagen aus islamischer Zeit konnte Sousse fast seine gesamten Wehrbauten bewahren. Nicht nur die Stadtmauern und zwei Festungen boten den Bewohnern Schutz, selbst die Große Moschee war in die mächtigen Verteidigungsanlagen einbezogen. Der Fremdenverkehr trägt indirekt zur Erhaltung der historischen Bausubstanz bei; gleichwohl hat er den orientalischen Charakter und das traditionelle Sozialgefüge der Hafenstadt am Rande des tunesischen Sahel bereits stark erschüttert.

Der Turm des Ribat bietet einen herrlichen Blick über die Altstadt zur Festung: Die Kasbah wird überragt vom Wahrzeichen der Stadt, dem Signalturm Khalef El Fatah aus dem 9. Jahrhundert.

ESS

1

1 Mehr an eine Festung als an ein Gebetshaus erinnert die fast schmucklose Große Moschee von Sousse. Tatsächlich war sie seit dem 9. Jahrhundert Bestandteil der Verteidigungsanlagen.

»Oh, ich kenne sie schon seit langer Zeit! Sie steckt voller Sarazenen«, schrieb Guy de Maupassant, der mit seiner Jacht zu Beginn der achtziger Jahre des 19. Jahrhunderts für einige Tage im Hafen von Sousse vor Anker ging. Als der französische Dichter die Medina, Paradebeispiel für eine planmäßige Stadtanlage aus der Frühzeit des Islam, betrat, war Sousse nicht mehr als eine bescheidene Hafenstadt des französischen Protektorats, das den Tunesiern 1881 aufgezwungen worden war. Zuvor war es Sousse im 18. Jahrhundert nochmals gelungen, sich als Handelsplatz einen Namen zu machen, aber seither konnte die Hafenstadt nicht mehr an ihre einstige Bedeutung anknüpfen.

Wechselhafte Stadtgeschichte

Von Phöniziern im 9. Jahrhundert v. Chr. als Hadrumetum gegründet, wechselte die Hafenstadt im Dritten Punischen Krieg auf die Seite der Römer. Diese verschonten bei ihrem Zerstörungszug den Ort und erhoben ihn sogar in den Rang einer freien Stadt. Der Handel mit den Erträgen des fruchtbaren Hinterlandes, besonders mit dem äußerst begehrten Öl, florierte und brachte dem Ort Wohlstand.

Im 5. Jahrhundert n. Chr. fiel das Gemeinwesen, nun als Hunericopolis bezeichnet, in die Hände der Vandalen. Ab der Mitte des 6. Jahrhunderts beherrschten die Byzantiner die Stadt, die sie nach Kaiser Justinian Justiniana oder Justinianopolis nannten. Im 7. Jahrhundert wurde sie von Arabern unter Okba Ibn Nafi nach zwei Monaten Belagerung erobert und dem Erdboden gleichgemacht. Die bis heute erhaltene, »La Sofra« genannte Römerzisterne, die 3000 Kubikmeter Wasser faßte, wurde um 875 wiederhergestellt.

Am Rande des tunesischen Sahel gelegen, erhielt Sousse im 8. und 9. Jahrhundert nach und nach ein vorbildliches Festungssystem, das sich in der Folgezeit mehrfach bewähren sollte. Bis zum Einmarsch der

2

Franzosen hatten nicht nur sizilianische Normannen, die Sousse im 12. Jahrhundert immerhin elf Jahre lang besetzt halten konnten, begehrliche Blicke auf die Stadt geworfen. Auch Kriegsschiffe der Venezianer, des Johanniterordens und der Spanier brachten Sousse immer wieder in Bedrängnis. Erst 1943 rissen bei Luftangriffen Fliegerbomben eine Bresche in den Verteidigungsgürtel, der über ein Jahrtausend lang allen Angriffen standgehalten hatte.

Im Namen Allahs

Als stummer Zeuge aus dem Mittelalter thront über den weitgehend erhaltenen, von mächtigen Toren unterbrochenen Stadtmauern das gewaltige Ribat, als Wehrkloster Festung und religiöse Stätte zugleich. Auf den Zinnen der quadratischen, etwa 35 Meter Seitenlänge messenden Wehranlage verharrten einst die Murabitin, die »Männer der Wälle« genannten Glaubenskämpfer des Islam, allzeit bereit, mit ihren Waffen jeden Angreifer im Namen Allahs gebührend zu empfangen. Nachdem Erdhügel und störende Anbauten aus neuerer Zeit mittlerweile wieder entfernt wurden, wirkt das schlichte Ribat, das die Herrscher der Almoraviden-Dynastie auf

2 Vermutlich im Jahr 787 entstand das Wehrkloster Ribat, das vor allem den wichtigen Hafen schützen sollte. 821 wurde der markante runde Turm errichtet – in erster Linie als Beobachtungs- und Signalturm, von dem dann aber bald auch der Muezzin zum Gebet in die Große Moschee rief.

3

3 Das Tor El Khabli sichert seit über 1000 Jahren den südlichen Zugang zur Altstadt von Sousse.

1

1/2 Das Archäologische Museum in der Kasbah gehört zu den wichtigsten Museen des Landes – nicht zuletzt wegen seiner wertvollen römischen Mosaiken.

byzantinischen Fundamenten errichten ließen, noch wehrhafter und abschreckender. Die Kämpfer des Heiligen Krieges waren auch exzellente Kenner des Heiligen Buches, das sie Durchreisenden, die im Ribat stets ein Nachtlager fanden, nahebrachten. Über den beiden Galerien der Wehranlage erheben sich an drei Ecken dreiviertelrunde Türme zur Verteidigung sowie ein Beobachtungsturm, der 27 Meter hohe Nador. Die bescheidenen Schlafgemächer der koranfesten Glaubensbrüder waren an den Galerien untergebracht. Die kleine Moschee des Ribat, hinter dessen Mauern sich die Bevölkerung bei Angriffen flüchten konnte, zählt zu den ältesten Gebetshäusern Nordafrikas.

Warnsignale bei Gefahr

Das Ribat, im 19. Jahrhundert zum Gouverneurssitz umgewandelt, und der Gebäudekomplex der Kasbah, der in neuerer Zeit rekonstruiert wurde und seither als Archäologisches Museum dient, gehörten seit dem Mittelalter zu einem umfassenden Verteidi-

2

gungssystem aus Küstenfestungen von Alexandria in Ägypten bis in den Westen des heutigen Marokko. Diese Bollwerke sollten die arabischen Neuerwerbungen schützen.

Beherrschendes Bauwerk der Kasbah ist der nach 859 erbaute, fast 30 Meter hohe Signalturm Khalef El Fatah. Zeitgenössischen Berichten zufolge konnten während der Regierungszeit der Aghlabiden, unter denen Sousse der blühende Hafen von Kairouan wurde, im Zeitraum von wenigen Stunden zwischen Ägypten und Marokko Lichtzeichen-Nachrichten übermittelt werden; tagsüber griffen die Wächter der auf Sichtweite angelegten Türme bei Gefahr zu Signalflaggen.

Die Stadtanlage von Sousse war auf die Bedürfnisse einer möglichst effizienten Verteidigung zugeschnitten. Darin einbezogen war auch die schlicht gestaltete Große Moschee, die als Teil des Schutzwalls für den Hafen nicht wie meist üblich im Zentrum der Stadt erbaut wurde. Zinnen und Türme verleihen der um 851 errichteten, minarettlosen Moschee das Aussehen einer Wehrburg. Einziges Schmuckelement ist ein Dekorationsband in Kufi-Schrift, das an den Mauern des Innenhofes entlangläuft. In der Fatimidenzeit erweitert, besitzt das Gotteshaus einen Gebetssaal, dessen 13 Schiffe von Tonnengewölben überdacht werden. Die Gestaltung der Halbsäulen des Mihrab, der Gebetsnische, erinnert an den Apsidenschmuck frühchristlicher Kirchen.

Echte »Wüstenschiffe« gibt es auf dem Kamelmarkt schon lange nicht mehr, stattdessen ein geradezu überwältigendes Angebot an Miniaturtieren aus Holz oder Plüsch. Männer mit Stößel und Hämmerchen bearbeiten fleißig Messingschalen, während ihre Aufmerksamkeit tatsächlich den Vorbeiflanierenden gilt, die bisweilen mit sanfter Gewalt in die Boutiquen gelotst werden. Die aufgetürmten Waren stammen nur zu einem geringen Teil aus den Werkstätten von Sousse; vorwiegend handelt es sich um Fabrikprodukte. Die Stadt verdankt dem Tourismus fraglos einen Aufschwung; die einseitige Ausrichtung auf die fremden Urlaubsreisenden aber hat der Medina leider nicht nur einiges von ihrem maghrebinischen Charme genommen, sondern auch das traditionelle Sozialgefüge ihrer Bewohner ins Wanken gebracht.

3

3 Auch dieser römische »Triumphzug des Bacchus« zählt zu den prachtvollen Mosaiken im Archäologischen Museum von Sousse.

Touristenattraktion Medina

Wie sich eine Medina, eine islamische Altstadt, unter dem Einfluß des Fremdenverkehrs in wenigen Jahren grundlegend verändern kann, zeigt heute keine tunesische Stadt deutlicher als Sousse, eines der großen Tourismuszentren des Landes. Das zunehmend auf ausländische Souvenirjäger orientierte Warenangebot der Medina zieht während des Sonntagsmarktes gewaltige Besucherströme an.

Kairouan

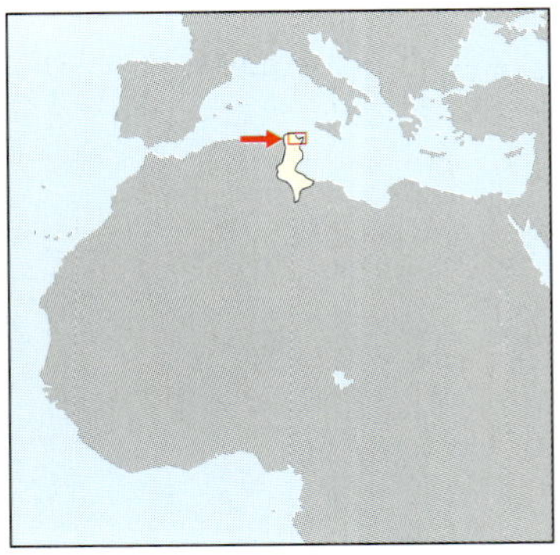

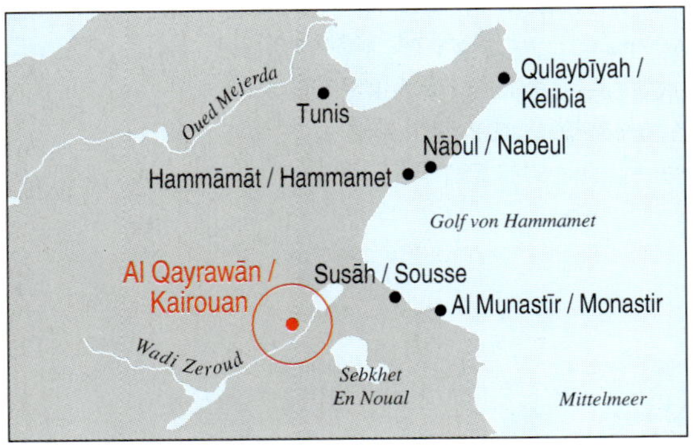

Lage: etwa 150 Kilometer südlich von Tunis, am westlichen Rand des Sahel

Weltkulturerbe: seit 1988

In Kairouan, das sich aus einem einfachen Feldlager zur Heiligen Stadt des sunnitischen Islam entwikkelte, bereiteten die arabischen Truppen im 7. und 8. Jahrhundert die Eroberung Marokkos und der Iberischen Halbinsel vor. Die Große Moschee von Kairouan wurde zum Vorbild für viele Gebetshäuser in der islamischen Welt. Sie war die schönste der rund 50 Moscheen, die dem Wallfahrtsort zu seiner Berühmtheit verhalfen. Schon im frühen 16. Jahrhundert hatte die Stadt am Rande der Steppe allerdings viel von ihrem einstigen Glanz verloren.

Ein großartiges Meisterwerk: 414 antike Säulen aus Karthago und Hadrumetum tragen das Gewölbe des Betsaales der Großen Moschee von Kairouan.

Den riesigen Innenhof der Großen Moschee überragt das wuchtige Minarett, das zwischen 724 und 727 erbaut wurde und damit als das älteste Bauwerk seiner Art in Nordafrika gilt.

Moschus- und Weihrauchduft erfüllen das fayencengeschmückte Mausoleum des Heiligen Sidi Sahab, der als treuer Gefährte des Propheten stets drei Barthaare Mohammeds mit sich geführt haben soll. In ihren traditionellen beigefarbenen Wollüberhang, den Haik, gehüllt, drängen sich Frauen um seinen Schrein in der Barbiermoschee, einem der 50 Gebetshäuser der Heiligen Stadt Kairouan am Rande der tunesischen Steppe.

Eine mächtige, aus ockerfarbenen Ziegelsteinen errichtete und knapp vier Kilometer lange Stadtmauer aus dem 18. Jahrhundert umgibt das alte Kairouan. Die drei Stadttore Bab et Tounes, Bab el Khouka und Bab ech Chouhada geben den Blick frei auf die in großen Teilen erstaunlich authentisch erhaltene Medina mit ihrem schier unermeßlichen Schatz an uralten Mythen und Legenden. Auf einer Fläche von 54 Hektar bilden Gassen und Durchgänge ein unentwirrbares Labyrinth. Es duftet nach Gewürzen und Essenzen, nach Krapfen und gebratenem Fisch – der Besucher begegnet hier allen Wohlgerüchen der arabischen Welt. Keine Stadt Tunesiens besitzt hinter den schlichten Fassaden ihrer Gebäude mehr Meisterwerke der islamischen und maghrebinisch-andalusischen Baukunst als Kairouan, dessen Name auf den Begriff Karawane zurückgeht.

Eine legendenumwobene Quelle

Märchenhaft mutet schon die Gründungsgeschichte der Stadt an: Um 671 schlug der arabische Feldherr Okba Ibn Nafi auf seinem Siegeszug durch den westlichen Maghreb an dieser Stelle ein byzantini-

sches Heer. Als er seinen Speer in den Boden stieß, soll eine Quelle entsprungen sein, der heutige Brunnen Bir Barouta, dem eine unterirdische Verbindung mit dem heiligen Brunnen Sem Sem in Mekka nachgesagt wird. »Bewohner dieses Tales: Geht fort, denn wir bleiben hier«, soll Okba dreimal ausgerufen haben, worauf giftige Schlangen, Skorpione und anderes Getier die Flucht ergriffen.

Okba, der im Auftrag der omaijadischen Kalifen deren Herrschaftsgebiet erweitern sollte, hatte nicht zuviel versprochen: Aus seinem Feldlager, über 50 Kilometer von der Küste entfernt, entwickelte sich nach dem Vorbild Bagdads schnell eine kreisförmig angelegte Stadt mit 15 Hauptstraßen, die von der Großen Moschee aus die einzelnen Quartiere verbanden. Von hier aus drangen die arabischen Eroberer schließlich nach Marokko und auf die Iberische Halbinsel vor, um Fès beziehungsweise Córdoba zu gründen.

Noch unter der Herrschaft der Aghlabiden-Dynastie (800–909) ließ Emir Ziyadat Allah I., der von 817 bis 838 regierte, an der Stelle eines 672 entstandenen Vorgängerbaus 836 die Große Moschee errichten. Aus einer weiteren Umbauphase ab dem Jahr 862 stammt der Mihrab, die Gebetsnische, dessen glasierte Fliesen aus Syrien mal golden glänzen, mal in tiefem Blau die Farbe des Himmels andeuten. Die abbasidischen Lüsterfliesen zählen zu den frühesten Fayenceverkleidungen der islamischen Kunst. Die Gestaltung der hölzernen Halbkuppel mit ihren Pflanzenornamenten über dem Mihrab geht dagegen auf omaijadische Vorbilder zurück. Der mit über 300 geschnitzten Platanenholzstücken ausge-

Nachdem die Frau ihre Schuhe ausgezogen hat, reicht ihr der Türwächter einige Tropfen Wasser, mit denen sie sich symbolisch die Hände wäscht – dann darf sie das Mausoleum des Heiligen Sidi Sahab betreten.

1

1 Die im 11. Jahrhundert erbaute und im 18. Jahrhundert völlig erneuerte Stadtmauer umschließt bis heute die Medina. Im Nordosten wird sie durchbrochen vom Bab el Khouka, der »Schlupfpforte«.

2

2 Von Süden gelangt man durch das doppelbögige Bab ech Chouhada, das Märtyrertor, in die Altstadt von Kairouan.

stattete Mimbar, die Kanzel des Vorbeters aus derselben Epoche, zählt zu den ältesten Meisterwerken der islamischen Welt.

Ein Minarett als Wachturm

Als Heilige Stadt war Kairouan ähnlich bedeutend wie Mekka, Medina und El-Kuds – das ist der arabische Name Jerusalems. Die Große Moschee in Kairouan, Djama Sidi Okba, übte als eine der ersten nordafrikanischen Moscheen mit T-förmigem Grundriß einen starken Einfluß auf die weitere Entwicklung der Sakralarchitektur aus. Den gewaltigen, mit Marmorplatten ausgelegten Innenhof – er mißt 95 × 80 Meter – umrahmen doppelte Säulengänge aus Marmor und Granitporphyr. Weil Kairouan regelmäßig von Berberstämmen aus den Bergen bedroht wurde, diente das dreigeschossige, 35 Meter hohe Minarett anfangs auch als Wachturm. Durch 17 Zedernholztüren gelangten die Gläubigen in den Betsaal, dessen antike Säulen aus den Ruinen von Karthago und Hadrumetum, dem späteren Sousse, einen faszinierenden, fast vollständig erhaltenen »Säulenwald« bilden.
Als ältestes Beispiel einer Moschee mit verzierter Fassade gilt das wegen seiner drei Hufeisenbögen »Moschee der drei Tore« genannte, 866 erbaute Gebetshaus Djema Tleta Bibane. Seine Fassade besticht durch üppigen Skulpturenschmuck aus Blumenmustern und kalligraphischen Ornamenten im maurisch-andalusischen Stil. Die maurischen Elemente erinnern an den Stifter der Moschee, den Gelehrten Mohammed al Maafiri aus Córdoba.

Ein skurriler Schmied

Die Moscheen El Bey und El Maleek entstanden wie die Barbiermoschee und die außerhalb der Medina gelegene Säbelmoschee erst sehr viel später und wurden außerdem stark verändert. Die Säbelmoschee mit ihren fünf gerippten Kuppeln auf achteckigen Basen stammt aus dem 19. Jahrhundert und dient als Mausoleum für den skurrilen Schmied und Schreiner Sidi Amor Abbada. Über diesen Mann, der im vorigen Jahrhundert lebte, spricht man in Kairouan auch heute noch mit einem Schmunzeln: Seine eher symbolisch gedachten Werke,

3

3 Die Barbiermoschee mit dem Mausoleum des Heiligen Sidi Sahab besticht durch ihren reichen Schmuck, insbesondere die kostbaren bunten Fliesen. Sie entstand im frühen 17. Jahrhundert, wurde aber mehrfach umgebaut.

vor allem tonnenschwere Anker und riesige Säbel, konnten nie benutzt werden.
Geschnitzte Decken, Fayencen und ein im arabischen Stil erbauter Hof mit Galerien auf byzantinischen Säulen schmücken die Zaouia des Heiligen Sidi Abid El Ghariani. Als Zaouia bezeichnet man das Kloster einer geistlichen Bruderschaft, oft auch den Wohnsitz ihres Vorstehers.
Die größte technische Meisterleistung der Aghlabiden-Zeit waren die nach dieser Dynastie benannten Bassins, die über 60 000 Kubikmeter Trinkwasser fassen konnten. Das große Becken besitzt einen Durchmesser von 128 Metern, das kleinere mit einem Querschnitt von rund 38 Metern diente der Trinkwasserklärung. Die Aghlabiden-Bassins am Rande der Medina waren Teil eines Bewässerungssystems, mit dem Wasser vom 36 Kilometer entfernten Berg Djebel Cherichera hierher geleitet wurde. In der Regierungszeit der Aghlabiden-Emire erfolgte auch Kairouans Aufstieg zu wissenschaftlicher Blüte: Scholaren und Gelehrte

1

1 Schon im 9. Jahrhundert ließ der Aghlabiden-Emir Ibrahim Ahmed ein ausgeklügeltes Trinkwasserversorgungssystem für die wachsende Stadt anlegen. Das Große Bassin der Aghlabiden – im Bild – faßt rund 60 000 Kubikmeter des kostbaren Wassers.

aus vielen Teilen der arabischen Welt zog die Heilige Stadt magisch an.

Hauptstadt von »Ifrikia«

So rasch Kairouan zur unangefochtenen Hauptstadt von »Ifrikia« – das von Tunesien und einem Teil Algeriens gebildet wurde – aufgestiegen war, so unerwartet stellte sich das Ende ein: Im 11. Jahrhundert mehrfach von Berbern und Beduinenstämmen angegriffen und zerstört, erlebte die Stadt schließlich im 14. Jahrhundert während der Hafsidenzeit nochmals eine kurze Periode des Wohlstands. Als aber der arabische Afrikaforscher Leo Africanus Kairouan im Jahr 1516 besuchte und an den Ständen der Händler und Teppichverkäufer im langgestreckten Souk al Jaraba vorbeischritt, erblickte er »nur arme Handwerker, Gerber hauptsächlich, die ihre Ware ... verkauften«. An den einstigen Glanz vermochte die Stadt auch unter den Husseiniden im 18. Jahrhundert nicht mehr anzuknüpfen.

Als die französische Kolonialarmee 1881 vor den verschlossenen Stadttoren Kairouans stand, war das einstige politisch-religiöse Zentrum des sunnitischen Islam nur noch ein Schatten seiner selbst. »Keine Menschenseele auf den Befestigungsanlagen. Eine Totenstille lag über der Stadt«, heißt es in einem 1911 veröffentlichten Reiseführer, demzufolge die Einwohner sogar die zuvor angeheuerten Verteidiger gegen den erwarteten Angriff der Franzosen wieder fortgeschickt hatten.

Bis heute blieb Kairouan, dessen Umland keine nennenswerte Industrie aufweisen kann, seinen religiösen Traditionen treu. Als konservative Bastion des sunnitischen Islam protestierte die »Mutter aller tunesischen Städte« nach der Unabhängigkeit des Landes 1956 gegen die laizistischen Gesetze des damaligen Ministerpräsidenten Habib Bourguiba, der den Aufstand blutig niederschlagen ließ. Den schwersten Schlag versetzten der Heiligen Stadt aber ausgerechnet die höchsten Glaubensautoritäten: Anfang der achtziger Jahre setzten sie die 1000jährige Regelung, wonach fünf Wallfahrten nach Kairouan einer Mekka-Pilgerfahrt gleichkamen, außer Kraft.

2

2–4 *Stilmerkmale der islamischen Kunst – etwa die typischen Bögen und das Dekor – sind als Schmuck an den Türen der Altstadt ebenso vertreten wie echte oder nachgeahmte antike Säulen.*

3

4

Amphitheater von El Djem

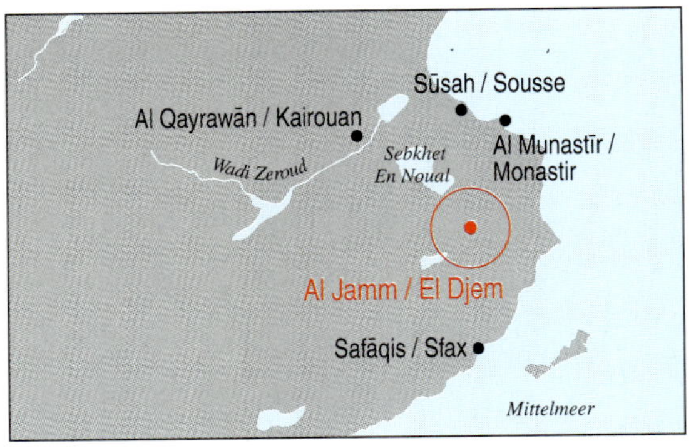

Lage: im Zentrum des Ortes, etwa 200 Kilometer südöstlich von Tunis, auf halber Strecke zwischen Sousse und Sfax

Weltkulturerbe: seit 1979

Der Handel mit Olivenöl brachte dem in der Römerzeit Thysdrus genannten Ort Wohlstand, den seine Bewohner auch durch den Bau eines gewaltigen Amphitheaters zum Ausdruck brachten. Aus Protest gegen eine neue Steuer erklärten sie 238 n. Chr. vor der Kulisse des riesigen Baudenkmals die Absetzung des römischen Kaisers Maximinus Thrax. Zur Strafe ließ dieser die Stadt niederbrennen und verhinderte damit die Fertigstellung des Amphitheaters. Nordafrikas »Kolosseum« erhebt sich heute in einer kleinen Marktstadt inmitten einer Steppenlandschaft.

In den grandiosen Ruinen des Amphitheaters von El Djem, das nach dem Kolosseum in Rom und der Arena in Pozzuoli bei Neapel als das drittgrößte seiner Art im einstigen Römischen Imperium galt, finden heute alljährlich Sommerfestspiele statt.

1

»Es stinkt so, daß selbst Schlangen Reißaus nehmen«, spottete der römische Satiriker Juvenual über das nordafrikanische Olivenöl, das den Aufstieg der Region zu einer der reichsten Provinzen des Imperium Romanum begründete. Keine Stadt importierte größere Mengen des allen Gerüchen zum Trotz begehrten Öles als das unersättliche Rom, das im 3. Jahrhundert auch einen Großteil seines Bedarfs an Getreide und Wein aus den nordafrikanischen Anbaugebieten deckte.

Als Colonia Thysdrus, wie El Djem damals hieß, dank des florierenden Olivenölhandels seine Blüte erreicht hatte, leisteten sich die Einwohner ein Amphitheater – mit 148 Meter Länge, 122 Meter Breite und 36 Meter Höhe nicht ganz so groß wie das Vorbild in Rom. Über 30 000 Zuschauer – mehr, als das Gemeinwesen je Einwohner hatte – sollen hier Platz gefunden haben. Inmitten einer kargen, für die Landwirtschaft heute fast völlig ungeeigneten Steppe überragte das vermutlich in drei bis vier Stockwerke mit ursprünglich wohl 90 Arkaden gegliederte Bauwerk die anderen Gebäude des Handelsortes. Das drittgrößte erhaltene Amphitheater der antiken Welt bildete den krönenden Abschluß einer ganzen Serie öffentlicher und privater Bauten, darunter zwei kleinere Theater, ein Circus sowie mehrere Thermen und mit Mosaiken geschmückte Villen.

Eine neue Technik

Beim Bau des Amphitheaters – der Grundstein wurde wohl um 200 n. Chr. gelegt – setzten die Architekten auf eine selbst in Rom damals noch unbekannte Technik: Die Kulissen wurden unterhalb der Zuschauerränge und der Arena untergebracht. Da El Djems Amphitheater nicht – wie oft üblich – an einen Hang gebaut wurde, verteilten sie das enorme Gewicht der Sitzreihen und Treppenaufgänge des Zuschauerraumes auf ein ausgeklügeltes System aus überwölbten Mauern, die sich vom Zentrum strahlenförmig bis an die Peripherie erstreckten und die Außenfassaden entlasteten.

Das Theater, in dem zur Zerstreuung der Besucher Wagenkämpfe, Hunderennen und Kriegsspiele stattfanden – gelegentlich wurden auch wilde Tiere auf Todgeweihte gehetzt –, war noch nicht vollendet, da diente es als Kulisse für eine folgenschwere Volkserhebung: Nachdem der Kaiser des krisengeschüttelten Römischen Reiches, Maximinus Thrax, beschlossen hatte, den Nordafrikanern erneut eine Olivenölsteuer aufzubürden, sammelten sich empörte Menschenmassen unter Führung einiger Großgrundbesitzer in der Arena. Sie erklärten den Kaiser im Jahr 238 kurzerhand für abgesetzt und erhoben an seiner Stelle den greisen Prokonsul Gordianus zum Gegenkaiser. Maximinus schickte eine Armee nach Nordafrika, besiegte die Herausforderer und ließ Thysdrus plündern und niederbrennen. Gordianus starb nach nur dreiwöchiger Herrschaft von eigener Hand, die Arbeiten am Amphitheater von El Djem wurden nicht weitergeführt. Ironie der Geschichte: Nachdem Maximinus ermordet worden war, bestieg Gordianus' Enkel als Gordianus III. den Kaiserthron.

Schlupfwinkel für Aufständische

Mehrmals diente das Theater nach der Ära Roms als Festung für Vandalen, Byzantiner und Araber. Um rebellische Berber, die sich im Amphitheater verschanzt hatten, zum Aufgeben zu zwingen, ließ der türkische Bey Mohammed 1695 die Nordwestseite des Bauwerkes sprengen. Während die südlichen Teile des Amphitheaters, das wie kein zweites Baudenkmal die gesegnete Epoche der »Pax Romana« und Nordafrikas wirtschaftlichen Aufschwung symbolisiert, weitgehend im ursprünglichen Zustand erhalten blieben, lassen sich Schäden am Nordteil nicht übersehen. Dafür sind Podium, Arena und das unterirdische Labyrinth der Gänge und Korridore bemerkenswert intakt – zumal nach einer 1980 beendeten Restaurierung.
El Djem, das sich einst ein Prestigebauwerk nach dem Vorbild der Hauptstadt leisten konnte, zählt heute mit rund 12 000 Einwohnern nicht einmal mehr eine halb so große Bevölkerung wie während seiner Blütezeit. Von jeher leidet der Ort unter Trinkwasserknappheit; aus diesem Grund hatte man einst zum Leidwesen des Publikums auch auf die Inszenierung der beliebten Seeschlachten im Amphitheater verzichten müssen.

1 Eher durch seine gigantischen Ausmaße als durch reichen Fassadenschmuck beeindruckt das römische Amphitheater.

2

2 Durch solche Gänge erreichten die Besucher einst ihre Sitzplätze, von wo aus sie dann die Aufführungen in der Arena verfolgen konnten.

3

3 Im Untergeschoß des Theaters befanden sich die Kabinen der Gladiatoren, die Raubtierzwinger und die Kerker der Todgeweihten.

Ruinen von Sabratha

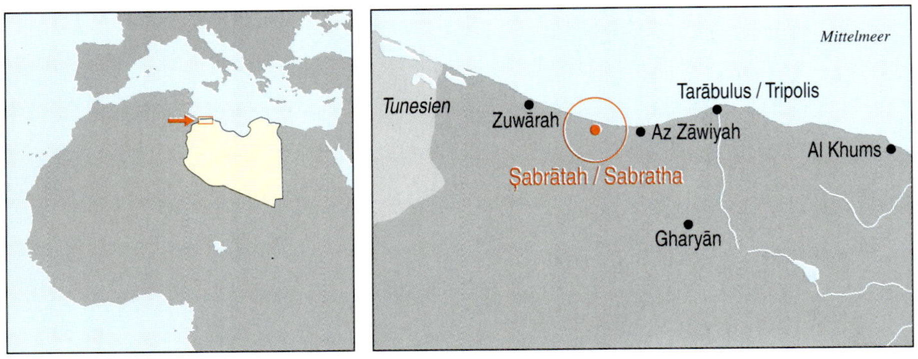

Lage: etwa 80 Kilometer westlich der Hauptstadt Tripolis, an der Küste der Kleinen Syrte

Weltkulturerbe: seit 1982

Im Gegensatz zu den anderen Baudenkmälern des von Phöniziern gegründeten Handelsortes Sabratha überstand das prächtige Theater – ein Geschenk des aus Nordafrika stammenden Kaisers Septimius Severus – die Stürme der Zeit relativ unbeschadet. Da jedoch bei einer überstürzten Restaurierung in der Zwischenkriegszeit das falsche Baumaterial verwendet wurde, zersetzen sich die nachträglich eingefügten Steine des Baudenkmals unter dem Einfluß des salzhaltigen Seewindes bereits wieder.

Hoch über der Kleinen Syrte erheben sich die Säulen, die einst das Dach des Isis-Tempels trugen, eines römischen Heiligtums vom Ende des 1. Jahrhunderts n. Chr.

Das Ruinengelände wird vom großen Theater im Bildhintergrund dominiert. Imposant ragen dort die Außenmauern der Zuschauertribüne empor.

Selbst im fernen Rom blieb Kaiser Septimius Severus – er regierte von 193 bis 211 n. Chr. – seiner nordafrikanischen Heimat treu. Ihm verdanken die antiken Städte entlang der libyschen Mittelmeerküste viele klassische Baudenkmäler; der alten Phöniziergründung Sabratha an der Kleinen Syrte schenkte der berühmte Landessohn gar eines der prachtvollsten Theater der antiken Welt. Während die dreistöckige Bühnenfront mit Säulen geschmückt wurde, verwendeten die Handwerker für die feingearbeiteten Flachreliefs weißen und rosaschimmernden Marmor. Den repräsentativen Haupteingang legte man direkt zum Meer hin an. Das Bauwerk wurde aus verhältnismäßig weichem, beigefarbenem Sandstein aus nahe gelegenen Steinbrüchen errichtet; zum Schutz gegen die Witterung überzogen es die Handwerker mit einem harten, weißen Gipsputz.
Das weithin sichtbare, in unserem Jahrhundert mehrfach restaurierte Theater thront im Zentrum eines ausgedehnten Ruinenfeldes, dessen archäologische Erforschung noch längst nicht abgeschlossen ist.

Römische Blütezeit

Wohl schon im 6. Jahrhundert v. Chr. nutzten Phönizier zumindest zeitweise, ab dem 5. Jahrhundert dann dauerhaft den günstigen Siedlungsplatz. Im 2. vorchristlichen Jahrhundert gehörte er zum kurzlebigen Reich des Numiderkönigs Masinissa. Im Jahr 46 v. Chr. ging Sabratha in der römischen Afrikaprovinz auf und erlebte im 2. und 3. Jahrhundert eine Blüte – als Handelsstation für innerafrikanische Waren, die über Ghadames, das antike Cydamus, in den Küstenort kamen. Durch den Rückgang des Sahara-Handels im 4. Jahrhundert ver-

lor Sabratha seine führende Stellung; in der Folgezeit erschütterten religiöse Wirren die Stadt.
Nach den Römern übernahmen zunächst die Vandalen den Ort, ein ostgermanisches Volk, das aus seiner Heimat Schlesien um das Jahr 400 nach Südwesten aufgebrochen war und unter König Geiserich über Gallien und Spanien Nordafrika erreichte; dort hielten sie sich über ein Jahrhundert lang. Im Jahr 455 zerstörten sie Sabratha und rissen seine Mauern nieder. Die Byzantiner bauten die Stadt teilweise wieder auf, ehe arabische Heere sie im 7. und im 11. Jahrhundert erneut in Schutt und Asche legten: Die letzten Einwohner verließen damals endgültig den in eine Trümmerstätte verwandelten Ort.

Die mit Säulen geschmückte, dreigeschossige Bühnenfront des Theaters vermittelt den Besuchern auch heute noch einen guten Eindruck von dieser antiken Aufführungsstätte.

1

1 Den Sockel der Bühne verzierten die Künstler mit prachtvollen Marmorreliefs. Dieser Bogen zeigt – neben einem beschädigten Satyr und den drei Grazien – das »Urteil des Paris«.

2 Im Norden der Ausgrabungsstätte, direkt am Meer, befanden sich die Hauptthermen der Stadt.

2

3

3 *Vom Theater hat man einen schönen Blick über die Ruinenstätte, die erst zu einem Teil ausgegraben ist.*

Zeugnisse aus drei Epochen

An die phönizischen Stadtgründer erinnern nur noch die Reste einer Nekropole, einer Totenstadt, während die anderen Baudenkmäler auf die Römer und die byzantinischen Herrscher zurückgehen.
Die Römer erbauten zu Ehren der ursprünglich ägyptischen Gottheiten Isis und Serapis Heiligtümer; auch das Forum, das Amphitheater, verschiedene Bäder und der Tempel des Antoninus Pius entstanden während dieser Zeit. Zumindest Grundmauern und einzelne Säulen sind von diesen einst prächtigen Bauten erhalten geblieben. Die eng stehenden Wohnhäuser waren oft zweistöckig, besaßen meist eine Regenwasserzisterne und waren mit Mosaiken und Malereien verziert, die heute teilweise in den Sammlungen der Grabungsstätte zu bewundern sind.
Feine Mosaikarbeiten aus der byzantinischen Epoche, etwa das zauberhafte, aus dem 6. Jahrhundert stammende Steinbild aus der Kirche des byzantinischen Kaisers Justinian, und Fundstücke aus der Punierzeit schmücken auch die beiden Museen der antiken Ruinenstätte.
Libyen wurde im Jahr 1911 von Italien annektiert; während der faschistischen Epoche setzten die ersten Restaurierungsarbeiten an den Baudenkmälern von Sabratha ein. Kein Bauwek symbolisierte für Mussolinis Architekten den imperialen Glanz des alten Rom eindrucksvoller als das relativ gut erhaltene Theater, das deshalb vorrangig restauriert wurde und heute als Kulisse für kulturelle Veranstaltungen dient.
Leider verwendeten die unter Zeitdruck stehenden Restauratoren damals Bausteine, die sich unter dem Einfluß der salzhaltigen Winde und der herüberwehenden Meeresgischt inzwischen sichtbar zersetzt haben. Verheerende Zerstörungen hat das Salzwasser auch an den anderen Gebäuderesten verursacht. Welche antiken Schätze unter dem riesigen Parkplatz und den Museumsbauten mitten im Grabungsgelände ruhen, bleibt weiterhin ein Rätsel, da die Archäologen dort bislang nicht graben durften.

Ruinen von Leptis Magna

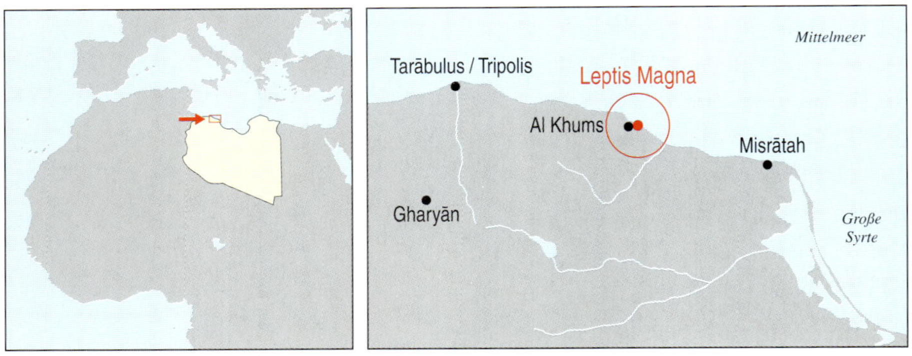

Lage: an der Mittelmeerküste, rund 120 Kilometer östlich der Hauptstadt Tripolis

Weltkulturerbe: seit 1982

Mit imposanten, aufwendig verzierten Baudenkmälern verlieh Kaiser Septimius Severus um die Wende vom 2. zum 3. Jahrhundert n. Chr. seiner Vaterstadt das Erscheinungsbild einer Großstadt, die sich mit Rom zu messen begann. Von den Vandalen zerstört, von den Byzantinern teilweise wiederaufgebaut und von den Arabern dem Verfall preisgegeben, begrub der Sand der näherrückenden Sahara seit dem 7. Jahrhundert die Stadt. Dadurch blieben die wichtigsten Baudenkmäler und Skulpturen erstaunlich gut erhalten.

Hier schlossen die Händler einst ihre Geschäfte ab, und hier fällten auch die Richter ihre Urteile: Die aufwendig geschmückte Basilika wurde um 200 n. Chr. begonnen und im Jahr 216 vollendet.

Auf der Suche nach der verschütteten Stadt schaufelten italienische Archäologen jahrelang tonnenweise Sand beiseite und ließen ihn durch ihre Siebe rieseln. Die große Zahl antiker Fundgegenstände, die bei den Grabungsarbeiten an der Küste in der Zeit zwischen den Weltkriegen ans Tageslicht kamen, spornte sie an: Kurz vor Ausbruch des Zweiten Weltkrieges stand die Fachwelt staunend vor den gut erhaltenen Überresten jener kolossalen Thermen, Tempel und Theater, die dem Handels- und Hafenort Leptis einst zum Attribut »Magna« – die Große – verholfen hatten.

Marmorstatuen der Stadtgötter Herkules und Bacchus flankieren die beiden Seiten der Bühne im berühmten Theater von Leptis Magna.

Taktische Wechselspiele

Nach einer weltkriegsbedingten Zwangspause setzten die Italiener ihre Arbeit mit libyschen Kollegen und Archäologen aus anderen Ländern Europas fort: Auf einer Grabungsfläche von annähernd vier Quadratkilometern legten sie knapp drei Dutzend wichtige Baudenkmäler frei, darunter den ausgedehnten Markt und das mittlerweile restaurierte Amphitheater. Leptis Magna dürfte als wichtiger strategischer Posten in Tripolitanien zu seinen besten Zeiten um die 100 000 Einwohner gezählt haben.

Von den Phöniziern um 800 v. Chr. als Hafen gegründet, gehörte Leptis später zum kurzlebigen, von König Masinissa errichteten Numiderreich, dem sich die Stadt nach der Zerstörung Karthagos 146 v. Chr. anschloß. Größe und Einfluß von Leptis nahmen nach dem Untergang Karthagos zu, es wurde ein wichtiges Zentrum des Handels mit Rom. Als sich einer der Nachfolger Masinissas mit Rom anlegte, wechselte Leptis daher vorsichtshalber die Seite. Die siegreichen Römer ließen dafür die Autonomie der Stadt weitgehend unangetastet.

Zu Beginn des römischen Bürgerkrieges im Jahr 49 v. Chr. setzten die Nordafrikaner allerdings auf die falsche Karte: Nach der Niederlage des Pompeius ließ Cäsar die Stadt in ihrem Rang herabstufen und bürdete ihr als Strafe eine jährliche Reparationsleistung in Form von 10 000 Hektolitern Olivenöl auf. Leptis verkraftete diesen für antike Verhältnisse gewaltigen Aderlaß ohne weiteres, war die Stadt doch schon damals ausgesprochen wohlhabend. Unter Augustus (63 v. Chr.–14 n. Chr.) wurde sie mit Baudenkmälern geschmückt, und auch Tiberius (42 v. Chr.–37 n. Chr.) wollte seinem Vorgänger nicht nachstehen. Die Großen Thermen schließlich entstanden unter Hadrian (76–138 n. Chr.).

Der Kaiser als Stadtplaner

Der Regierungsantritt von Kaiser Septimius Severus sollte sich für die Stadt als Glücksfall erweisen: Im Jahr 146 n. Chr. in Leptis Magna geboren, beschloß der Imperator ein ehrgeiziges Städtebauprogramm, das alle bisherigen Dimensionen sprengte und erst nach seinem Tod im Jahr 211 vollendet wurde. Ihm verdankte seine Vaterstadt das Neue Forum, das Amphitheater und die gewaltige, als Handelszentrum und Gerichtsstätte dienende Basilika. Sich selbst zu Ehren ließ der Kaiser einen Triumphbogen errichten.

Jahrhundertelang unter dem schützenden Wüstensand begraben, blieb an der Basilika der gesamte Skulpturenschmuck erhalten. Die einst am Triumphbogen angebrachten Skulpturen mit nordafrikanischen und orientalischen Stilmerkmalen befinden sich heute in einem Museum in der Hauptstadt Tripolis.

gen Ort den besonderen Ehrentitel »Magna« führen durfte.
Von Steuern weitgehend befreit, erlebte Nordafrikas wichtigster Umschlagplatz für den Getreidehandel, über den auch wilde Tiere für die grausamen Spiele im römischen Kolosseum verschifft wurden, einen beispiellosen Bauboom: Am Marktplatz er-

Beim Schmuck der Gebäude war Septimius Severus keine Ausgabe zu hoch: Statt einfachem Stuck wurde kostbarer Marmor verwendet, aus dem unterägyptischen Assuan herbeitransportierter Granit ersetzte den bis dahin üblichen Sandstein, Porphyr löste den Basalt ab. Straßen wurden so großzügig angelegt, daß sie freien Plätzen ähnelten, selbst einfache Häuserwände glichen Festungsmauern. Keine Stadt der »Provincia Africa« leistete sich imposantere und luxuriöser ausgestattete Villen als Leptis, das fortan in Abgrenzung zu einem gleichnami-

baute Säulenhallen, Votivbögen, Lagerhallen und Geschäfte mit marmorverzierten Verkaufsnischen entsprachen in ihrer Größenordnung durchaus dem Vorbild der Hauptstadt Rom.

Blühendes Land am Wüstenrand

Von Säulen gesäumt, führte eine breite Straße zum künstlichen Hafen, dessen Hauptbecken allein eine Größe von über zehn Hektar aufwies; die Befestigungen eines vorgelagerten kleineren Beckens sind

Das Theater von Leptis Magna gilt als das größte seiner Art im römischen Nordafrika. Es entstand im 1. Jahrhundert v. Chr. unter Kaiser Augustus und wurde Ende des 2. Jahrhunderts renoviert.

Nächste Doppelseite: Das von eleganten Säulen und fein verzierten Toren gesäumte Neue Forum entstand in der Blütezeit unter Kaiser Septimius Severus.

1 Um das Jahr 110 errichteten die Baumeister am Cardo Maximus zu Ehren Trajans diesen Triumphbogen, dessen einstige Pracht heute nur noch zu erahnen ist.

2 Tore markieren den Beginn und das Ende der wichtigsten Straßen in Leptis Magna: Sie bezeugen bis heute den einstigen Reichtum der Stadt.

1

2

3 Blick von außen auf das Theater: In der Glanzzeit Leptis Magnas beherrschte das mächtige Bauwerk das Stadtbild.

4 Einige Pfeiler in der Basilika sind mit prachtvollen Steinmetzarbeiten geschmückt. Beim Ausbau seiner Vaterstadt war Kaiser Septimius Severus kein Aufwand zu groß.

3

im Lauf der Jahrhunderte im Meer versunken. Während der Regierungszeit Kaiser Neros gelang den römischen Baumeistern eine bewundernswerte ingenieurtechnische Glanzleistung in Form einer Deichanlage und eines Entlastungskanals, die Hochwasserkatastrophen verhindern sollten. Wenn sich das ins Mittelmeer mündende Wadi Lebda im Frühling in einen gefährlichen, reißenden Strom verwandelte, konnte ein Teil des Wassers auf diese Weise abgeleitet werden.

Beständig verwandelten die Bauern die Böden der Wadis in Kulturland, trotzten Stück um Stück der Wüste Ackerboden ab, schufen Bewässerungsanlagen und verwandelten so das Umland der Stadt in eine blühende Landschaft. Gleichzeitig holzten sie jedoch allmählich die gesamten Waldbestände ab und laugten durch Übernutzung die landwirtschaftlichen Flächen im Lauf der Zeit vollständig aus: Das »Goldene Zeitalter« näherte sich auch für Leptis Magna seinem Ende, zumal das römische Weltreich insgesamt seinen Zenit schon überschritten hatte und das Imperium unter den Nachfahren von Septimius Severus immer mehr an Macht und Glanz verlor. Als schließlich um die Mitte des 5. Jahrhunderts die Vandalen vor den Toren standen, dürften die Bewohner bereits die Vorboten der ökologischen Krise gespürt haben.

Eine kurze Blüte erlebte die Stadt noch unter den Byzantinern, die sie – teilweise – ab dem Jahr 535 wiederaufbauten und mit einer in Überresten erhaltenen Mauer umgaben. Gegen die anstürmenden arabischen Heere half sie allerdings nichts: Kalif Omars Feldherr Amr bin al-As eroberte 642 nach Ägypten auch diese Gegend und überließ die Reste der Stadt dem Sand der Sahara.

Obgleich von italienischen Experten so gut wie möglich wiederhergestellt, sind die römischen Deiche an den Wadis heute der Wucht der Wasserströme nicht mehr gewachsen. Nach zwei verheerenden Hochwasserkatastrophen, die das Grabungsgebiet 1987/88 in Mitleidenschaft gezogen hatten, initiierte die UNESCO ein Hilfsprogramm zur raschen Reinigung des überschwemmten Geländes; der Forderung nach angemessenen Schutzanlagen folgten jedoch bislang keine Taten.

4

Ruinen von Kyrene

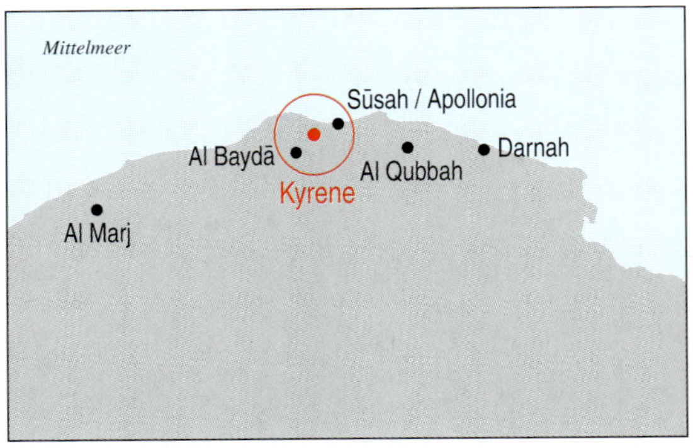

Lage: rund 15 Kilometer von der Küste entfernt zwischen dem Gebirgszug Djebel Akhdar und dem Mittelmeer, etwa 250 Kilometer östlich von Bengasi in der Ostprovinz

Weltkulturerbe: seit 1982

Das verheißene Gold fanden die griechischen Auswanderer an den Küsten des heutigen Libyen zwar nicht, doch dafür stießen sie auf sprudelnde Wasserquellen, an denen die Kolonisten ihre neue Stadt erbauten. Kyrene, nach der Quellgöttin Kyra benannt, entwickelte sich schnell zur Hauptstadt der Cyrenaika, die Hellas mit Getreide belieferte. Die archäologischen Fundstücke von Kyrene, dem heutigen Shahhat, vermittelten nach der Wiederentdeckung der Stadt Anfang des 18. Jahrhunderts zahlreiche wichtige Erkenntnisse über die hellenistische Kunst.

Als beeindruckender Ruinenkomplex mit ausgegrabenen Grundmauern und wiederaufgerichteten Säulen präsentiert sich der Nordteil des Apollon-Tempelbezirks.

Daß man Weissagungen des Orakels von Delphi gegenüber mißtrauisch sein sollte, mußte der Grieche Battos Mitte des 7. Jahrhunderts v. Chr. erfahren. An der Spitze einer 200köpfigen Mannschaft stach er von der Insel Santorin aus in See, um auf der anderen Seite des Mittelmeeres das prophezeite Gold zu suchen. Wie der griechische Geschichtsschreiber Herodot (etwa 490 – um 425/420 v. Chr.) weiter berichtet, fanden die Auswanderer zwar keine Spur des Edelmetalls, dafür aber gewaltige Mengen Sand, der in der Sonne herrlich golden schimmerte. An den Nordhängen des Djebel Akhdar, eines über 200 Kilometer breiten, grünen Gebirgszuges, stießen die Enttäuschten immerhin auf Quellen, worauf sie beschlossen, sich dort niederzulassen. Zu Ehren der Quellnymphe Kyra tauften sie die Kolonie Kyrene und gründeten in der Nähe den Hafen Apollonia. Da das Orakel von Delphi seine verlockende Prophezeiung wiederholte, stieg die Einwohnerzahl des Handelsortes, der später als Hauptstadt der Cyrenaika zur Kornkammer Altgriechenlands werden sollte, schnell an.

1

1 Im Bezirk des Apollon-Tempels steht auch ein der Göttin Artemis geweihter Sakralbau aus dem 7./6. Jahrhundert v. Chr., dessen Eingang hier mehr zu erahnen als zu erkennen ist.

Zeugnisse von Griechen und Römern

Das zunächst als Königreich organisierte Gebiet, das sich 331 v. Chr. Alexander dem Großen und später den Ptolemäerfürsten unterwarf, bis es im Jahr 96 v. Chr. an die Römer vererbt wurde, ist archäologisch längst noch nicht völlig erforscht. Im Südwestteil der früher mit einer Mauer gesicherten Stadt auf zwei Hügeln liegen die Reste der Akropolis von Kyrene. Während ihrer Blütezeit war sie die drittgrößte griechische Stadt nach Athen und Syracus.

Apollon, dem Gott der Orakel, weihte man das Quellheiligtum und den Apollon-Tempel, der zwischen dem 7. und dem 4. vorchristlichen Jahrhundert entstand und damit als ältestes Baudenkmal der Stadt gilt. Erhalten sind Teile des Mosaikfußbodens, einige Säulen und ein Gorgonenhaupt. Eine überlebensgroße Apollon-Statue ist heute im Britischen Museum in London ausgestellt. Die kraftvoll sprudelnden Quellen veranlaßten die Römer, die Kyrene und sein Hinterland 74 v. Chr. zur eigenständigen Provinz erhoben hatten, hier öffentliche Bäder anzulegen. Unter Kaiser Trajan (53–117 n. Chr.) entstanden die nach ihm benannten Thermen, die zwar relativ klein, aber reich verziert waren. Kaiser Hadrian (76–138 n. Chr.) ließ sie ebenso wie die ganze Stadt, die nach einem historisch nicht endgültig geklärten Judenaufstand im 2. Jahrhundert zerstört worden war, weitgehend neu aufbauen. Dabei wurde das griechische Theater in ein römisches Amphitheater für Gladiatorenkämpfe umgewandelt, das neue Forum löste die alte Agora der Hellenen ab.

Am griechischen Marktplatz im Zentrum der Stadt, um das sich auch Wohngebäude gruppierten, entdeckte man die Überreste eines Rundbaus, der Demeter, der Göttin der Fruchtbarkeit und des Erdsegens, sowie ihrer Tochter Kore, auch Persephone genannt, geweiht war. Der im 5. Jahrhundert v. Chr. fertiggestellte dorische Zeus-Tempel im Nordosten steht als größter griechischer Tempel Nordafrikas in seinen Ausmaßen dem Gegenstück in Olympia und dem Athener Parthenon in nichts nach.

Die kyrenische Totenstadt, die Nekropolis, gilt als eine der größten ihrer Art, die uns die antike Welt hinterlassen hat. Die im Verlauf der Jahrhunderte veränderten Grabstättenformen und Begräbnisriten werfen ein Licht auf die jeweiligen religiösen Vorstellungen der Kyrener.

2

Verborgene Schätze

Während der ptolemäischen Zeit im 2. Jahrhundert v. Chr. entstand das als Ptolemaion bezeichnete Gymnasion, das zu Ehren Cäsars später in Caesareum umgetauft wurde. Unter Kaiser Augustus restaurierten die Römer das gesamte griechische Wohnquartier; nach einem Erdbeben und einer Sturmflut im 4. Jahrhundert mußte es erneut instandgesetzt werden. Mit der Zerstörung Kyrenes durch arabische Invasoren im Jahr 643 endete die Geschichte der griechisch-römischen Stadt.

Ein gutes Jahrtausend später – man schrieb das Jahr 1705 – stieß der französische Reisende Claude Lemaire als erster Europäer auf die Ruinenstätte, die in Europa dem Klassizismus den Weg bereiten sollte. Aber erst nach weiteren 200 Jahren, 1910, begann man mit systematischen Grabungen. Aus dem Boden des beeindruckenden Trümmerkomplexes konnten amerikanische, italienische, französische und libysche Archäologen unschätzbare Funde einer reichen Vergangenheit bergen. Besonders die hellenistischen Skulpturen trugen entscheidend zu unserem Bild von dieser kunstgeschichtlichen Epoche bei.

3

2 Die Nekropolis von Kyrene zählt zu den größten und interessantesten Totenstädten der Antike.

3 Die zahlreichen Statuen in der Ruinenstadt bezeugen die große Kunstfertigkeit der Bildhauer.

Altstadt von Ghadames

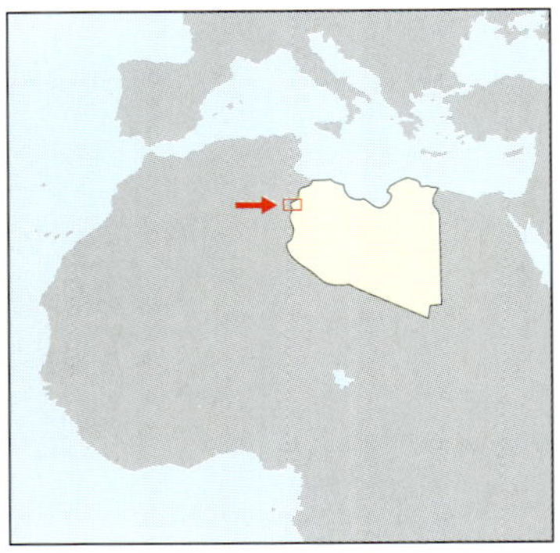

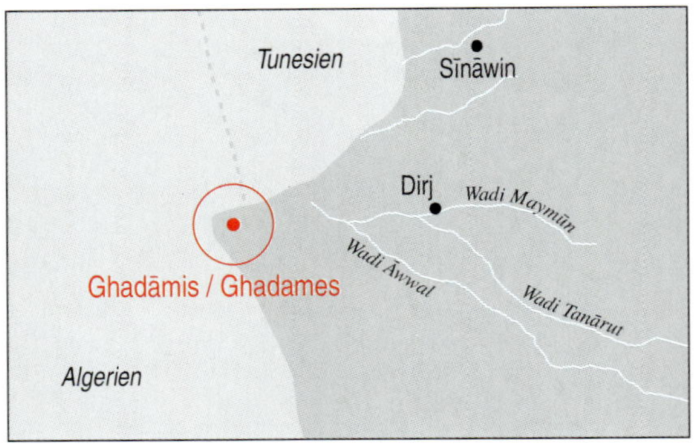

Lage: an der Grenze zu Tunesien und Algerien, im äußersten Westen des Landes

Weltkulturerbe: seit 1986

Die Geschlechtertrennung funktionierte in der Altstadt von Ghadames früher auf bemerkenswert effiziente Weise: Während die Frauen auf den mit Galerien versehenen Terrassen im ersten Stock von einem Haus zum anderen gelangten, blieben die überdachten Arkadenreihen im Erdgeschoß den Männern vorbehalten. Da die Quelle, die einst die Oase bewässerte, inzwischen fast versiegt ist, haben die meisten Einwohner Alt-Ghadames den Rücken gekehrt. Maßnahmen zur Rettung der Wohngebäude und ihres kunstvollen Wandschmucks sind deshalb dringend erforderlich.

Blick in das Innere eines Wohnhauses: Leider gibt es in Ghadames heute nur noch wenige Häuser, in denen der traditionelle Wandschmuck so gut erhalten geblieben ist.

Wenn das Quecksilber die 40° C-Marke überschritten hat, verschaffen selbst moderne Klimananlagen in den Häusern der Neustadt von Ghadames keine Linderung mehr. Auf der Flucht vor den trockenen Hitzewellen quartieren sich die Bewohner dann zeitweise in der benachbarten Altstadt ein, deren weißgekalkte, uralte Lehmziegelhäuser den mörderischen Sahara-Sommer von jeher etwas erträglicher werden lassen.
Von arabischen Chronisten einst als »Perle der Wüste« gerühmt, blieben dem antiken Oasenort Cydamus nur wenige Gebäudereste aus der römischen Epoche erhalten, die im Jahr 19 v. Chr. mit dem Sieg des Feldherrn Cornelius Balbus über die dort ansässigen Garamanten begann. An die Zeit der Berber, die auf die Römer folgten und die befestigte Ortschaft zu einer Drehscheibe des Karawanenhandels vor allem mit Gold und Sklaven machten, erinnert auf dem zehn Hektar großen Stadtgebiet so gut wie nichts mehr.

1

1 So prachtvoll die Wohngebäude im Inneren ausgestattet sind, so karg und abweisend wirken sie von außen.

2

2 Kaum mehr genutzt werden die Gärten der alten Oasenstadt – aus Wassermangel. Die hohen Mauern dienten zum Schutz der dort arbeitenden Frauen vor den Blicken der Passanten.

Städte am Wüstenrand

Üppig sprudelte hier jahrhundertelang die Stutenquelle, Ain El Fras nach dem Pferd des arabischen Heerführers Okba genannt,

1

das im Jahr 696 n. Chr. das kostbare Naß entdeckt haben soll. Neuerdings ist sie zu einem Rinnsal verkümmert, das im Wüstensand versickert, bevor es die Bewässerungskanäle der einst blühenden Gärten erreicht. Als die Neustadt 1983 bezugsfertig war, kehrte ein Großteil der Einwohner, die schon zuvor die Landwirtschaft hatten aufgeben müssen, den uralten Wohngebäuden ohne Zögern den Rücken. Seither kommen sie nur im Hochsommer oder an Feiertagen vorübergehend in die zauberhafte Geisterstadt am Rande der Wüste zurück.

Ghadames zählt zu einer Reihe historischer Stadtgründungen, die sich am nördlichen Rand der Sahara von Libyen bis nach Mauretanien erstreckt. Seine von all diesen Oasenstädten am besten erhaltene Altstadt hat der Ort nicht zuletzt den italienischen Ko-

1 Nur noch wenige Reste der einst aufwendigen Innendekoration sind in diesem verlassenen Haus zu sehen – die Wandnischen sind ausgeräumt, und die Farben sind abgeblättert.

2 In diesem kleinen schattigen Hof laden in die Mauern eingearbeitete, bogenüberwölbte Sitzbänke zum Verweilen ein.

2

lonialherren zu verdanken, die ab 1932 den Bau neuer Häuser im Stadtkern verboten.
Die äußeren Wände der mindestens zwei Stockwerke hohen Wohngebäude, aus ungebrannten Lehmziegeln oder Stampflehm errichtet, wurden so kompakt gebaut, daß sie zugleich als Schutzwall um die Siedlung herum dienten. Betritt ein Besucher durch die einzige Haustüre das Erdgeschoß, so erblickt er nach einem schmalen Korridor den rechteckigen Vorratsraum. Über eine Treppe gelangt er ins geräumigere Obergeschoß, in dem sich die Schlafkammern und bisweilen auch ein Wohnzimmer befinden.

Vom Verfall bedroht

Jedes Wohngebäude auf dem fast kreisrunden Stadtgrundriß besitzt drei bis vier bisweilen überdachte Terrassen, über welche die einzelnen Häuser miteinander verbunden sind. Von außen nicht einsehbar, dienten diese fensterlosen Galerien als Wandelgang für die Frauen, die sich gemäß der Scharia, dem altislamischen Recht, nicht in der Öffentlichkeit zeigen sollten. Die überdachten Arkadenreihen im Erdgeschoß der dichtgedrängten Häuser waren hingegen den Männern vorbehalten. Sie führten zu innerstädtischen Versammlungsplätzen mit Steinbänken und Palmengärten, durch die man über mauergesäumte Wege spazieren konnte. Von außen recht spartanisch anmutend, selten mit geometrischen Mustern oder Kalligraphien dekoriert, waren die Häuser an den Innenwänden mit wunderschönen Palmholzverkleidungen, Gipsnischen, Einlegearbeiten und feinen Ausmalungen kunstvoll verziert.
Diese im Maghreb einzigartigen Kunstwerke sind wie die Wohngebäude selbst und ihre Passagen seit der Aufgabe der optimal an die Klimabedingungen angepaßten Altstadt schutzlos dem Verfall preisgegeben. Ihre Restaurierung bereitet größte Schwierigkeiten, da kaum noch jemand die Handwerkskunst der Vorfahren beherrscht. Wenn die Rettung der zwei Jahrtausende alten Stadt und ihrer Oase nicht bald in Angriff genommen wird, so warnte die UNESCO 1995 in einem Zustandsbericht, dann kann die Nachwelt das faszinierende Ghadames in absehbarer Zeit nur noch als Ruinenstätte besichtigen.

3

3 Fast wie enge Tunnel wirken die zum Schutz gegen die brennende Sonne überdachten Gassen. Traditionsgemäß werden sie nur von Männern benutzt.

Felszeichnungen von Tadrart Acacus

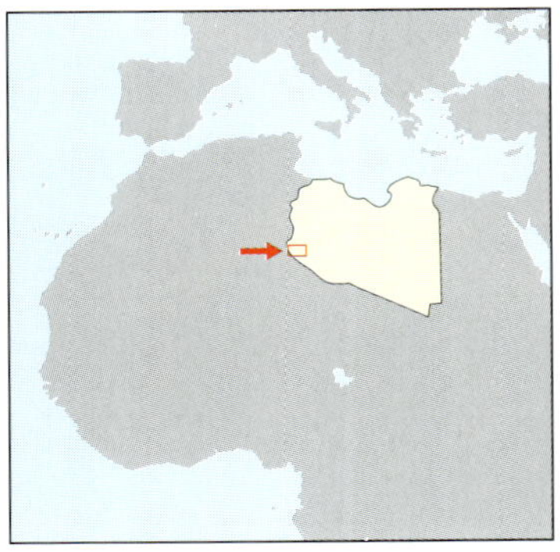

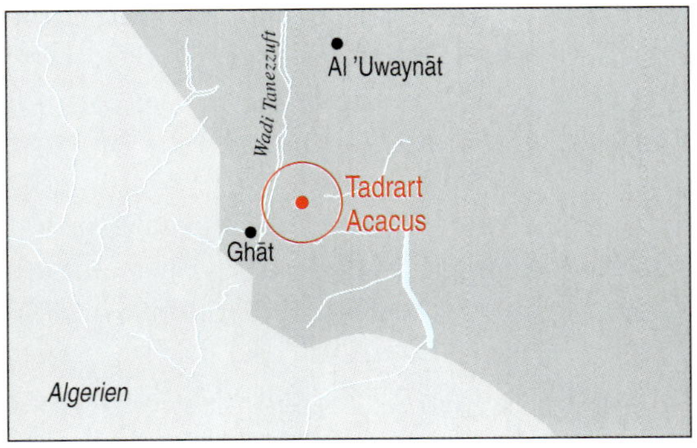

Lage: in der Fezzan-Wüste im äußersten Südwesten des Landes, nahe der Grenze zu Algerien nordöstlich der Stadt Ghāt

Weltkulturerbe: seit 1985

In vorgeschichtlicher Zeit war die heutige Sahara ein riesiger Savannengürtel, was sich noch an den 1955 entdeckten Felsritzzeichnungen und -gemälden des Tadrart Acacus nachvollziehen läßt. Durch den Vergleich der Kunstwerke, die in mehreren Phasen entstanden sind, stellten die Wissenschaftler fest, daß Elefanten und Giraffen allmählich aus den Darstellungen wichen. Stattdessen porträtierten die unbekannten Künstler Rinder, Pferde und später auch Kamele, die unter den immer extremer werdenden klimatischen Bedingungen weiter existieren konnten.

Das heute lebensfeindliche Gebiet des Tadrart Acacus mit seinen Sand- und Felswüsten birgt eine großartige Bildergalerie mit bis zu 14 000 Jahre alten Kunstwerken.

Unter einer überhängenden Bergwand geschützt, hat dieses fast modern anmutende Felsgemälde Jahrtausende überdauert.

»Meer ohne Wasser« nennen die Bewohner wüstennaher Dörfer die Sahara, deren Dünenkämme wie von Windböen gepeitschte Wellenberge eines unermeßlich großen Ozeans wirken. Tagsüber glühend heiß und nachts empfindlich kalt, zieht die unwirtliche, von Gebirgsketten und Tälern zerschnittene Mondlandschaft des Fezzan im Südwesten Libyens seit Jahrzehnten Archäologen aus aller Welt magisch an.

Italienische und libysche Wissenschaftler stießen nordöstlich der Stadt Ghāt in der Mourzouk-Wüste 1955 erstmals auf Keramiksplitter und Reste steinerner Handwerksgeräte. An einigen Sandsteinwänden, die durch Vorsprünge geschützt waren, entdeckten sie Ritzzeichnungen, von denen bis heute mehrere hundert erfaßt wurden. Bei der weiteren Erforschung fand man die Reste farbiger Felsgemälde; Tausende verzeichnet die Liste der Forscher inzwischen. Als die Funde nach der Kohlenstoff-14-Methode datiert wurden, ließ sich mit einiger Gewißheit sagen, daß die Fezzan-Region schon vor mindestens 10 000 Jahren besiedelt war und früher anders ausgesehen haben muß als heute. Nachdem die Archäologen einen Teil der Ritzzeichnungen und Felsgemälde miteinander verglichen hatten, kamen sie zu dem Ergebnis, daß sich hier in prähistorischer Zeit anstelle der heutigen Wüste unterschiedliche Vegetationsgebiete erstreckt haben müssen.

Vorgeschichtliche »Kunstperioden«

Der Tadrart Acacus, so der Name der 250 Quadratkilometer umfassenden Wüstengebirgskette, ist geologisch die Verlängerung des algerischen Tassili-n'Ajjer-Massivs. Wie beim Tassili lassen sich auch die Kunstwerke des Tadrart Acacus in verschiedene Perioden einteilen. Dem Italiener Fabrizio Mori gelang es, die Entstehungszeit der recht realistisch wirkenden Elefanten, Nashörner und Giraffen an den Felswänden des Wadi Matendous in die Zeit zwischen 12 000 und 8000 v. Chr. zu datieren und einer »naturalistischen Phase« zuzuordnen. Das Vorkommen dieser großen Säugetiere läßt auf die klimatischen Verhältnisse einer Savannenvegetation schließen.

In der vor etwa 3500 Jahren einsetzenden »Pferde-Phase« stellten die prähistorischen Künstler in ihren Bildern häufig diese Nutztiere dar, hier vor einen Wagen gespannt.

Die zweite Periode, die »Rundkopf-Phase«, dauerte Mori zufolge bis etwa 4000 v. Chr.; dabei entstanden neben Ritzzeichnungen erstmals auch Felsgemälde. In zunehmendem Maße tauchen nun in den Darstellungen der unbekannten Künstler auch kultisch-religiöse Motive sowie gelb, grün und rot ausgeführte rundköpfige Kreaturen auf. Die dargestellte Fauna weist auf ein eher feuchtes Klima in dieser Zeit hin.
Während der bis ungefähr 1500 v. Chr. andauernden »Periode der Hirten«, so vermuten die Archäologen, schwand im Zuge einer Dürreperiode die Zahl der Tierarten, die ein feucht-heißes Klima bevorzugen. An ihrer Stelle wurden nun vor allem Rinder abgebildet. Die nächste Periode bildet die »Pferde-Phase«, so benannt nach ihrem Hauptmotiv. Sie dauerte bis einige Jahrhunderte v. Chr. und wurde vermutlich durch ein halbtrockenes Klima geprägt.
In den letzten Jahrhunderten vor unserer Zeitrechnung gewannen dann die Trockenheit und damit die Wüste zunehmend an Bedeutung: Das Dromedar wurde auf den einfarbigen Gemälden der letzten Periode, der »Kamel-Phase«, die am häufigsten abgebildete Tierart.

Spuren der modernen Zivilisation

Über ein ausgedehntes Gebiet verstreut, finden sich die Zeichnungen hauptsächlich in geschützten Lagen von Felsabschnitten; besonders groß ist ihre Zahl im ausgetrockneten Wadi Teshuinet. Namhafte Archäologen vertreten die Ansicht, daß die Jagdszenen von prähistorischen Vorfahren der nomadisierenden Fulbe geschaffen wurden. Auf der Flucht vor der vorrückenden Wüste seien sie dann vermutlich bis nach Zentral- und Westafrika weitergezogen.
Während die Ritzzeichnungen kaum Schaden genommen haben, sind von den farbigen Gemälden vielfach nur noch Spuren übrig. Nicht allein Wind und Wetter setzten ihnen zu, häufig wurden sie auch von Menschenhand malträtiert: So zogen Touristen Umrisse mit Kreide nach und befeuchteten die Gemälde, um sie besser fotografieren zu können – dadurch richteten sie irreparable Schäden an.

Nächste Doppelseite: Einen überwältigenden Anblick bieten die rotgoldenen Sanddünen der Sahara, hier wie durch Riesenhand von schwarzen Felsen gekrönt. Erst durch den Menschen im Vordergrund lassen sich die gewaltigen Ausmaße dieser Wüstenlandschaft erkennen.

Ruinen von Abu Mena

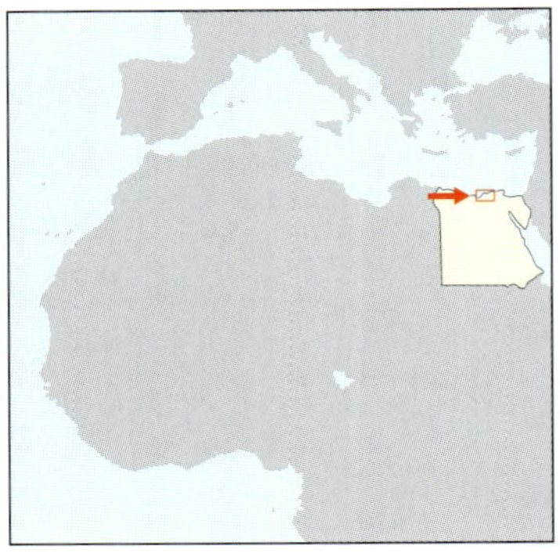

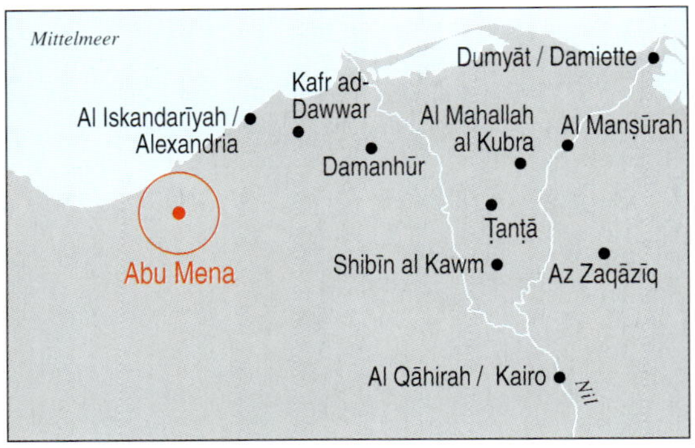

Lage: etwa 50 Kilometer südwestlich von Alexandria, in der Marjut-Wüste

Weltkulturerbe: seit 1979

Im 5. und 6. Jahrhundert war das Grab eines der bekanntesten Heiligen in Ägypten eine vielbesuchte Pilgerstätte. Heute können Archäologen anhand der Überreste des ab dem 4. Jahrhundert errichteten Ensembles koptischer Sakralbauten in der Menas-Stadt, die seit 1905 vom Wüstensand befreit wird, die relativ kurze Epoche eines eigenständigen Kirchenarchitekturstils in Ägypten erforschen. Da die frühchristlichen Gotteshäuser von Alexandria längst überbaut worden sind, vermittelt nur noch Abu Mena mit seinen Ruinen von Basiliken, Katakomben und Badehäusern ein Bild von jener Zeit in Ägypten.

Seit Beginn des 20. Jahrhunderts gruben Archäologen in der Nähe des Marjut-Sees die Überreste der frühchristlichen Stadt Abu Mena aus dem Wüstensand.

30 Marmorstufen führen in die acht Meter unter der Gruftkirche gelegene Krypta, in der sich das Grab des heiligen Menas befand.

Im Jahr 296, während der Regierungszeit Kaiser Diokletians, wollte der Ägypter Menas, ein Christ in römischen Diensten, seinem Glauben nicht abschwören und fiel der Christenverfolgung zum Opfer. Als der tote Märtyrer in seine Heimat überführt werden sollte, weigerten sich am Rand der Libyschen Wüste plötzlich die Kamele weiterzugehen. Dies nahmen seine Kameraden als göttliches Zeichen und bestatteten ihn an jener Stelle. Nur wenig später sollen in der Umgebung des Grabes wundertätige Quellen hervorgesprudelt sein.
Den Namenstag des heiligen Menas am 11. November feiern nicht nur Ägyptens Kopten jedes Jahr, er spielt im Kalender aller Ostkirchen bis heute eine wichtige Rolle. Ihm zu Ehren erbauten Ägyptens Christen südwestlich des Marjut-Sees ab dem 4. Jahrhundert eine Stadt mit Basiliken, Baptisterium, Bädern, Katakomben und öffentlichen Gebäuden. Unter dem Schutz der Kaiser von Byzanz und der Bischöfe von Alexandria stieg Menapolis, dessen Gruftkirche über den sterblichen Überresten des Märtyrers erbaut worden war, im 5. und 6. Jahrhundert zum meistbesuchten Pilgerort Ägyptens auf.

Kirchenruinen im Wüstensand

Mit der arabischen Eroberung Ägyptens und der damit verbundenen zunehmenden Islamisierung sank dann der Stern der Menas-Stadt, die vermutlich auch durch Erdbeben in Mitleidenschaft gezogen wurde. Ihre Kirchen gingen allesamt in Flammen auf. Seit Beginn des 10. Jahrhunderts war Abu Mena, wie die neuen Herren den Ort nannten, eine Geisterstadt, die allmählich unter dem Wüstensand verschwand. Fast ein Jahrtausend sollte es dauern, bis im Jahr 1905 der deutsche Archäologe Carl Maria Kaufmann die koptische Stadt wiederentdeckte und begann, die wichtigsten Baudenkmäler freizulegen. Die Grabungsarbeiten dauern an: Seit Anfang der sechziger Jahre stoßen die Mitarbeiter des Deutschen Archäologischen Instituts und des Koptischen Museums von Kairo immer wieder auf Fundamente weiterer Stadtteile rund um den beherrschenden dreiteiligen Kirchenkomplex, dessen ältestes Gotteshaus auf das Jahr 363 datiert wird.
Im Zentrum des Sakralensembles – bestehend aus zwei Basiliken und einem Baptisterium mit Taufbecken – erhoben sich zeitlich nacheinander zwei Gruftkirchen. Die erste, die über einer Basilika aus dem 5. Jahrhundert errichtet wurde, stammt vermutlich aus dem 6. Jahrhundert und war als Vierkonchenanlage konzipiert. Als diese Kirche abbrannte, wurde gegen Mitte des 9. Jahrhunderts die zweite Gruftkirche, eine fünfschiffige Basilika, erbaut, die heute freiliegt. In zwei Wandnischen sind noch mehrfarbige Inkrustationen zu erkennen, feingearbeitete Muster aus Marmorplatten. Unter dem Gotteshaus liegt die Krypta, die den Heiligenschrein barg. Spuren deuteten darauf hin, daß die Gruft schon früh von Grabräubern geöffnet wurde.
Die auf kreuzförmigem Grundriß angelegte Pilgerkirche – auch Große Basilika genannt – bildet zusammen mit der Gruftkirche, an deren Ostseite sie anschließt, den Kern des Ensembles. Der hallenartige Bau bestand aus einem Lang- und einem Querhaus mit jeweils drei Kirchenschiffen. Die Umfassungsmauer der Basilika konnten Archäologen 1932 in vollem Umfang wiederherstellen. Das Baptisterium schließlich grenzt an die Westseite der Gruftkirche an. Das zen-

Von den koptischen Säulen in Abu Mena sind nur noch Reste erhalten: Dieses Kapitell, der Abschlußstein einer Säule, zeigt das charakteristische Kreuz im Kreis.

trale Marmortaufbecken mit mehreren Stufen ist noch erhalten.
Die erst 1969 entdeckte Ostkirche besaß einen Mittelraum, den möglicherweise eine Holzdecke abschloß. Das Bauwerk, das ein im ägyptischen Kirchenbau selten anzutreffendes Atrium besitzt, markierte nach Einschätzung von Experten das Zentrum eines den Mönchen vorbehaltenen Bezirks. Ebenfalls als Vierkonchenanlage errichtet, weist das Gotteshaus architektonische Einflüsse des kleinasiatisch-syrischen Kirchenbaustils auf.

Residenzkirche für den Bischof

Die etwa 50 Meter lange und 36 Meter breite Nordkirche, eine dreischiffige Basilika, lag außerhalb der Stadtmauer von Abu Mena, umgeben von einem weitläufigen Friedhof. In dem Baukomplex konnten die Ausgräber Reste eines Speisesaales, einer Kücheneinrichtung und mehrerer Wohngebäude freilegen. Das Gotteshaus diente vermutlich den Bischöfen von Alexandria als Residenzkirche. An seine Westseite schloß sich ebenfalls ein Atrium an, eine Taufkapelle befand sich im rechten Seitenschiff.

Nahe der Großen Basilika stieß ein ägyptischer Archäologe in den fünfziger Jahren auf die Mauern einer Befestigungsanlage, die gemeinhin als Kastell bezeichnet wird. Auf dem Gelände des Marktplatzes, der einst von Säulen gesäumt war, fand man bei Grabungen unter anderem die Überreste von Weinpressen.
Seit Beginn der Forschungsarbeiten beschäftigen sich die Archäologen auch mit der Frage, wie die freigelegten Baudenkmäler wirkungsvoll konserviert werden können. Inzwischen ist man dazu übergegangen, einen großen Teil der von Wind und Wetter zerstörten Steine systematisch durch neues Baumaterial zu ersetzen, um wenigstens das äußere Erscheinungsbild für die Nachwelt zu bewahren. Der Erhalt dieses Ruinenortes in der Wüste ist von besonderer Bedeutung, da seine monumentalen Bauten den Einfluß der europäischen und der kleinasiatischen Kirchenarchitektur auf die frühchristlichen Sakralbauten in Ägypten verdeutlichen. Abu Mena steht für jene Epoche, in der Ägypten die engsten Beziehungen zum Kulturraum auf der gegenüberliegenden Seite des Mittelmeeres unterhielt.

Das islamische Kairo

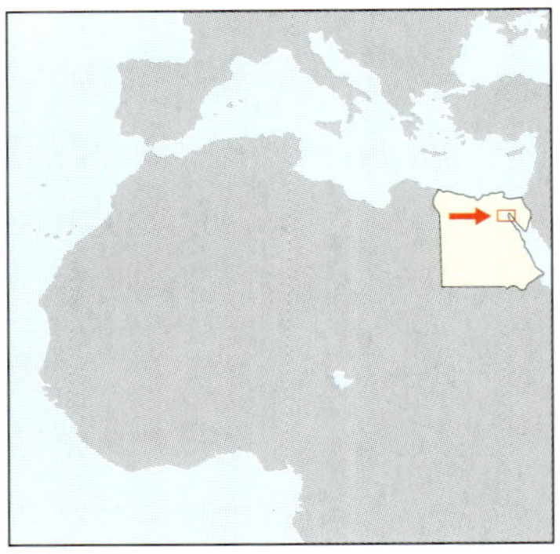

Lage: östlich des Nilufers im Zentrum der ägyptischen Hauptstadt

Weltkulturerbe: seit 1979

Als »Mutter der Welt« und »Mittelpunkt des Islam« verklärt, wartet Kairo mit prachtvoll geschmückten Moscheen auf. Unter der Dynastie der Fatimiden wurde die Stadt stark befestigt und stieg zum politischen, geistigen und wirtschaftlichen Zentrum des Reiches auf. Die »Stadt der 1000 Minarette« und der quirligen Souks steht jedoch auf instabilem Untergrund: Aufsteigendes Grundwasser nagt an den Fundamenten ihrer Baudenkmäler, von denen einige schon eingestürzt sind. Nur eine aufwendige Gemeinschaftsaktion – wie bereits bei Abu Simbel praktiziert – könnte das alte Kairo vielleicht retten.

Ein reizvolles Spiel der Formen bieten die Kuppeln und Minarette der Sultan-Hassan-Moschee, die im 14. Jahrhundert auf Befehl des Mamelucken-Herrschers Hassan el-Nasir errichtet wurde.

Über die Häuser der Altstadt von Kairo erheben sich zahlreiche Minarette, von denen die Muezzins die Gläubigen zum Gebet rufen.

Wenn die treue Amina um Mitternacht die Heimkehr ihres Gemahls Abd al-Gawwad erwartete, betrachtete sie durch das Fenster des Holzerkers an ihrem Schlafzimmer oft lange die eleganten Minarette der Kalaun- und der Barkuk-Moschee, »die wie Trugbilder zaubernder Dämonen im Licht der strahlendhellen Sterne funkelten«. Fern am Horizont wachten die Türme der Zitadellen- und der Er-Rifai-Moschee, »Traumbildern gleich«, über die Schlafenden in den Wohnquartieren des alten Kairo. In der Hoffnung, jeden Moment auf dem Gassenpflaster die Schritte des nahenden Gatten zu vernehmen, schweifte Aminas Blick immer wieder über die dunklen Wände der Häuser in ihrer Nachbarschaft, die sich im blassen Licht der Gaslaternen »auf beiden Seiten der Straße ungleichmäßig und unordentlich zusammendrängten«.

Den Namen der Straße Bayn al-Qasrayn – was soviel bedeutet wie »Zwischen den Palästen« –, an der Abd al-Gawwad mit seiner Familie lebte, wählte der ägyptische Schriftsteller Nagib Machfus für einen 1956 veröffentlichten Roman. Der Literaturnobelpreisträger schildert darin das Alltagsleben und die Aufbruchsstimmung in Kairo zur Zeit des Ersten Weltkriegs.

Strahlendes Licht des Islam

Im Zentrum der Altstadt auf dem östlichen Nilufer gelegen, verdankt das Wohnviertel Bayn al-Qasrayn seinen Namen zwei verschwundenen Palastensembles aus der Zeit der Fatimiden. Diese verschönerten ihre Residenzstadt ab dem 10. Jahrhundert mit einer verwirrenden Fülle von prächtigen Moscheen und imposanten Herrschaftssit-

zen. Damit begründeten sie Kairos frühen Aufstieg zu einem wichtigen politischen, geistigen und wirtschaftlichen Zentrum. Als die Mongolen 1258 die Rivalin Bagdad überrannt hatten, strahlte der Glanz Kairos noch jahrhundertelang bis in die entferntesten Teile der islamischen Welt.

Kairos Geschichte ist eng mit der Ausbreitung des Islam verbunden. Schon im Jahr 641, kurz nachdem der Prophet Mohammed diese Religion gestiftet hatte, entstand in der ältesten Stadtgründung Fustat neben den Überresten einer römischen Festung und koptischen Kirchen eine Lehmziegelmoschee. Für deren Errichtung verwendeten die Handwerker des arabischen Feldherrn Amr bin al-As viele Trümmerteile römischer und pharaonischer Baudenkmäler. Noch heute steht hier eine Amr-Moschee, die allerdings erst unter Sultan Saladin 1172 an der Stelle der 1169 abgebrannten Vorgängerin erbaut wurde; einige maßgebliche Umbauten des Gebetshauses erfolgten im 15. Jahrhundert.

Die zweitälteste Moschee stiftete der Gründer der Tuluniden-Dynastie im Jahr 876. Dem Vorbild der Moschee von Samarra im heutigen Irak entsprechend, betrat der Gläubige die in neuerer Zeit sorgsam restaurierte Moschee des Ahmed Ibn Tulun durch einen von Mauern umschlossenen Eingangsbereich. Mächtige Pfeiler stützen die um einen Innenhof mit Brunnen verlaufenden Arkaden der einzigen Moschee Ägyptens, die ein Spiralminarett aufweist. Der von abbasidischen Künstlern geschaffene Blumenmusterfries und die insgesamt etwa zwei Kilometer langen Kufi-Schriftbänder zählen bis heute zu den schönsten Zeugnissen des Samarra-Stils.

Im Mittelpunkt des großen Haupthofes der Ahmed-Ibn-Tulun-Moschee aus dem 9. Jahrhundert steht das Brunnenhaus. Links ist das ungewöhnliche spiralförmige Minarett des Gebetshauses zu erkennen.

Erst im 19. Jahrhundert entstand die Mohammed-Ali-Moschee, die auch Alabastermoschee genannt wird. Das Brunnenhaus auf dem von Arkaden gesäumten Innenhof dient den rituellen Waschungen der Gläubigen.

Förderer der Künste

Um 969 eroberten die nordafrikanischen Fatimiden Fustat und gründeten Al Kahira – die Siegreiche. Als schiitische Moslems sagten sich ihre Herrscher vom sunnitischen Kalifat in Bagdad los und erklärten sich selbst zu legitimen Kalifen, wie die Nachfolger des Propheten genannt wurden. Sie förderten die Künste und setzten wie auch ihre aijubidischen Nachfolger, unter denen beide Stadtteile zusammengeschlossen wurden, bis zur Eroberung durch die Mamelucken im 13. Jahrhundert eine beispiellose Bautätigkeit in Gang.
Die fatimidischen Herrschaftshäuser, von denen keines erhalten blieb, brachten die Zeitgenossen zum Staunen. Beschreibungen aus dieser Zeit berichten von Palästen mit Gärten und von Empfangshallen und Pavillons aus poliertem Marmor. Die Wände schmückten Fresken mit Jagdszenen, Prozessionen und verschleierten Tänzerinnen. Die christliche Formensprache einiger Kunstwerke läßt vermuten, daß auch Handwerker aus den Reihen der Christen von den moslemischen Herrschern Aufträge erhielten. Noch heute unterhalten die koptischen Christen Kirchen in ihrem alten Viertel nahe dem islamischen Kairo.

Verschwenderische Hofhaltung

Goldbäume mit mechanischen Singvögeln, goldüberzogene Throne, feine Schnitzereien aus Elfenbein, Webwaren aus bunten Fäden und mit kostbaren Stickereien versehene Kleider waren die Statussymbole der fatimidischen vornehmen Gesellschaft, deren verschwenderische Hofhaltung eindrucksvoll in den »Geschichten aus Tausendundeiner Nacht« geschildert wird.

Zu Beginn des 11. Jahrhunderts wurde die El-Hakim-Moschee errichtet. Ihre ungewöhnlich anmutenden Minarette erhielten ihre heutige Form bei einem Umbau, den ein Erdbeben im Jahr 1303 notwendig gemacht hatte.

1

1 Das Stadttor Bab Zuweila stammt aus fatimidischer Zeit. Auf seinen beiden wuchtigen Türmen erheben sich die schlanken Minarette der Muayyad-Moschee, deren Haupthof sich auf der linken Seite anschließt.

2 Die Gebetsnische in der Haupthalle der Sultan-Hassan-Moschee ist mit Säulen, Fresken und einem vergoldeten Kufi-Schriftband verziert.

Obwohl die Handlung eigentlich im abbasidischen Bagdad spielt, wurde das legendäre Werk überwiegend im Kairo der Fatimiden verfaßt.

Die während der Fatimidenzeit 972 gegründete Moschee Al-Azhar – die Blühende – sollte ihrem Namen bald alle Ehre machen. 988 erhob sie Kalif el-Asis zur Universität, was sie bis heute noch ist. Als ein Hauptzentrum der islamischen Theologie vereint das oft erweiterte und umgebaute Baudenkmal viele Stilrichtungen. Die wenig später, im Jahr 1012, erbaute El-Hakim-Moschee erhielt als erstes Gebetshaus ein von zwei Minaretten flankiertes Portal, das die Hauptfassade überragt. Ursprünglich rund, sind die Minarette bei einem Umbau der Moschee, der nach einem Erdbeben 1303 nötig geworden war, quadratisch ummauert worden.

Auf die Fatimidenzeit gehen auch die am Rand der Residenzstadt angelegten ausgedehnten Friedhofsareale zurück. Diese »Städte der Toten« mit ihren Mausoleen waren einst vielbesuchte Wallfahrts- und Ausflugsziele. An diese in Vergessenheit geratene Tradition will die Aga-Khan-Stiftung heute wieder anknüpfen: Sie plant die Anlage eines großen Parks, in dem sich Kairos Bevölkerung von ihrer wahrlich anstrengenden Stadt erholen kann.

Herrschaft der Mamelucken

Als die türkischen und tscherkessischen Mamelucken-Söldner die etwa eine halbe Million Einwohner zählende Stadt 1250 eroberten, bedeutete dies das Ende der über fünf Jahrhunderte währenden Unabhängigkeit. Die neuen Herren erwiesen sich jedoch ebenfalls als tatkräftige Kunstförderer. Sie bereicherten Kairo um eine Reihe von Gedenkstätten wie Koranschulen und Sultansmausoleen, deren Iwane (Bogenhallen) gleichzeitig als Moscheen dienten.

Herausragende Stuckarbeiten schmücken die Mausoleen der Sultane Kalaun und Er-Rifai. Die ab dem 14. Jahrhundert aus Stein gemauerten Kuppeln der balkonverzierten Minarette Kairos erhielten als Verkleidung glasierte Kacheln, die zu Schriftbändern und Arabeskenmustern angeordnet waren. Die 1356 unterhalb der Zitadelle erbaute Sultan-Hassan-Moschee wurde im Ein-

2

1

1 Geometrisch exakt angelegte Verzierungen schmücken die 31 Meter hohe Kuppel der Kait-Bey-Moschee. Ihr Bauherr, ein ehemaliger Sklave, brachte es bis zum Sultan und ließ 1474 dieses Gebetshaus errichten.

2 Außen ist die Kuppel der Kait-Bey-Moschee, die auch als Mausoleum dieses Sultans dient, von einem filigranen Muster überzogen.

2

gangsbereich mit einem Stalaktitengewölbe ausgestattet. Im Inneren der Moscheen finden sich filigrane Stuckornamente und Holzschnitzereien, selbst Fensterläden wurden dort wie Kunstwerke verziert. Weil die Mamelucken-Herrscher ihre Macht und Frömmigkeit allen Bewohnern Kairos vor Augen führen wollten, ließen sie ihre mit Titelaufschriften und Wappen versehenen Bauwerke im Stadtzentrum errichten.

Istanbul als Vorbild

Der Sturz der Mamelucken-Sultane, die 1517 den osmanischen Türken weichen mußten, wirkte sich für die »Stadt der 1000 Minarette« verhängnisvoll aus. Ganz Ägypten war nur noch eine Provinz unter vielen, bald wurde in Kairo der Einfluß der Architektur aus Istanbul übermächtig. Bis zum Ende der Türkenherrschaft im 19. Jahrhundert hatte ausgerechnet jene Stadt, die so lange aus allen Teilen der islamischen Welt neue Stile einführte, sie ihrem Geschmack anpaßte und in die eigene Formengebung eingliederte, weitgehend ihre künstlerische Identität verloren.

Daß Istanbul als Vorbild diente, wird besonders hinter den Mauern der im 19. Jahrhundert erweiterten und mit Palästen geschmückten Zitadelle, einem Bauwerk aus der Zeit Saladins, deutlich. Ab 1830 errichtet, könnte die dortige Mohammed-Ali-Moschee mit ihren Silberkuppeln auch am Bosporus stehen. Dennoch ziehen viele Bewohner Kairos dieses Gebetshaus den älteren Moscheen vor: Denn dort ruht der verehrte Mohammed Ali, der zu Beginn des 19. Jahrhunderts mit Hilfe der Mamelucken zunächst die Engländer vertrieben hatte und dann die Mamelucken-Führer umbringen ließ. Als Khedive – Vizekönig – verhalf er Ägypten innerhalb des Osmanen-Reiches zu mehr Selbständigkeit und führte das Land am Nil in die Moderne.

»Heute verfügt keine andere Stadt über eine so reiche städtische Kultur wie Kairo. Sie ist die Mutter der Welt, der große Mittelpunkt des Islam und Quelle der Wissenschaften und des Handwerks«, schwärmte schon im 14. Jahrhundert der Chronist Ibn Chaldun in seinem »Buch der Beispiele« über die »Siegreiche«, die heute mit vielen Problemen zu kämpfen hat.

3

Kairo versinkt

Gerade noch rechtzeitig gelang es Fotografen, die mittelalterliche Fakahani-Moschee ganz abzulichten. Denn Anfang der neunziger Jahre stürzte die vor sieben Jahrhunderten erbaute Mameluken-Moschee ein. Kein Erdbeben brachte das Baudenkmal im alten Kairo zum Einsturz, sondern der Untergrund hatte sich als nicht mehr tragfähig erwiesen.

Anderen Bauwerken von unschätzbarem Wert droht mittlerweile ein ähnliches Schicksal, da im historischen Kern Kairos, dessen Kanalisation aus fatimidischer Zeit den heutigen Anforderungen nicht mehr gewachsen ist, immer mehr Abwässer unkontrolliert im porösen Boden versickern. Gleichzeitig ist der Grundwasserspiegel von Kairo in den vergangenen zwei Jahrzehnten um durchschnittlich 1,60 Meter gestiegen. Seit der Fertigstellung des Assuan-Hochdammes gehören zwar die sommerlichen Überschwemmungen der schmalen, fruchtbaren Nilebene der Vergangenheit an, doch dafür dringt allmählich Wasser in die Kalksteinfundamente der Baudenkmäler. Aufsteigende Feuchtigkeit hat in der 1339 vollendeten Moschee Altun bugha Maridani bereits schwere Schäden an den Marmorverkleidungen angerichtet. In anderen Gebetshäusern ist der filigrane Gipsschmuck an den Fenstern inzwischen so stark aufgeweicht, daß er bereits bei Berührung bröselt. Solange sich für das Wasserentsorgungsproblem keine Lösung findet, bleiben auch alle Versuche des Deutschen Archäologischen Instituts, die Nassir-Mohammed-Moschee vor dem Versinken zu retten, erfolglos.

Die stark zersiedelte und von Verkehrsachsen durchschnittene Altstadt Kairos leidet zunehmend auch unter dem Abgas-Smog, der die ganze Millionenstadt wie eine dichte Glocke überzieht. Regelmäßig überstreichen Maler die Säulenkapitelle der mameluckischen Kalaun-Moschee mit goldglänzender Farbe, die aber schon nach kurzer Zeit wieder abblättert, da die Steinfläche von Schwefeldioxid und Salzen angegriffen ist. Auch in wachsenden Müllbergen droht die Stadt zu versinken. Mit Hilfe sogenannter Müllmenschen, die neben der städtischen Müllabfuhr selbständig Abfall sammeln, zum Teil wiederverwerten oder verbrennen, versucht man, das Problem in den Griff zu bekommen.

Um zu verhindern, daß der historische Kern mit seinen verwinkelten Gassen und Souks eines Tages vollständig im Erdboden versinkt, müßte dieser stabilisiert werden. Nach vorsichtigen Schätzungen der Aga-Khan-Stiftung wäre für diese Arbeiten mindestens eine Summe von drei Milliarden US-Dollar erforderlich. Weitere 1,5 Milliarden veranschlagt die Stiftung für entsprechende Maßnahmen bei den Pyramiden und bei den Baudenkmälern von Luxor.

3 Die Grabmoschee des Sultans Mohammed Ali entstand zwischen 1830 und 1857 im klassischen türkischen Moscheenbaustil. Über vier Halbkuppeln erhebt sich die Hauptkuppel mit einem Durchmesser von 21 und einer Höhe von 52 Metern.

Memphis und seine Totenstadt mit den Pyramidenfeldern von Giseh bis Dahschur

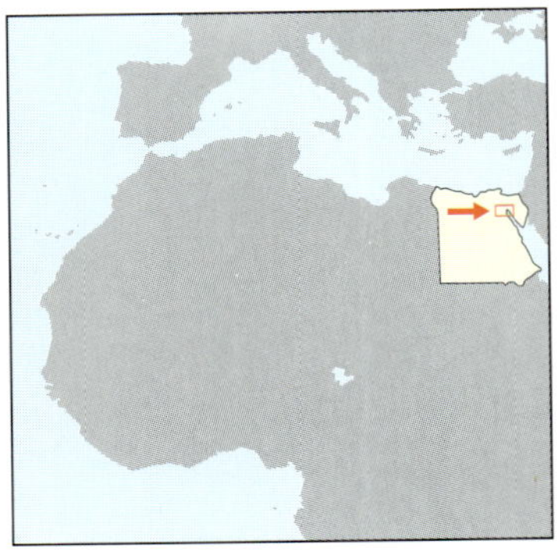

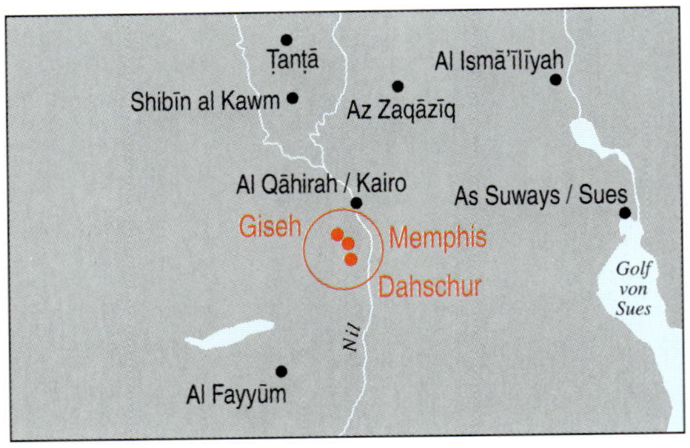

Lage: westlich des Nils nahe Kairo
Weltkulturerbe: seit 1979

Das äußere Erscheinungsbild der gewaltigsten Steinbauwerke der Menschheit blieb über die Jahrtausende relativ unversehrt erhalten. Altägyptens Pyramiden beflügelten von jeher die Phantasie der Menschen. Doch bis heute bleibt unklar, warum die Herrscher der vierten Dynastie nahezu 25 Millionen Tonnen behauener Felsblöcke zu gigantischen Totengebirgen auftürmen ließen. Offenbar führten die gewaltigen Anstrengungen, die Ägyptens Gottkönige ihren Fronarbeitern abverlangten, zum Ruin der Wirtschaft – denn ihre Nachfolger nahmen wieder mit einfachen Grabstätten aus Lehmschlammziegeln vorlieb.

Auch aus der Entfernung erkennt man an der Chephren-Pyramide noch die Reste der ursprünglichen Kalkstein-Verkleidung. Dahinter ragt die Cheops-Pyramide auf.

Ohne Unterlaß mußten die Fronarbeiter zwei Jahrzehnte lang jeden Tag vom Morgengrauen bis zum Einbruch der Dunkelheit tonnenschwere Steinblöcke zu einer gewaltigen Himmelsleiter auftürmen. Als der nach Unsterblichkeit strebende Pharao Cheops, der von 2551 bis 2528 v. Chr. regierte, der Vollendung seiner Grablege beiwohnte, bot sich den Betrachtern ein unglaublicher Anblick: Auf dem Wüstenboden nahe der Hauptstadt Memphis errichtet, erhielt das damals über 146 Meter hohe Bauwerk auf quadratischem Grundriß – heute beträgt die Höhe noch etwa 137 Meter – den Schlußstein aufgesetzt.

Aufgrund ihrer geringen Neigung nennt man diese Pyramide in Dahschur die Stumpfe Pyramide; wegen der Farbe ihrer eisenoxidhaltigen Steinblöcke heißt sie auch Rote Pyramide.

»Bauwerke, vor denen sich sogar die Zeit fürchtet«, nennen die Ägypter bis heute ihre Pyramiden, wobei das himmelstürmende Grabgebirge des Cheops das größte blieb. Als das Pyramidion, wie der Schlußstein genannt wird, mit Gold und Silber überzogen an der Spitze des Denkmals im Sonnenlicht glänzte, waren die Tage seines Erbauers bereits gezählt. Drei Jahre später stieg der gottgleiche Pharao – sein Name bedeutet »Großes Haus« – im 23. Jahr seiner Herrschaft in das Reich des Sonnengottes Re auf. Nach 60 Tagen staatlich verordneter Trauer bestattete man den einbalsamierten Leichnam im Inneren seines monumentalen Lebenswerks, das »so viele Menschen ins Unglück gestürzt und so viele Leben gekostet hatte und jetzt triumphierend und hochmütig in der Sonne erstrahlte«, wie der albanische Schriftsteller Ismail Kadare in seinem im Jahr 1992 erschienenen Roman »La Pyramide« schrieb.

Ungelöste Rätsel

Von den Griechen schon als das erste unter den sieben Weltwundern eingestuft, haben die imposantesten der rund 80 Königspyramiden am Westufer des Nils zwischen Giseh und Dahschur über die Jahrtausende nichts von ihrer Faszination eingebüßt. Warum die altägyptischen Herrscher, die vom frühen Alten Reich (ab etwa 2640 v. Chr.) bis in die Zeit des Neuen Reiches (ab 1550 v. Chr.) hinein regierten, einen so aufwendigen Totenkult betrieben und damit wohl ihr Land schließlich ruinierten, bleibt jedoch bis heute ebenso rätselhaft wie die technische Ausführung ihrer einzigartigen Bauleistung.

Die damaligen Baumeister waren weder mit der Verarbeitung von Eisen und Bronze vertraut, noch kannten sie Flaschenzüge. Wie offenbar ohne Zugtiere und Räder zwei bis drei Tonnen schwere Steinquader bei der Cheops-Pyramide bis auf die ursprüngliche Höhe von 146,6 Metern geschafft werden konnten, ließ sich ebensowenig überzeugend klären wie die Frage, wie viele Menschen auf dieser Großbaustelle arbeiten mußten. Waren es 30 000, wie von Archäologen vermutet wird, oder soll man den Schilderungen des griechischen Geschichtsschreibers Herodot Glauben schenken, der von 100 000 Menschen berichtet? Letzterer selbst blieb jedoch mißtrauisch und schloß seinen Bericht mit der Bemerkung: »Wem das glaubwürdig ist, was die Ägypter erzählen, der mag es annehmen; mir liegt bei der ganzen Geschichte nur daran, daß ich aufschreibe, was ich von den Leuten erfahren und gehört habe.«

Die Tücken der Statik

Nahe dem alten Hauptort und Nilhafen Memphis, dessen einstiges Stadtgebiet heute unter Wüstensand und neuzeitlichen Siedlungen verborgen ist, ließ erstmals König Djoser – er regierte 2609–2590 v. Chr. – eine Pyramide als Grablege erbauen. Zuvor hatten sich die Herrscher ebenso wie ihre Familien und die Beamten mit einfachen, rechteckigen Ziegelgrabstätten, sogenannten Bankgräbern oder Mastabas, zufriedengegeben. Unter Aufsicht seines Leibarztes und Hofarchitekten Imhotep entstand bei Sakkara eine vergleichsweise bescheidene Stufenpyramide aus zunächst vier und später sechs übereinandergetürmten Mastabas.

Statische Probleme zwangen die Baumeister im Verlauf der Arbeiten dazu, den Neigungswinkel im oberen Teil der Rhombischen oder Knickpyramide von Dahschur stark zu verändern. Das Denkmal wird dem Pharao Snofru zugeschrieben, dessen Name sich auf Steinblöcken im Inneren der Pyramide fand.

Nächste Doppelseite: Rotgolden wie der Wüstensand leuchten die mächtigen Pyramiden von Giseh im Abendlicht.

Das Wahrzeichen von Sakkara, die Pyramide des Königs Djoser, überragt mit rund 60 Meter Höhe das Gräberfeld von Memphis.

Sie ist die einzige Pyramide auf rechteckigem Grundriß und zugleich der wohl älteste Monumentalbau der Welt. Als Baumaterial für das etwa 60 Meter hohe Monument, das von mehreren Gebäuden und Kultanlagen umrahmt war, wählte Imhotep statt der bis dahin üblichen Ziegel aus Nilschlamm nun zum ersten Mal behauene Steinblöcke. Der gesamte Pyramidenbezirk König Djosers war ursprünglich von einer über zehn Meter hohen Mauer umgeben.

König Snofru aus der vierten Dynastie ging als Herrscher (2575–51 v. Chr.) mit gleich drei Großpyramiden in die Geschichte ein. Bei der Pyramide von Medum handelt es sich jedoch wahrscheinlich um einen Bau seines Vorgängers Huni, den Snofru nur vollenden ließ. Mit insgesamt drei Bauphasen, in denen sie sowohl erweitert als auch erhöht wurde, ähnelt sie den anderen Monumentalgräbern allerdings so wenig, daß sie den Beinamen »die falsche Pyramide« erhielt. Nach der endgültigen Fertigstellung wurden ihre acht Stufen aufgefüllt, das Grabmal erhielt dadurch als erstes eine glatte Außenwand.

Bei der Errichtung der sogenannten Knickpyramide von Dahschur hatten die Baumeister Snofrus allerdings wohl die Tragfähigkeit des Wüstenbodens überschätzt. Als der Untergrund nachgab, verringerte man rasch den Böschungswinkel im Pyramidenoberteil, um die Gesteinslast zu reduzieren und so den drohenden Einsturz zu vermeiden. Auch beim Bau der Roten Pyramide, so benannt nach ihren eisenoxidhaltigen Steinblöcken, bereitete das Verhältnis zwischen Pyramidenhöhe und Böschungswinkel Probleme. Sie gilt als Vorbild für die weltberühmten Bauwerke von Giseh und besitzt auch annähernd die Ausmaße der Cheops-Pyramide.

Als Verwalter der königlichen Totentempel war es dem Hofbeamten Ti gestattet, sich in Sakkara eine eigene Mastaba bauen zu lassen. Dieses Flachrelief an einer Innenwand der Grabstätte zeigt Priester beim Schlachten eines Opferrindes.

Ein Meisterwerk an Präzision

Unter Snofrus Sohn und Nachfolger Cheops erhielt die Pyramide ihre klassische Form auf quadratischem Grundriß. Auf ihrer Ostseite schloß sich der Verehrungstempel an, das Zentrum des königlichen Totenkults, dessen Pflaster freigelegt werden konnte. Von ihm führte – wie bei jeder Pyramide – ein Weg zum Tal- oder Totentempel. Neben der Hauptpyramide entstand in Anlehnung an die Tradition des Doppelgrabes eine in den Ausmaßen bescheidenere Nebenpyramide.

Die Königinnen fanden in drei benachbarten, ebenfalls östlich gelegenen Kleinpyramiden ihre letzte Ruhestätte. In eigens ausgehobenen Gruben versenkte man die mehr als 1000 Einzelteile eines mächtigen Sonnenschiffes aus libanesischem Zedernholz, das als Transportmittel für den verstorbenen Herrscher in das Reich des Sonnengottes dienen sollte. Es ist heute in einem extra dafür gebauten Museum an der Südseite der Pyramide ausgestellt.

Die Cheops-Pyramide ist ein Meisterwerk architektonischer Präzision: Auf der Grundfläche von ehemals 53 000 Quadratmetern, so ergaben Messungen, weichen die Fundamente nur maximal 16 Millimeter von der Horizontalen ab. Die Grundflächenschenkel vereinigen sich mit einer Abweichung von nur zwei Bogenminuten zu rechten Winkeln. Bei einer Kantenlänge von ursprünglich 230,38 Metern (heute noch 227,5 Meter) wurden für das kolossale Mausoleum des Pharaos rund 2,5 Millionen Steinquader benötigt (übrig sind heute noch etwa 2,3 Millionen), die von den Arbeitern mühevoll aus den in der Nähe gelegenen Steinbrüchen herbeigeschleppt werden mußten.

Mykerinos, einer der Söhne Pharao Chephrens, ließ sich in Giseh diese Pyramide errichten. Mit einer Höhe von 62 Metern ist sie die kleinste der drei Pyramiden von Giseh.

Die wachende Sphinx

Auf Cheops folgte der rätselhafte Djedefre, was soviel wie »Ewig dauert Re« bedeutet; er regierte 2528–20 v. Chr. Sein Haus für die Ewigkeit sollte auf einer rund acht Kilometer entfernten Klippe hoch über dem Nil erbaut werden und dort wie ein kostbarer Kristall im Licht der untergehenden Sonne erstrahlen. Der Nachwelt blieb von diesem Bauwerk nur ein etwa zehn Meter hoher Stumpf erhalten.

Sein Bruder Chephren, der ihm als König folgte, befahl den Baumeistern eine Höhe von 300 Königsellen, das sind 156 Meter, die dessen Pyramide allerdings nie erreichte. Mit ihren immerhin 136,5 Metern (ursprünglich 143,5 Meter) bis zur Spitze wirkt sie dennoch größer als die Cheops-Pyramide, da sie erhöht steht.

Nahe der Cheops-Pyramide meißelten die Handwerker auf Anordnung Chephrens – wie man bislang angenommen hat – aus einem frei stehenden Felsblock die Sphinx, ein Fabelwesen in Löwengestalt mit Gesichtszügen, die diesem Herrscher zugeschrieben werden. Über 73 Meter lang und 20 Meter hoch, wacht der Koloß – im Lauf der Zeit zwar beschädigt, von Rissen durchzogen und immer wieder mit Sand zugeweht – seit Jahrtausenden über den Frieden im einstigen Totenreich. Den Blick nach Osten gewandt, hat die Große Sphinx ihr Geheimnis bis heute nicht preisgegeben – möglicherweise auch das ihres wahren Alters nicht. Neuere Untersuchungen haben ergeben, daß eventuell doch nicht Chephren der Auftraggeber war, sondern Künstler die Sphinx vielleicht schon zwischen 7000 und 5000 v. Chr. geschaffen haben könnten.

Mykerinos, einer der Söhne Chephrens, fand seine letzte Ruhestätte in einer ursprünglich 66,5 Meter – heute noch 62 Meter – hohen Pyramide, deren Außenflächen mit 15 000 Kubikmetern Assuan-Granit umhüllt waren.

Steinblöcke im Minutentakt

Auf welche Weise unter den Herrschern der vierten Dynastie in nur knapp einem

Jahrhundert rund 25 Millionen Tonnen Stein verbaut werden konnten, veranlaßte Wissenschaftler zu den kühnsten Theorien. Archäologische Funde am Fuße der drei Hauptpyramiden legen immerhin den Schluß nahe, daß sich über das ganze Baugelände ein weitverzweigtes Areal mit Versorgungseinrichtungen und Wohngebäuden erstreckte.

Im streng zentralistisch ausgerichteten Reich der Pharaonen, die ihren Untertanen kein Privateigentum zugestanden, ließen sich kurzfristig ganze Heerscharen von Arbeitskräften mobilisieren. Archäologen gehen heute davon aus, daß sich im benachbarten Heliopolis nicht nur das geistig-religiöse Zentrum der Gottkönige befand; die hochangesehenen Re-Priester entwikkelten womöglich auch jene technischen Fertigkeiten, die den zügigen Bau der Pyramiden gewährleisteten. Vermutlich überwachten sie auch die streng gegliederten Arbeitsabläufe.

Grabungsergebnisse deuten darauf hin, daß parallel zum Nil einst eine künstliche Wasserstraße verlief. Auf diesem Weg konnten Schiffe über Stichkanäle das benötigte Baumaterial fast bis zum Pyramidenstandort transportieren. Die mit Doleritkeilen mühsam aus den Steinbrüchen herausgeschlagenen Kalksteinblöcke wurden vermutlich zunächst mit Hebelstangen auf Zugschlitten aus Holz gewuchtet. Als Transportweg dienten wahrscheinlich gepflasterte Straßen, die fortwährend mit Nilschlamm gleitfähig gehalten werden mußten.

Sollte die Pyramide des Cheops tatsächlich in nur zwei Jahrzehnten entstanden sein, so hätten die Arbeitskräfte im Minutentakt einen neuen Steinblock auf die jeweilige Plattform heben müssen. Holzhebel dienten zum Einpassen der behauenen Blöcke, die durch Gipsmörtel und eine Art Zement verbunden wurden. Geht man von dieser Bautechnik aus, so bleibt trotzdem noch die Frage offen, wie die letzten Steinblöcke, darunter die bis zu 40 Tonnen schweren Deckenriegel, auf eine solche Höhe gehoben werden konnten. Möglicherweise deponierten die Baumeister vorausschauend die Abschlußelemente auch schon von Anfang an im Mittelpunkt der Arbeitsplattform und ließen sie am Schluß über spiralförmige Auffahrten in der Pyramide nach oben ziehen.

Diese Darstellung des Pharaos Mykerinos und seiner Familie, des letzten Pyramidenbauers der vierten Dynastie, ist im Ägyptischen Museum in Kairo zu bewundern.

Das Ende der Unvergänglichkeit

Nicht nur die Arbeiter selbst, das ganze Land mußte für die Maßlosigkeit seiner Herrscher teuer bezahlen. Der beispiellos aufwendige Totenkult verzehrte die Kraft Ägyptens, das am Ende der sechsten Dynastie nicht nur wirtschaftlich heillos zerrüttet war. Auch die Gaufürsten empörten sich gegen die Pharaonen, die schließlich ihre Machtposition verloren.

1

1 Eine der berühmtesten Attraktionen von Giseh: die Große Sphinx, eine mythische Löwendarstellung mit dem Kopf eines Menschen. Bisher datierten Wissenschaftler die Entstehung der riesigen Figur auf 2500 v. Chr. Neueren Untersuchungen zufolge könnte die Sphinx jedoch schon zwischen 7000 und 5000 v. Chr. entstanden sein.

2 Von Memphis, der alten Hauptstadt der Pharaonen, sind nur noch Ruinen erhalten. Dort ist in einer Halle die liegende Kolossalstatue von Ramses II. (1290–1224 v. Chr.) zu sehen. Sie stand einst vor dem südlichen Tempelbezirk von Memphis.

2

3

Schon der Nachfolger von Mykerinos, Schepseskaf, wählte als Mausoleum eine schlichte Mastaba aus Kalkstein; die Herrscher der fünften und sechsten Dynastie begnügten sich in Abusir und Sakkara mit kleineren Repliken der drei Großpyramiden. Im Laufe der folgenden Jahrhunderte wählten auch die Nachfolger der Pharaonen die Nekropole von Memphis und das Tal der Könige bei Theben zu ihrer letzten Ruhestätte.
Obwohl die Pyramiden lange Zeit als Steinbrüche für andere Bauten benutzt wurden, blieben sie in ihrer Monumentalität fast unversehrt. Archäologen, die seit dem vorigen Jahrhundert das Innere der Pyramiden erforschten, stellten fest, daß die Baudenkmäler ausnahmslos geplündert waren; aus dem Alten Reich konnte keine einzige Pharaonenmumie geborgen werden. Selbst die Unvergänglichkeit der Pyramiden wird sich als Illusion erweisen: In zwei Millionen Jahren werden Wind und Wetter die Himmelsleitern vollständig abgetragen haben.

4

3 Anläßlich des Sedfestes zum 30. Thronjubiläum wurde an der Ostseite des Großen Hofes im Pyramidenbezirk des Königs Djoser ein Tempel errichtet. Teile der Außenwand, mit kannelierten Halbsäulen dekoriert, sind bis heute erhalten.

4 Etwa 80 Tonnen wiegt diese Löwengestalt mit menschlichem Antlitz: Die lächelnde Sphinx aus Alabaster ist im Ruinengelände von Memphis zu sehen.

Das alte Theben und seine Totenstadt

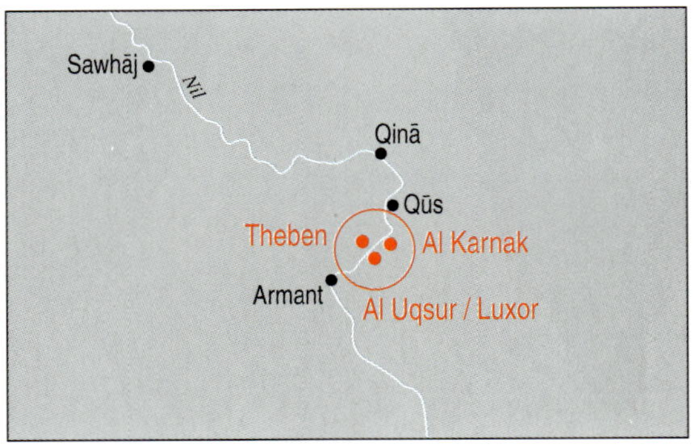

Lage: am Nil, etwa 675 Kilometer südlich von Kairo und 200 Kilometer nördlich von Assuan

Weltkulturerbe: seit 1979

Als das »hunderttorige Theben« wurde die weitläufige Hauptstadt des Neuen Reiches von Homer verklärt. Sie behielt auch nach ihrer politischen Entmachtung noch lange die Funktion eines religiösen Zentrums. Von Assyrern und Römern gebrandschatzt und geplündert, bewahrte Theben immerhin die imposanten Ruinen seiner Amun-Re-Tempel in Karnak und Luxor. In der benachbarten Nekropole am anderen Ufer des Nils erbauten Altägyptens Herrscher Totentempel und Felsengräber, deren zum Teil noch erhaltene Wandfresken in leuchtenden Farben von gottgleichen Königen berichten.

Zahllose Steinblöcke und -wände im Tal der Könige, der Totenstadt des alten Theben, sind mit meisterhaften Flachreliefs verziert.

Auf der Suche nach dem verborgenen Familienmausoleum von Ramses II. hatte der Archäologe Kent Weeks 1995 wochenlang beharrlich meterdicke Geröllhaufen zur Seite geschaufelt. Eines Tages stand der Amerikaner vor dem freigelegten Eingang zu einer unterirdischen Gruft, in der er die sterblichen Überreste der Söhne des Pha-

Diese Statue im Großen Amun-Tempel von Karnak stellt die Göttin Hathor dar, eine der weiblichen Gottheiten im Pantheon der alten Ägypter.

raos vermutete. Nachdem Weeks den versiegelten Eingang aufgebrochen hatte, fiel das Licht seiner Taschenlampe zunächst auf die Mauern einer T-förmigen Galerie, an deren Seiten Türen von Grabkammern zu erkennen waren. Hellgrau schimmerte am Ende des Ganges die beherrschende Granitstatue des Totengottes Osiris. Der Boden der Gruft war übersät mit Fragmenten von Statuen und Töpferwaren, Perlen, Resten von Holzmöbeln und Knochen. An den Wänden konnte der Forscher die Überreste von Dekorationen und Alabasterverkleidungen erkennen.

Der Archäologe hatte das Gemeinschaftsgrab der schätzungsweise 50 Söhne des im benachbarten Ramesseum beigesetzten Ramses II. entdeckt; doch er war nicht wie der Brite Howard Carter, der 1922 im Tal der Könige die nahezu unversehrte Gruft Tutanchamuns erkunden konnte, in den rund sechs Dutzend Kammern auf üppige Gold- und Edelsteinschätze gestoßen: Grabräuber hatten sie vermutlich schon vor zwei Jahrtausenden geplündert.
Doch selbst die gefundenen Bruchstücke, Steine und Grabinschriften können der Ägyptologie zu neuen Erkenntnissen über Sitten, Riten und Handelsverbindungen der alten Ägypter verhelfen. Die genaue Erforschung des Mausoleums – es besteht im Gegensatz zur üblichen Einzelgruft aus einer Vielzahl von unterschiedlich großen Räumen, Gängen und Treppen – wird noch Jahre in Anspruch nehmen.

Eine frühe Weltstadt

Obgleich die einstmalige Ausdehnung der Stadt Theben, die das alte Reichszentrum Memphis im 16. Jahrhundert v. Chr. ablöste, nicht mehr rekonstruierbar ist, muß das altägyptische »Weset« die Dimensionen einer frühen Weltstadt des Orients besessen haben. »Hundert Tore hat sie«, schrieb Homer im neunten Buch der Ilias zu einem Zeitpunkt, als die Stadt ihre Blüte schon hinter sich hatte.
Jahrhundertelang war Theben politischer und religiöser Mittelpunkt im Zeichen des Reichsgottes Amun-Re. Während des Neuen Reiches, das zusammen mit der sogenannten dritten Zwischenzeit etwa von 1552 bis 712 v. Chr. dauerte, verlor die Stadt ihre Bedeutung zugunsten neuer Residenzen im Nildelta, konnte sich jedoch noch lange als religiöses Zentrum behaupten. »Eine ungeheure Beute von unschätzbarem Wert nahm ich mit«, vermerkte der Assyrerkönig Assurbanipal, nachdem er Theben um 663 v. Chr. geplündert hatte. Unter römischer Herrschaft wurde die Stadt um 30 v. Chr. schließlich völlig zerstört.
Östlich des Nils, etwa drei Kilometer nordöstlich von Luxor, erstreckte sich die großzügig angelegte Pharaonenstadt, an die heute zwar kein einziger Wohnbau aus Nilschlammziegeln, dafür aber die beeindruk-

kenden Überreste von wuchtigen Steintempeln erinnern.

Der Tempelbezirk von Karnak

Im Zentrum der Heiligen Stadt, dem heutigen Karnak, stand der Haupttempel für den Reichsgott Amun-Re. Über einen Zeitraum von vier Jahrhunderten bemühten sich die gottgleichen Herrscher, durch immer aufwendigere Baudenkmäler die Leistungen ihrer Vorgänger zu überbieten. Als größtes Heiligtum Altägyptens besaß Amun-Res Kultstätte zehn turmartige Tempeltore mit der beachtlichen Höhe von je 40 Metern. Durch diese Pylonen betrat der Besucher einen weitverzweigten Bezirk aus Höfen, Hallen und Sälen, in denen die Herrscher die exquisitesten Kunstschätze des Landes zusammentragen ließen. Der Tempel des Mittleren Reiches, von dem heute nur ein Trümmerfeld übrig ist, bildete den Kern der Anlage. Um ihn herum erbauten die Pharaonen nach und nach immer mehr Gebäude, legten Höfe an und errichteten Umfassungsmauern und Pylonen.

Über den von Säulen und Löwenfiguren mit Widderköpfen gesäumten Großen Hof gelangt der Besucher zum Eingang der Hypostylenhalle des Großen Amun-Tempels. Steinerne Papyrusblüten zieren die in 16 Reihen angeordneten 134 Säulen dieser Säulenhalle, die eine Fläche von 5000 Quadratmetern aufweist. Sie wurde von Sethos I. und Ramses II. geschaffen und gilt als großartige Meisterleistung ägyptischer Architektur.

Es ist anzunehmen, daß die Oberpriester des Amun-Re-Kultes den Pharaonen fast gleichgestellt waren. So scheiterte die Durchsetzung einer religiösen Erneuerung des »Ketzerpharaos« Amenophis IV., der sich von Theben abwandte, den Herrschernamen Echnaton annahm und die Sonnenscheibe Aton als einzige Gottheit

Monumentale Löwenfiguren mit Widderköpfen schmücken den Großen Hof des Großen Amun-Tempels von Karnak. Der Widder galt als Ebenbild des in diesem Heiligtum besonders verehrten Reichsgottes Amun-Re.

Nächste Doppelseite: Beim Blick über den Heiligen See im Tempelbezirk von Karnak erkennt man links einen großen Pylon, einen der mächtigen Torbauten der Anlage.

1

verehren ließ, letztlich am Widerstand der einflußreichen Priesterkaste.

Das Heiligtum von Luxor

Thebens zweitwichtigstes Heiligtum im heutigen Luxor fiel kaum bescheidener aus. Eine skulpturengeschmückte Prozessionsallee verband den Großen Amun-Tempel in Karnak mit dem drei Kilometer südlich gelegenen »Harem Amuns« in Luxor, dem Wohnsitz der Gattin des Reichsgottes, dem auch der zweite Tempelkomplex geweiht war. Drei von ehemals sechs Kolossalfiguren erinnern an Ramses II., der sich in Theben als größter Bauherr Ägyptens mit Tempeln, Palästen und Denkmälern – etwa dem Großen Pylon in Luxor mit der Darstellung des Kampfes gegen die Hethiter – hervortat. Das gewaltige Baudenkmal neigt sich allerdings mittlerweile nach vorn, Feuchtigkeit hat die steinernen Tempelfundamente stark in Mitleidenschaft gezogen.
Auch die von Amenophis III. erbaute Säulenhalle und der anschließende Hof des Heiligtums von Luxor besitzen neben feingearbeiteten Reliefs Papyruskapitelle an den Säulen, die Palmen symbolisieren. Seit Ägyptens osmanischer Verwalter Mehmet Ali einen der beiden von Ramses II. errichteten Granitobelisken 1836 Frankreich schenkte, ziert Amun-Res Kultsymbol die Place de la Concorde in Paris.

Freskengeschmücktes Totenreich

Wie die Pyramiden nahe der alten Hauptstadt Memphis, so versinnbildlichen auch die Felsengräber von Theben den Herrscherwunsch nach Unsterblichkeit. Das Tal der Könige verläuft nordwestlich der Stadt und wird von einer niedrigen Bergkette gesäumt. Während sich die königlichen Totentempel zunächst in der schmalen Ebene zwischen Fluß und Gebirge erhoben, ließen die Pharaonen später, hauptsächlich zwischen 1600 und 1000 v. Chr., die Grabstätten direkt in die Felshänge treiben. Sie boten allerdings nur den Särgen Platz, der Totenkult wurde weiterhin in den Tempeln zelebriert. Man fand hier unter vielen anderen die Gräber von Ramses II. und Tutanchamun. In letzterem war sogar noch die Mumie des Pharaos vorhanden.

1 Die Wände der Hypostylenhalle und ihre 134 Säulen im Tempelbezirk von Karnak tragen Inschriften und Abbildungen opfernder Könige. Die mächtigen Sandsteinsäulen bestehen aus einzelnen Trommeln mit jeweils über einem Meter Höhe und rund zwei Meter Durchmesser; sie ragen im Mittelschiff bis zu 21 Meter auf.

2

2 Dieses Detail aus dem Großen Amun-Tempel in Karnak zeigt eines der typischen Nilboote mit seiner Besatzung.

1

Im südwestlich gelegenen Tal der Königinnen fanden die Herrscherinnen und andere angesehene Persönlichkeiten die letzte Ruhestätte. Die meisten der etwa 80 heute bekannten Gräber stammen aus der 19. und 20. Dynastie (etwa 1306–1070 v. Chr.). Viele sind völlig schmucklos oder gar unvollendet. Als italienische Archäologen 1904 das Grab von Nefertari, der Lieblingsfrau Ramses' II., freilegten, war ihr Mausoleum längst ausgeplündert, selbst ihren Sarkophag hatten Grabräuber entwendet. Doch »die mit dem hübschen Gesicht«, so einer ihrer wohltönenden Beinamen, hatte ihre letzte Ruhestätte mit Tausenden von Hieroglyphen und Wandgemälden schmücken lassen. In leuchtenden Farben gemalt, zeigen sie Osiris mit seinem falkenköpfigen Sohn Horus und schließlich immer wieder die prächtig gekleidete und mit Armreifen und Ohrringen geschmückte Pharaonengattin selbst. An der Decke ist der Sternenhimmel dargestellt. Nie hatten Archäologen besser erhaltene Fresken aus so alter Zeit zu Gesicht bekommen. In einem guten Zustand sind auch die Gräber von drei Söhnen Ramses' III.

2

1/2 Pharao Ramses II. (1290 bis 1224 v. Chr.) ließ den mächtigen Eingangspylon (1) des Luxor-Tempels errichten. Die Reliefs und Inschriften an den Tortürmen preisen den Sieg des Herrschers über die Hethiter. Der Ausschnitt (2) zeigt die beiden monumentalen Ramses-Statuen, die den Eingang bewachen. Die östliche Statue wird von einem 25 Meter hohen Obelisken überragt, dessen Gegenstück sich seit 1836 auf der Place de la Concorde in Paris erhebt.

1

1 Ein Blick von Westen auf den Pylon des Luxor-Tempels und den Hof Ramses' II. Die hellen Türme gehören zur Moschee Abu el-Haggag in der Nordostecke des Säulenhofes.

2 Im berühmten Tal der Könige gelangen den Archäologen die spektakulärsten Entdeckungen von Totentempeln und Königsgräbern.

2

Der Tempel der berühmten Königin Hatschepsut aus dem 15. Jahrhundert v. Chr., der ebenfalls Amun-Re geweiht war, liegt in einem sanft geschwungenen Tal zwischen dem Tal der Könige und dem Tal der Königinnen. Ein breiter Weg, der einst von Sphinxfiguren gesäumt war, führt in Form einer Rampe zu dem dreiterrassigen Bau. Im Inneren begeistern auch hier farbige Fresken Forscher und Besucher.

Im Verlauf von nur wenigen Jahrzehnten haben viele dieser herausragenden Kunstwerke durch die hohe Zahl von Besuchern große Schäden erlitten. Einmütig fordern Ägyptologen inzwischen die sofortige Schließung der berühmten Grabanlage des Königs Tutanchamun.

Während Salzkristalle auf etlichen Gemälden in den Gruften ungebremst ihr Zerstörungswerk fortsetzen, bauen Grabräuber allen staatlichen Verboten zum Trotz in der Nähe der Nekropole ihre Hütten und gehen von dort aus auf Schatzsuche.

Ägypten braucht die Deviseneinnahmen aus dem Tourismus, doch fundamentalistische Islamisten konzentrieren ihren Terror gerade auf die berühmtesten Kulturstätten. Wie bei sinkenden Besucherzahlen der Erhalt des Kulturerbes gewährleistet werden soll, vermag heute niemand zu sagen.

3

3 Die beiden Memnon-Kolosse in Theben-West zählten schon im Altertum zu den vielbesuchten Sehenswürdigkeiten. Sie bewachten einst den Totentempel des Herrschers Amenophis III., von dessen Heiligtum nur noch wenige Reste erhalten sind.

4

4 Vor einer gewaltigen Felswand des Wüstengebirges erstreckt sich der beeindruckende Tempel der Königin Hatschepsut, die etwa von 1490 bis 1470 v. Chr. regierte: Die Terrassenanlage zählt zu den großartigsten antiken Bauwerken Ägyptens.

Die nubischen Denkmäler von Abu Simbel bis Philae

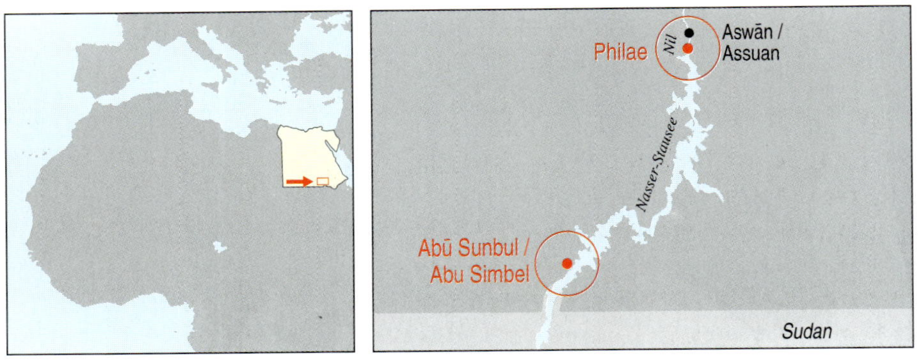

Lage: an den Ufern des Nasser-Stausees im Süden des Landes, zwischen Assuan und der Grenze zum Sudan

Weltkulturerbe: seit 1979

Monumentale Statuen und Tempel, die Ramses II. aus den Sandsteinfelsen über dem Nil herausmeißeln ließ, sollten die Macht und die Größe des Ägypter-Reiches demonstrieren. Der Bau des modernen Assuan-Hochdammes hätte diese wertvollen Kunstwerke in den Fluten versinken lassen, wenn die UNESCO nicht in den sechziger Jahren eine bewundernswerte Rettungsaktion veranlaßt hätte, bei der die Tempel an höher gelegene Standorte umgesetzt wurden. Das archäologische Freilichtmuseum zwischen Abu Simbel und Philae bietet Einblick in fast zwei Jahrtausende ägyptischer Geschichte.

Seit ihrer Umsetzung blicken die vier je 20 Meter hohen Kolossalstatuen vor dem Eingang zum Großen Tempel von Abu Simbel über die Wasserfläche des Nasser-Stausees.

»Halb versunken im Sand liegt ein zertrümmertes Antlitz / Darauf verächtlich gekräuselte Lippen kalt Befehle zischen«, schrieb der englische Dichter Percy Bysshe Shelley, der 1817 die gewaltige Granitbüste von Pharao Ramses II. vom Eingang zur thebanischen Totenstadt aus erblickte. Acht Tonnen wog das nach London transportierte Abbild des herausragenden Pharaos, der in der zweiten Hälfte des Neuen Reiches von 1290 bis 1224 v. Chr. regierte. Als größter Bauherr Ägyptens hinterließ er eine beachtliche Zahl monumentaler Tempel mit riesigen Statuen. Ramses II., dessen Name »Re

Die riesigen Figuren, die den Eingang zum Großen Tempel von Abu Simbel flankieren, stellen Ramses II. mit Doppelkrone, Kopftuch und Götterbart dar.

hat ihn geboren« bedeutet, ließ sich von seinen Untertanen als gottgleicher Sonnenkönig verehren. Er lenkte mit großer Entschlossenheit die Geschicke seines Reiches, bis er im gesegneten Alter von 90 Jahren starb.
Als Archäologen seine Mumie – sein Grab liegt im Tal der Könige – vermessen hatten, konnten sie mit einem weiteren Rekord aufwarten: Mit einer für damalige Verhältnisse ungewöhnlichen Körpergröße von fast 1,80 Metern muß Ramses II., dessen Königreich sich vom Mittelmeer bis nach Nubien und von Euphrat und Tigris bis nach Libyen hinein erstreckte, auf seine Zeitgenossen wie ein Riese gewirkt haben.

Macht und Monumentalität

Als Standort für seine gewaltigsten Baudenkmäler wählte der Herrscher eine strategisch bedeutsame Stelle zwischen dem ersten und dem zweiten Nilkatarakt. Südlich von Assuan erstreckte sich der untere Teil von Nubien, das die Pharaonen um 1550 v. Chr. endlich unterwerfen konnten. Nubien, das nach Art einer Kolonie von einem ägyptischen Statthalter verwaltet wurde, lieferte über den Sammelpunkt Assuan den Herrschern jene Güter, mit denen sie ihre maßlos aufwendigen Großprojekte finanzierten: Gold, Edelsteine, Elfenbein, Edelhölzer und Steuergelder.
Da gleichzeitig an mehreren Großbaustellen gearbeitet wurde, ließen die Pharaonen rücksichtslos alle Ressourcen ihres Reiches mobilisieren. Die Handwerker gehörten ebenso zu ihrem Besitz wie sämtliche Produktionsmittel. Während der jährlichen Nilüberschwemmung zwischen Mitte Juni und Mitte Oktober wurden zudem noch die Bauern zwangsverpflichtet. Wenn die eigenen Arbeitskräfte des nur 1,5 Millionen Einwohner zählenden Ägypten nicht ausreichten, mußten auch Kriegsgefangene, hauptsächlich nubischer Herkunft, auf den Baustellen arbeiten.
Ägypten behauptete sich unter Ramses II. noch immer als Großmacht, und daran durfte sich nach dem Willen des Gottgeborenen auch nichts ändern: Schon aus großer Entfernung sollte die Monumentalität der Baudenkmäler von Abu Simbel bis Philae die Nachbarn, vor allem die aufsässigen Nubier an der Südgrenze Ägyptens, abschrecken und sie an die Unbesiegbarkeit des Reiches und die Macht seines Herrschers mahnen.

Der Tempel im Fels

Abu Simbels Großer Tempel, in den Jahren 1264–56 aus dem Sandsteinfelsen herausgemeißelt, symbolisiert eindrucksvoll die starke Persönlichkeit des Herrschers, der sich geradezu versessen seiner Imagepflege widmete. Der 63 Meter tiefe Felsentempel war so angelegt, daß an zwei Tagen im Jahr die Strahlen der aufgehenden Sonne durch den statuengeschmückten Eingangssaal in den allerheiligsten Bereich fielen und die dortigen Statuen – Reichsgott Amun-Re neben dem Sonnenkönig – in rötlichem Licht erstrahlen ließen.

An der Stirnseite des Tempels thronen zu jeder Seite des Eingangs zwei 20 Meter hohe Sitzfiguren. Diese riesigen Darstellungen des großen Pharaos halten als Insignien königlicher Macht Geißel und Krummstab in den Händen; die Uräus-Schlange an der Stirn symbolisierte den Sonnengott. Zwischen und neben den Beinen sind kleinere Figuren zu sehen, darunter Nefertari, die Frau des Königs, sowie seine Mutter und einige seiner Kinder.

Im Inneren des Tempels glorifizieren Wandreliefs die siegreichen Waffengänge des Königs, auch wenn sie – wie etwa der Krieg gegen die Hethiter um 1275 v. Chr. – für Ägypten nicht immer ruhmreich endeten. Diese Schmuckreliefs wurden nicht mehr, wie früher üblich, in langwieriger Arbeit aus der Felswand erhaben herausmodelliert. Der offenbar sehr ungeduldige Herrscher trieb seine Baumeister fortwährend zur Eile an, und so beschränkte man sich immer häufiger darauf, die Kunstwerke in den Sandstein zu gravieren. Wie man an allen Großbauwerken dieses Pharaos sieht, setzte Ramses II. eher auf Quantität – er wollte in kurzer Zeit viel Grandioses erschaffen und nahm dafür wohl auch Abstriche an der Qualität hin.

Der Große Tempel war dem Gott der Schöpfung Amun, dem Sonnengott Re-Harachte von Heliopolis, dem Gott der Kunst und dem antiken Sonnenkönig selbst geweiht. Der Kleine Tempel diente dagegen dem Kult der ägyptischen Muttergöttin Hathor. Damit meinte der Pharao aber eigentlich seine über alles geliebte Gattin Nefertari, was eine Säuleninschrift auch deutlich zum Ausdruck bringt: »Ramses, stark in der Wahrheit, schuf diesen himmlischen Wohnsitz für seine geliebte königliche Gemahlin Nefertari.« Sechs Kolossalfiguren zieren die Stirnseite des Kleinen Tempels, wobei an jeder Seite des Eingangs zwei Ramses-Skulpturen die Gattin des Königs in Gestalt der Göttin Hathor flankieren. Den quadratischen Innenraum teilen sechs Pfeiler in drei Schiffe. An den Wänden finden sich Reliefs mit Darstellungen des Königs und der Königin, die den Göttern opfern und huldigen.

Die Wände und Säulen des Kleinen Tempels von Abu Simbel tragen Darstellungen der Göttin Hathor und der Königin Nefertari. Ramses II. ließ das Heiligtum zu Ehren der Göttin und seiner Gemahlin errichten.

Philae – die »Perle Ägyptens«

Oberhalb der ersten Nilstromschnelle entstand während der ptolemäischen Epoche, am Übergang vom 4. zum 3. vorchristlichen Jahrhundert, auf der Flußinsel Philae ein Isis-Heiligtum. Wahrscheinlich gab es hier aber auch in früheren Zeiten schon heilige Stätten. Die Anlage besteht aus zwei Pylonen, die einen Vorhof einfassen, dem Haupttempel mit Allerheiligstem und dem Hathor-Tempel. Mehrere römische Kaiser errichteten neben den schon bestehenden

1

1 Fein gearbeitete Reliefs zieren die Steinwände des Isis-Tempels auf Philae. Zahlreiche Hieroglyphen dokumentieren die Verehrung der Göttin Isis und des Gottes Osiris im Heiligtum auf dieser Insel.

Bauwerken neue Gebäude. An Kaiser Trajan erinnert der sogenannte Trajans-Kiosk, eine Art offener Pavillon, an Hadrian hingegen ein nach ihm benanntes Tor aus übereinandergeschichteten Steinblöcken. Die kleine Insel, auch »Perle Ägyptens« genannt, verlor selbst nach der Schließung einiger »Heidentempel« durch Kaiser Theodosius I. um 391/392 ihre Anziehungskraft auf damalige Pilger nicht, wie einer auf das Jahr 453 n. Chr. datierten Inschrift zu entnehmen ist. Justinian ließ im 6. Jahrhundert dann endgültig auch die letzten Tempel schließen.

Als der Schweizer Orientforscher Johann Ludwig Burckhardt im Jahr 1813 Abu Sim-

2

2 Die Reliefs am ersten Pylon des Isis-Tempels auf Philae stellen unter anderem den Pharao Ptolemaios XII. dar – so ist er links unten im Kampf mit seinen Feinden zu sehen.

1

bel aufsuchte, war der Große Tempel bis auf die Köpfe der Kolossalstatuen unter Wüstensand verschwunden. Erst gegen Ende des 19. Jahrhunderts sollte es dann gelingen, die gesamte Anlage völlig freizulegen. Nach Abschluß der großen Rettungsaktion, die von Ende 1963 bis 1968 unter der Federführung der UNESCO stattfand, präsentiert sich das architektonische Freilichtmuseum zwischen Abu Simbel und Philae als Abfolge von Baudenkmälern, die zwischen dem 15. Jahrhundert v. Chr. und den ersten nachchristlichen Jahrhunderten entstanden sind und damit Ägyptens Geschichte während eines langen Zeitabschnitts dokumentieren.

1 Eines der schönsten Bauwerke von Philae: der Trajans-Kiosk. Besonders die fast spielerisch variierten Säulenkapitelle zeugen bei dem unvollendet gebliebenen Bau von der Kunstfertigkeit der Steinmetzen.

2

2 Etwas abseits des Isis-Tempels von Philae steht der kleine Hathor-Tempel, bei dem auch dieser reliefgeschmückte Steinblock zu sehen ist.

Die »Nadel der Hatschepsut«

Bis heute weiß man wenig über die Lebens- und Arbeitsbedingungen auf den Großbaustellen der Pharaonen. Ungeklärt blieb lange Zeit die Frage, wie die Steinmetzen mit ihrem einfachen Werkzeug die wuchtigen Blöcke aus den benachbarten Steinbrüchen herausschlagen konnten. Da Altägyptens Schmiede nicht mit der Eisenverhüttung vertraut waren, konnten sie in ihren Öfen, die sie durch lange Holzrohre anbliesen, lediglich Kupfer schmelzen. Mit Werkzeugen aus Kupfer hätten die Arbeiter aber wohl keine kompakten Blöcke aus dem

1

1 In einer Rettungsaktion wurden mit erheblichem Aufwand auch der Kalâbscha-Tempel (im Hintergrund) und der Kertassi-Kiosk auf eine nicht überflutete Landzunge versetzt.

2

2 Nur 100 Meter vom Kalâbscha-Tempel entfernt steht heute der Felsentempel von Bêt el-Wâli. Auch dieses Heiligtum mußte vor den Fluten gerettet werden.

harten Gestein herauslösen können. Den Schlüssel lieferten dann keilartige Schlagwerkzeuge aus Dolerit, einer harten Basaltart, die Wissenschaftler in Steinbrüchen bei Assuan entdeckten: Mit den scharfkantigen Brocken schälten die Steinmetzen die Rohlinge Schritt für Schritt aus den einzelnen Gesteinsschichten heraus.

Besondere Aufmerksamkeit erweckte ein bereits von drei Seiten freigelegter und von seinen Dimensionen her gewaltiger Obelisk, der als »Nadel der Hatschepsut« bekannt ist. Nach heutigen Schätzungen waren rund 100 Steinmetzen zu Beginn des Neuen Reiches damit beschäftigt, den Granitrohling aus dem Gestein zu lösen. Dabei konnten sich vermutlich Spannungen innerhalb der verschiedenen Granitschichten unkontrolliert entladen: Die Nadel der Hatschepsut riß; auch spätere Versuche scheiterten, die Steinsäule in einer verkürzten Version zu verwirklichen. Der fast 40 Meter lange und 1100 Tonnen schwere Obelisk, Kultsymbol des Sonnengottes Re, konnte nicht mehr gerettet werden, wie eine Inschrift im Grab des obersten Steinmetzen der Königin berichtet.

Eine gewaltige Rettungsaktion

Südlich des alten Staudammes von 1902 begannen im Jahr 1960 die Bauarbeiten am neuen Assuan-Hochdamm, der elf Jahre später vollendet wurde. Zu Beginn der sechziger Jahre war der Wasserstand im Nasser-Stausee so stark angestiegen, daß Oberägyptens berühmteste Baudenkmäler kurz vor ihrer Überflutung standen. Wollte man die monumentalen Meisterleistungen erhalten, mußte schnell gehandelt werden: Am 14. November 1963 begann die planmäßige Rettung, indem zunächst die bedrohten Felstempel von Abu Simbel in mühevoller Handarbeit in Steinblöcke von höchstens 30 Tonnen Gewicht zersägt und mit Kränen auf ein rund 130 Meter entferntes und 64 Meter höher gelegenes Gelände transportiert wurden. Um nichts zu beschädigen, verzichtete man auf Sprengstoff und arbeitete mit Preßlufthämmern. Am neuen Standort rekonstruierten die Archäologen die Tempel in ihrer ursprünglichen Form auf einem künstlich aufgeschütteten Plateau, dessen Tragfähigkeit eine eingebaute Betonkuppel verstärkte. Zur Stabilisierung verfestigte man die empfindlichen Sandsteinquader durch Kunstharzinjektionen und fügte sie am neuen Standort mit Hilfe industrieller Klebstoffe millimetergenau zusammen.

Größere Probleme bereitete nur wenige Jahre später (1972–1980) die Versetzung der Isis-Heiligtümer auf der Insel Philae, die bereits seit der Errichtung des alten Staudamms regelmäßig überflutet worden war. Das Hauptheiligtum und der Trajans-Kiosk wurden zerlegt, gereinigt und numeriert; aus der Nachbarinsel Agilkia sprengte man rund 450 Tonnen Gestein und schuf damit als neuen Standort eine große Terrasse. Dann setzte man die 47 000 Einzelteile in Rekordzeit wieder zusammen.

Auf die gleiche Weise konnten die Baudenkmäler von Wâdi es-Sebûa – der ed-Dakka- und der el-Maharrâka-Tempel –, der Kiosk von Kertassi, der Kalâbscha-Tempel und das Heiligtum von Bêt el-Wâli gerettet werden. Der 800 Tonnen schwere Amada-Tempel von Thutmosis III. mußte nicht zersägt werden: Man setzte ihn sozusagen auf Räder und transportierte das Baudenkmal zu einem höher gelegenen Ort.

Nach fünf respektive acht Jahren konnte das Rettungsunternehmen, an dem sich 50 Nationen unter der Regie der UNESCO beteiligt hatten, abgeschlossen werden. Das über 42 Millionen US-Dollar teure Projekt ging als Meilenstein der »Rettungsarchäologie« in die Zeitgeschichte ein: »Völker können Wunder vollbringen, wenn sie für einen guten Zweck zusammenarbeiten«, erklärte der damalige ägyptische Staatspräsident Muhammad Anwar as-Sadat, der am 15. Januar 1971 den mit fast 600 Kilometer Länge drittgrößten Stausee der Erde einweihte.

Nationalpark Banc d'Arguin

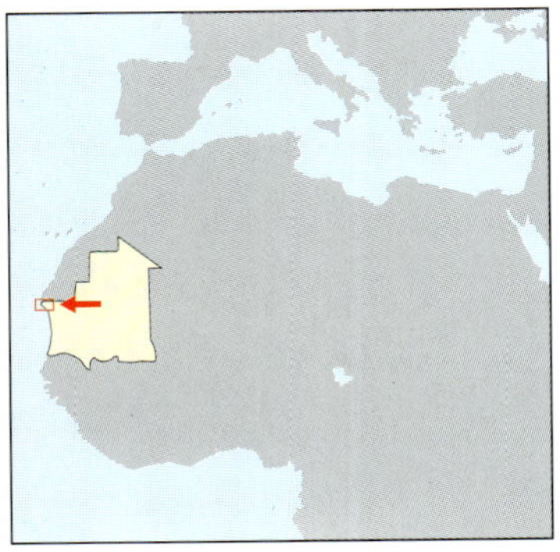

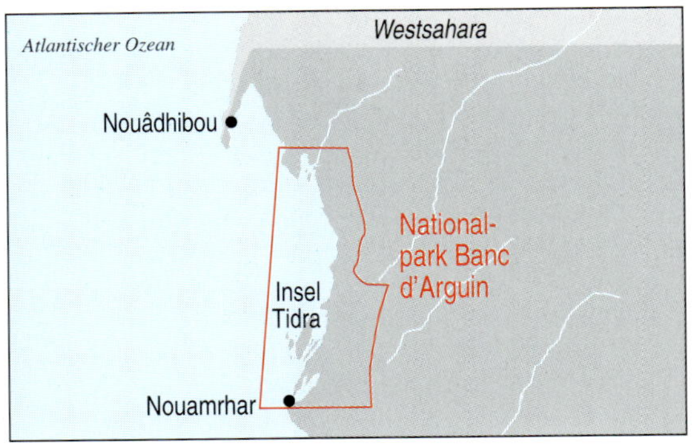

Lage: an der Atlantikküste, 155 Kilometer nördlich der Hauptstadt Nouakchott

Weltnaturerbe: seit 1989

Fläche: 12 000 Quadratkilometer

Mit bis zu zwei Millionen Zugvögeln, die sich jedes Jahr in den Feuchtgebieten des mauretanischen Nationalparks niederlassen, ist die Banc d'Arguin eines der wichtigsten Winterquartiere für diese Tiere in Westafrika. Außerdem lebt hier an der Küste des Atlantischen Ozeans heute ein Viertel des weltweit noch vorhandenen Bestandes an Mittelmeer-Mönchsrobben. Von jeher lassen sich die im Gebiet des gut geschützten Parks lebenden Fischer des Imraguen-Stammes bei ihren Fängen von Delphinen unterstützen.

Wo das Meer die Wüste trifft: Menschenleere, weit geschwungene Buchten prägen das Bild der Küstenlinie im Nationalpark Banc d'Arguin.

Daß Delphine Menschen vor dem Ertrinken bewahrt haben, weiß man schon seit der Antike: Plutarch beschrieb die wundersame Rettung des Telemachos, als der Sohn des Odysseus in Seenot geraten war. Die Fischer des Imraguen-Stammes an der Nordwestküste Mauretaniens schätzen die zutraulichen Meeressäuger jedoch aus einem anderen Grund: Kaum sind die Männer mit ihren buntbemalten Segelbooten ins Meer gestochen und haben mit langen Stangen

1

1 Teilweise bis zu 15 Meter Höhe erreichen die Klippen, an deren Fuß die Wellen des Atlantiks nagen.

auf die Wasseroberfläche geschlagen, da treiben die Atlantischen oder Kamerun-Buckeldelphine regelmäßig ganze Schwärme von Meeräschen in Richtung der ausgeworfenen Netze, wobei die tüchtigen Helfer allerdings einen Teil der Beute gleich selbst vertilgen. Gerne gönnen die Männer den eleganten Meeressäugetieren ihr Mahl, gelten sie den Imraguen doch als heilig.
Portugiesische Seeleute beobachteten im 15. Jahrhundert von ihren Karavellen aus zum ersten Mal diese ungewöhnlichen Fangszenen, bei denen Mensch und Delphin kurzfristig eine Symbiose – eine Verbindung zum gegenseitigen Nutzen – eingehen. Das historische Siedlungsgebiet des heute nur noch rund 500 Menschen umfassenden Imraguen-Stammes, dessen archaischer Lebensstil sich kaum geändert hat, ist mittlerweile Teil des in seiner jetzigen Form 1986 eingerichteten Nationalparks Banc d'Arguin, Mauretaniens erstem und mit 12 000 Quadratkilometern zugleich größtem Nationalpark Westafrikas.

2

Ehemalige Flußdeltas

Zwischen dem Kap Timiris im Süden und der Pointe Minou nahe der Grenze zur Westsahara im Norden gelegen, besteht der 1989 zum Naturerbe der Menschheit erhobene Park mit seiner buchtenreichen Küstenlinie überwiegend aus einer tiefliegenden, von Sanddünen bedeckten Halbwüste mit spärlichem Bewuchs aus Gräsern und einzelnen Vertretern der Gänsefuß-, Knöterich- und Wolfsmilchgewächse. Die meeresnahen Abschnitte sind durchzogen von Sümpfen und Morastgebieten mit salzliebenden Pflanzen; auch Mangrovenwälder finden sich hier, übrigens die nördlichsten am Ostrand des Atlantiks. Die Wissenschaft hält diese Bereiche für die Reste ehemaliger Flußdeltas, die in vorgeschichtlicher Zeit von Flüssen aus der einst wasserreichen und blühenden Saharalandschaft geschaffen wurden.
Auch mehr als ein Dutzend benachbarter Inseln – die größte, Tidra, mißt immerhin

2 Jeden Herbst kommen Abertausende von Knutts, etwa 25 Zentimeter lange Strandläufer, von ihren Brutgebieten in der arktischen Tundra in den Nationalpark an der Westküste Afrikas.

etwa 280 Quadratkilometer – gehören zum Parkgebiet. Auf einigen dieser Eilande, auf denen noch Restpopulationen der sehr seltenen Dorkas-Gazellen anzutreffen sind, entdeckten Archäologen Siedlungsspuren aus der Steinzeit und Relikte aus der Epoche der Almoraviden-Dynastie, die im 11. Jahrhundert über Marokko herrschte, von dort aus einen großen Teil der Iberischen Halbinsel unterwarf und auch das Gebiet des heutigen Mauretanien eroberte.

Vogelparadies am Wüstenrand

Nach dem Feuchtgebiet beginnt landeinwärts allmählich die karge Wüstenlandschaft, die etwa 92 Prozent der Staatsfläche bedeckt. Tropische Meeresströmungen bewirken hingegen in den Küstenabschnitten des Nationalparks einen gewaltigen Reichtum an organischen Nährstoffen, der Fischen, Vögeln und Meeressäugern zugute kommt. Bis zu zwei Millionen Seevögel aus Nordeuropa, Sibirien und Grönland – das ist rund ein Drittel der Zugvögel, die ihren Weg über die »Atlantik-Route« nehmen – überwintern jedes Jahr im Parkgebiet. Dazu kommen zwischen 25 000 und 40 000 Vogelpaare, die in der Banc d'Arguin ihre Nester bauen und ihre Jungen aufziehen. Nirgendwo in Westafrika findet man größere Nistkolonien verschiedener Reiher- und Seeschwalbenarten als in der Küstenzone des Nationalparks.

Zu den rund 250 registrierten Vogelarten zählen nicht nur der Flamingo, der mit seinem speziell konstruierten Schnabel Kleintiere aus dem Wasser zu sieben vermag; auch Sandregenpfeifer, Rotschenkel, Knutt, Pfuhlschnepfe und Rosapelikan lassen sich hier in riesiger Zahl beobachten. Mit eigenen endemischen Unterarten sind Löffler und Graureiher vertreten.

Schutz der Mönchsrobben

Der Atlantische Ozean hat hier nur eine extrem geringe Tiefe: Bei Niedrigwasser ist er

1 In Flachwasserzonen, die bei Ebbe auch trockenfallen können, gedeihen ökologisch wichtige Seegraswiesen mit verschiedenen Seegras- und Tangarten.

noch in einem Abstand von 60 Kilometern vor der Küste nur ganze fünf Meter tief, wobei der Unterschied zwischen Ebbe und Flut höchstens zwei Meter ausmacht. In diesem Flachwasser tummeln sich neben den schon erwähnten Atlantischen oder Kamerun-Buckeldelphinen auch Rauhzahn-, Rundkopf- und Gewöhnliche Delphine, Große Tümmler und Schweinswale; sogar die zu Unrecht berüchtigten Schwertwale und bis zu 24 Meter lange Finnwale stehen auf der Beobachtungsliste der Experten.

In den ökologisch sehr wertvollen Seegraswiesen weiden verschiedene seltene Schildkrötenarten wie Suppenschildkröte, Echte und Unechte Karettschildkröte und Lederschildkröte. Diese Bereiche dienen auch zahllosen Fischen als Laichplatz und Kinderstube.

Zum Schutz des auf rund 100 Exemplare geschätzten Bestandes an Mittelmeer-Mönchsrobben, die zur Familie der Hundsrobben gehören und 25 Prozent der weltweit noch vorhandenen Population ausmachen, entstand im Nationalpark ein Sonderbereich mit einer Fläche von 200 Hektar. Hier befindet sich nach Einschätzung von Biologen die größte Mittelmeer-Mönchsrobben-Kolonie der Welt, und nirgendwo werden diesen bedrohten Meeressäugern bessere Überlebenschancen eingeräumt als hier.

Eine Stiftung für den Naturschutz

Solange die Bewohner der Banc d'Arguin und die Anrainer ihrer uralten Fischereitechnik treu bleiben und nicht mit modernen Fangmethoden meeresnahe Abschnitte in großem Maßstab ausbeuten, sind für den Nationalpark wenig Gefahren zu befürchten. 1986 entstand erstmals in der Geschichte des afrikanischen Naturschutzes mit internationaler Hilfe eine sich selbst tragende Stiftung, die sich um die Verwaltung des Parkgebiets kümmert. Mit dem Beistand der Europäischen Union eröffnete man in der Ortschaft Cap Blanc ein Besucherzentrum, in dem auch die Parkwächter, die regelmäßig auf dem Rücken von Kamelen das Gebiet durchstreifen, ihre Ausbildung erhalten. Welch große Bedeutung das bitterarme, von der Ausbreitung der Wüste hart betroffene Mauretanien dem Naturschutz beimißt, wird auch daran deutlich, daß die Banc d'Arguin als einziger Nationalpark Schwarzafrikas direkt dem Staatspräsidenten unterstellt ist.

2

3

2 Die Pfuhlschnepfe brütet in nordeuropäischen Tundra- und Sumpfgebieten; den Winter verbringt sie in Westeuropa oder Westafrika.

3 Ein besonderes Schutzareal wurde für die Mittelmeer-Mönchsrobben ausgewiesen: Ein Viertel der weltweit noch vorhandenen Population lebt im Nationalpark Banc d'Arguin.

4 Die Unechte Karettschildkröte legt ihre Eier im heißen Sand ab. Wenn die Jungtiere geschlüpft sind, eilen sie zielstrebig dem Wasser zu.

5 Im Nationalpark Banc d'Arguin finden Flamingos ideale Bedingungen vor: seichte Wasserflächen mit reichhaltiger Nahrung, warmes Klima und geschützte Lebensräume auf einer Vielzahl kleiner Inseln.

4

5

Nationales Vogelschutzgebiet Djoudj

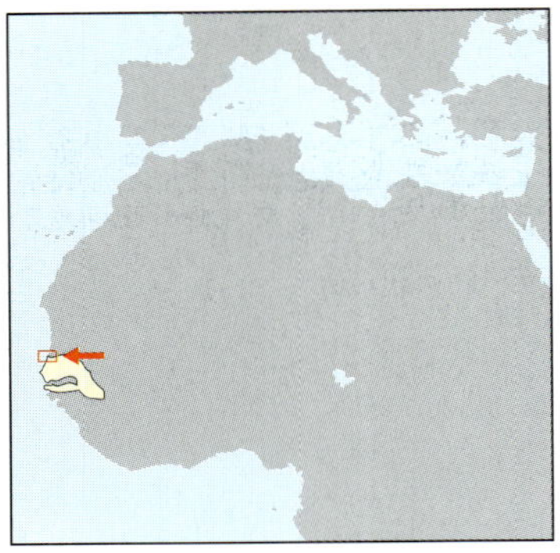

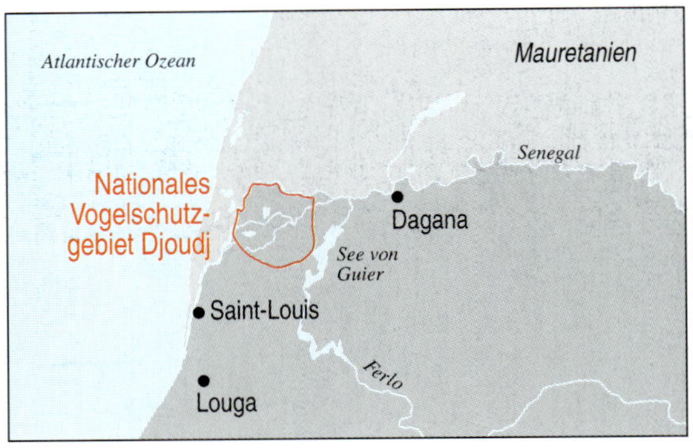

LAGE: im äußersten Nordwesten des Landes, etwa 60 Kilometer nordöstlich von Saint-Louis, nahe der Grenze zu Mauretanien

WELTNATURERBE: seit 1981

FLÄCHE: 160 Quadratkilometer

Annähernd drei Millionen Zugvögel bevölkern während der Wintermonate die Ufer der Seen, Teiche und Brackwasserflächen des Reservats, die den Gästen tierische und pflanzliche Nahrung in Hülle und Fülle bieten. Um das Vogelschutzgebiet am Unterlauf des Senegal-Flusses, dessen Verschmutzung durch landwirtschaftliche Rückstände in den vergangenen Jahren zugenommen hat, langfristig zu erhalten, muß das ausgeklügelte Schutzsystem aus Deichen und Dämmen dringend erneuert werden.

Beim Tauchen nach Beute saugt das Gefieder der Afrikanischen Schlangenhalsvögel Wasser auf. Die Tiere müssen es deshalb nach jedem Tauchgang in der Sonne trocknen.

1

1 Gemächlich waten diese Warzenschweine durch das seichte Wasser und wühlen im Schlammboden nach Wurzelknollen.

2 Purpurreiher, Wintergäste aus dem südlichen Europa, stehen oft stundenlang im Flachwasser und warten auf vorbeischwimmende Beute.

2

Nie zu viel und nie zu wenig Wasser sollten die Seen, Teiche und Kanäle des Vogelparadieses im einstigen Mündungsdelta des Senegal-Flusses führen. Deshalb säumte man das Schutzgebiet mit Deichen und Dämmen, um sicherzustellen, daß der Wasserstand bei überraschenden Fluten unverändert blieb. Dann wurden Kanäle gezogen, um das gefährdete Gebiet vor Austrocknung zu bewahren. Ein zweiter Damm sollte verhindern, daß bei niedrigem Wasserstand zu viel Salzwasser vom Meer her in tiefgelegene Abschnitte fließt.

Ein bedrohtes Winterquartier

Dennoch stellte man bald fest, daß die Süßwassermengen im Djoudj, einem der nach der internationalen Ramsar-Konvention geschützten Feuchtgebiete, nicht mehr ausreichten: Das 1981 zum UNESCO-Weltnaturerbe ernannte Schutzgebiet, Winterquartier für annähernd drei Millionen Zugvögel und eine der ersten Zonen mit frischem Wasser nach 200 Kilometern Sahara-Überquerung, mußte in den achtziger Jahren auf die Rote Liste des bedrohten Welterbes gesetzt werden.

Obgleich in der Sahelzone, in der das Vogelschutzgebiet liegt, der Niederschlag seit etlichen Jahren immer spärlicher ausfällt, ist der Djoudj noch immer der bei weitem feuchteste Teil dieser Region. In den von Rohrkolben umstandenen und von Seerosen bedeckten Teichen, deren Salzgehalt jahreszeitlichen Schwankungen unterliegt, und im großen See, der ungefähr ein Viertel des Reservats einnimmt, tummeln sich gewaltige Mengen von Krebsen, Muscheln, Würmern und anderen Kleintieren, die den gefiederten Wintergästen zwischen September und April reichlich Nahrung bieten. Auf Standorten mit salzigen Böden, also vor allem im Ufer- und Überschwemmungsbereich der Salz- und Brackwasserflächen, gedeihen hauptsächlich unterschiedliche Queller-Arten.

Mit schätzungsweise 5000 Exemplaren zählt der Rosapelikan zu den am stärksten vertretenen Vogelarten, die im Schutzgebiet ihre Nistplätze suchen. Zu den Gänsearten, die man im Djoudj ganzjährig beobachten kann, zählen auch die Fahl- und die Witwenpfeifgans sowie die Sporengans. Dane-

3

ben finden sich Purpur- und Nachtreiher, Löffler und die beeindruckenden Sudan-Trappen. Knäk-, Löffel- und Spießenten, aus nördlichen Breiten eingeflogen, bilden die in der Winterzeit am häufigsten anzutreffenden Entenarten.

Schutzsystem mit Mängeln

In den mit Gras sowie Akazien-, Tamarisken- und Balanites-Büschen überzogenen Savannenabschnitten leben die geselligen Warzenschweine, die im mittleren und südöstlichen Afrika noch recht häufig vorkommen. Die Tiere mit den charakteristischen Quastenschwänzen ziehen in kleinen Gruppen umher, angeführt von einem bis zu drei Zentner schweren Eber.
In den Flußabschnitten entdeckt man den Westafrikanischen Manati, eine Seekuh-Art. Überraschenderweise sind die etwas plump wirkenden Tiere eng mit den Elefanten verwandt. Gemächlich weiden sie den allgegenwärtigen Wassersalat ab; bis zu 100 Kilogramm dieser nährstoffarmen Pflanzen muß ein großes Tier täglich verspeisen, um satt zu werden. Weil dadurch die Zähne stark abgenutzt werden, haben die Manatis ein spezielles System entwikkelt: Hinten im Kiefer wachsen das ganze Leben lang neue Zähne nach, die sich pro Monat um etwa einen Millimeter nach vorne schieben; dort angekommen, sind sie abgekaut und fallen aus.
Auch Wiederansiedlungsprogramme laufen im Djoudj-Gebiet seit einiger Zeit: In den letzten Jahren wurden erfolgreich verschiedene ehemals hier heimische Gazellen- und Krokodilarten wieder ausgesetzt, die sich inzwischen offenbar eingewöhnt haben und gut vermehren. Um den Djoudj zu bewahren, muß das schützende Deich-, Damm- und Schleusensystem dringend repariert und ausgebaut werden. Zudem gilt es, die Wasserqualität des einst so sauberen Senegal-Flusses zu verbessern.

3 Die Rosapelikane stellen eine der größten Populationen im Schutzgebiet: Ihre Zahl wird auf etwa 5000 Tiere geschätzt.

Nächste Doppelseite: Tagsüber dösen die Witwenpfeifgänse in großen Gruppen im oder am Wasser, nachts suchen sie mit ihren empfindlichen Schnäbeln den Gewässerboden nach Kleintieren ab.

Insel Gorée

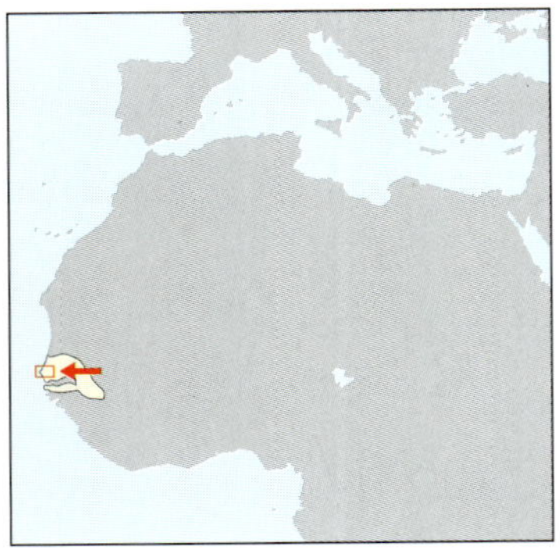

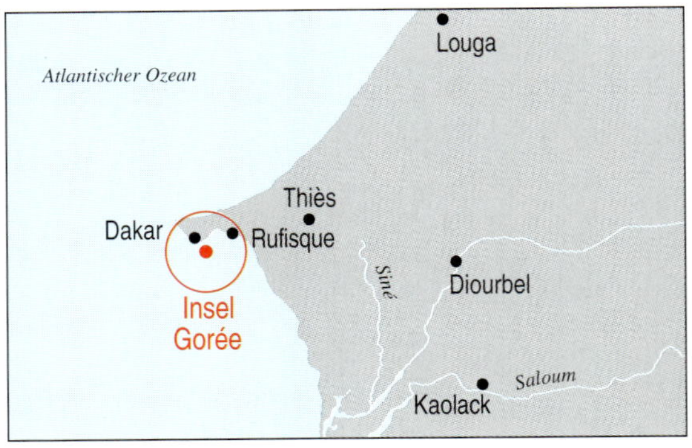

Lage: vor der westafrikanischen Atlantikküste nahe der Halbinsel Kap Verde, 2,5 Kilometer vor der Hafeneinfahrt von Dakar

Weltkulturerbe: seit 1978

»Goede ree« – guter Ankerplatz – nannten die Niederländer die kleine schwarze Basaltinsel vor der westafrikanischen Küste, später wurde daraus der Name Gorée. Drei Jahrhunderte lang vermehrten die dort lebenden Kaufleute ihren Reichtum, erzielten mit dem Sklavenhandel riesige Profite. Wie stumme Zeugen mahnen heute die Baudenkmäler von Gorée an ein leidvolles Geschichtskapitel, das längst noch nicht hinreichend aufgearbeitet wurde. Die geplante Einrichtung einer internationalen Stätte der Begegnung soll zum Dialog über Menschenrechte beitragen.

Auf den Felsen an der Südspitze der Insel erhebt sich das Kastell mit seinen vorgeschobenen Bastionen. Die Festungsanlagen wurden über die Jahrhunderte beständig ausgebaut und erweitert.

Die Nordspitze der Insel wird durch das hufeisenförmige Fort d'Estrées gesichert. Die dem Meer zugewandten Mauern blieben unverputzt, während die anderen Außenwände den typischen roten Farbton erhielten.

Violett, orange und glutrot schimmern die Hochblätter einer Bougainvillea, die durch das eingebrochene Dach in die Höhe strebt. Umrahmt von uralten Baobabs, Palmen und Feigenbäumen, wirkt das stattliche Haus, von dessen pastellfarbener Wandbemalung in portugiesischem Stil nur wenige Spuren erhalten blieben, wie ein Dornröschenschloß. Durch die verwitterten Holzflügel des Mauertores fällt der Blick auf einen geräumigen, sorgsam mit Basaltblöcken gepflasterten Innenhof, wo zwischen Akazien Gras wuchert. Eine elegant geschwungene Doppeltreppe führt auf eine Veranda, an die sich die einst mit feinen Holzböden ausgestatteten Räume des ersten Stockwerks anschließen.

Kein Möbelstück erinnert an die früheren Besitzer, die offenbar sehr wohlhabend waren und in den repräsentativen Räumen, durch deren hohe Fenster der Blick auf den blauen Atlantik fällt, ein mit allen Annehmlichkeiten gesegnetes Leben fern ihrer Heimat führten.

Menschen als Ware

Jene Herrschaften, die es sich dort einstmals gutgehen ließen, verdankten ihren Reichtum einem aus heutiger Sicht abscheulichen Verbrechen: Sie betrieben 300 Jahre lang den Handel mit Sklaven, die hier, in niedrigen Zellen im Erdgeschoß der Residenzen eingesperrt, ihrem Abtransport in die Neue Welt entgegendämmerten.

Als historisches Zeugnis vermittelt ein renoviertes Sklavenhaus aus dem 18. Jahrhundert eine Vorstellung von den damaligen Verhältnissen. Bis zu 150 schwarze Sklaven wurden monatelang in den engen Zellen des Gebäudes – zweifellos ein interessantes Baudenkmal portugiesischer Architekten – zusammengepfercht. Vorsichtshalber legte man die Unglücklichen in Ketten, von denen einige verrostete Relikte noch an den Wänden hängen. Wer es wagte, gegen sein Schicksal aufzubegehren, schmachtete ohne Wasser und Brot in einem dunklen Verlies unter den Treppen, bis sein Widerstand gebrochen war.

Von der Veranda aus begutachteten die Menschenhändler ihre Opfer, die sie als »Ebenholz« oder »Schwarzes Gold« bezeichneten. Im Waagraum an einer Ecke des Sklavenhauses wurde mit Meßlatten und Gewichten der Marktwert der »Handelsware« ermittelt.

Aufstieg und Niedergang

Der Aufstieg Gorées zu einem der wichtigsten westafrikanischen Umschlagplätze für Sklaven begann mit der Ankunft der Portugiesen 1444. Sie nannten das Eiland Pal-

meninsel; berühmten Seefahrern diente es als Stützpunkt. Anfang des 17. Jahrhunderts etablierten sich die Holländer auf Palma, das sie in »goede ree« – guter Ankerplatz – umtauften. Bis sich die Franzosen im Jahr 1815 schließlich als Herren über die Insel durchsetzen konnten, hatte Gorée fast ein Dutzend Mal den Besitzer gewechselt. Erst im vorigen Jahrhundert wurden daher auch die umfangreichen Festungsanlagen und Bastionen vollendet.
Viele der ehemaligen Sklavenhaltergebäude und Lagerhäuser sind inzwischen verfallen. Als der Sklavenhandel im 19. Jahrhundert abgeschafft wurde, verlor auch der Hafen seine Bedeutung. Nach der Gründung von Dakar im Jahr 1857, das mit der Unabhängigkeit 1960 zur senegalesischen Hauptstadt aufstieg, zogen die meisten der 5000 Bewohner Gorées auf das Festland. Dem UNESCO-Apell, das fast noch geschlossene Bauensemble aus dem 17. bis 19. Jahrhundert als Mahnmal zu erhalten, folgten in den achtziger Jahren erste Arbeiten, um den Zerfall der bedeutendsten Baudenkmäler zu stoppen.

Ungewisse Zukunft

Im ältesten Wohnviertel, dem Secteur des Antilles, steht die im 19. Jahrhundert im klassizistischen Stil gestaltete Kirche St. Karl Borromäus. Im jüngeren Secteur de Boufflers, benannt nach einem französischen Gouverneur, standen früher nur wenige Gebäude, von denen heute noch einige Ruinen künden.
Unterhalb des Kastells erhebt sich das moslemische Bethaus, eine der ältesten Steinmoscheen des Senegal. Die Ruine des Agrand-Hauses dient seit einigen Jahren als Kulisse für Freilichtaufführungen. Während eines der alten Gebäude zum Hotel umgebaut wurde, fanden andere renovierungs-

Obwohl die Befestigungsanlagen – hier ein Blick in den Innenhof der Festung d'Estrées – mit zahlreichen Kanonen bestückt waren, wechselte die Insel häufig den Besitzer.

Zwischen 1776 und 1778 errichteten portugiesische Baumeister dieses ehemalige Sklavenhaus, das als historisches Denkmal an die grausame Zeit der Sklaverei erinnert. In den Verliesen des Erdgeschosses vegetierten die Unglücklichen oft monatelang bis zu ihrem Abtransport in die Neue Welt, von der Veranda aus taxierten die Händler ihre »Ware«.

bedürftige Residenzen inzwischen Käufer aus Dakar oder Frankreich. Die Rettung des früheren US-Konsulats übernahm die Aga-Khan-Stiftung.
Ob und wann auch die anderen Baudenkmäler von Gorée gerettet werden können, steht in den Sternen. Meist bewohnen mehrere Parteien ein Haus; oft sind die Besitzverhältnisse ebenso ungeklärt wie die Frage der finanziellen Zuständigkeit.
Um die Insel, die außer zwei Museen auch ein Postamt, ein Spital und einen Polizeiposten besitzt, nach dem Willen der senegalesischen Regierung »kulturell, sozial und wirtschaftlich« zu beleben, ist seit Jahren der Umbau des Douga-Dieng-Hauses zu einer internationalen Stätte der Versöhnung, der Menschenrechte und des Dialoges vorgesehen. So kann die ehemalige Sklaveninsel, die der südafrikanische Schriftsteller Breyten Breytenbach einmal eine »scheußliche Warze der Geschichte dessen, was einige anderen antaten« nannte, vielleicht endlich ihren Weg in eine bessere Zukunft finden.

Vor der Moschee unterhalb des Kastells, einem der ältesten Gebetshäuser des ganzen Landes, versammeln sich die gläubigen Moslems der Insel zu unterschiedlichen Anlässen.

Der Sklavenhandel in Afrika

Ein paar Ballen Stoff, fünf Vorderlader, 21 Eisenbarren, 72 Messer und ein halbes Faß Schießpulver: Dafür konnten Sklavenkäufer im 18. Jahrhundert auf Gorée 100 gesunde Männer und Frauen in ihren Besitz bringen. Am Tag ihres Abtransports erblickten die Unglücklichen erstmals nach langer Zeit wieder den blauen Himmel über dem Atlantik. Man trieb sie wie Vieh durch die »Gasse ohne Wiederkehr« zu den Schiffen, in deren Bauch sie unter katastrophalen Bedingungen ins Heimatland ihrer Käufer deportiert wurden. Da jedesmal bis zu 40 Prozent der Verschleppten bei der Überfahrt starben, pferchten die Schiffsbesitzer so viele Sklaven wie möglich im Laderaum zusammen.
Vom 17. bis zum 19. Jahrhundert verließen auf diese Weise zwischen 12 und 15 Millionen Schwarzafrikaner zwangsweise ihre Heimat. Aber schon vor Ankunft der Portugiesen ist der Sklavenhandel in Afrika weit verbreitet gewesen. Menschenjäger der Sahelzone verkauften ihre Opfer gegen Salz und Gold an arabisch-berberische Handelspartner im Norden des Kontinents. Und die Swahili-Fürstentümer an der ostafrikanischen Küste versorgten die Länder am Persischen Golf mit dem begehrten »Ebenholz«. Die Portugiesen gingen dann dazu über, bei den westafrikanischen Königreichen, darunter Dahomey, Sklaven gegen Waren einzutauschen. Diese Königreiche verkauften den Portugiesen, die für ihre Kolonien in Südamerika immer mehr Arbeitskräfte benötigten, meist Kriegsgefangene, stellten jedoch bald auch regelrechte Armeen für den Menschenfang auf.
Im Zuge der Aufklärung kam der Sklavenhandel in Europa allmählich in Verruf. Dänemark ging 1803 mit einem Verbot voran, 1807 folgte Großbritannien; daraufhin waren auch andere Länder zur Aufgabe des schmutzigen Geschäfts gezwungen. Der Aufstand der Sklaven von St. Domingue, der im Jahr 1791 die französische Kolonie Haiti heftig erschütterte, verstärkte die Furcht der Plantagenbesitzer vor dem Verlust ihrer Ländereien, wenn auch weiterhin am Sklavenhandel festgehalten werde. Doch auch nach dem Verbot wurden billige Arbeitskräfte in großer Zahl benötigt. Zwischen 1811 und 1870 wurden rund 1,2 Millionen Sklaven nach Brasilien geschafft: Diese Rekordzahl war selbst auf dem Höhepunkt des legalen Sklavenhandels zuvor noch nie erreicht worden. An die Stelle angesehener Kaufleute, die um ihren Ruf fürchten mußten, traten nun gewissenlose Geschäftemacher.
Im Jahr 1822 kehrten aber auch die ersten Nachfahren verschleppter Sklaven aus der Neuen Welt in ihre alte Heimat zurück. Nur 25 Jahre später gründeten sie 1847 an der afrikanischen Westküste den unabhängigen Staat Liberia, in dem bis zum Militärputsch im April 1980 die Ameriko-Liberianer die herrschende Oberschicht bildeten und nun ihrerseits die eingeborene Bevölkerung unterdrückten.

Nationalpark Niokolo-Koba

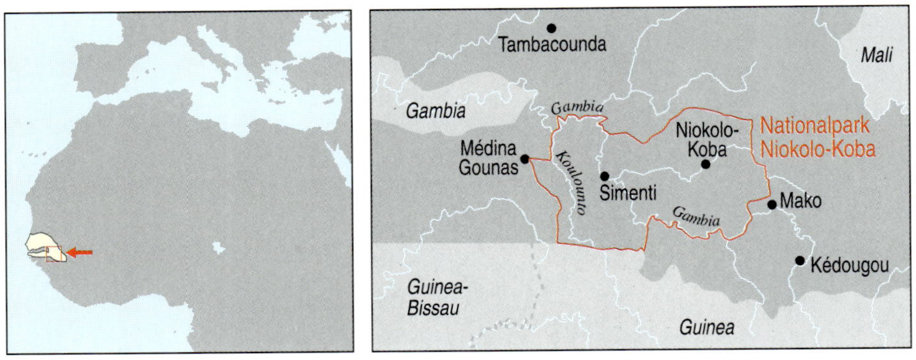

Lage: im Südosten des Landes, an der Grenze zu Guinea
Weltnaturerbe: seit 1981
Fläche: 9130 Quadratkilometer

Als vor rund 25 Jahren die hier ansässigen Viehhirten und Landwirte per Gesetz das ausgedehnte Nationalparkgelände im Südosten des Senegal verlassen mußten, war dieses Naturparadies erheblich gefährdet. Wilddiebe hatten den Bestand an Großsäugern bereits stark reduziert. Doch dank der Schutzmaßnahmen konnte hier ein enormer biologischer Reichtum bewahrt werden: Außer 330 Vogelarten registrierte man im Nationalpark Niokolo-Koba bisher rund 1500 Pflanzenspezies.

Neugierig beäugen diese Giraffen den Fotografen, der sich ihnen mit seiner Kamera vorsichtig genähert hat. Der Nationalpark Niokolo-Koba bietet ihnen und zahlreichen anderen Tierarten ein geschütztes Refugium.

1

Die Bewohner des Galeriewaldes empfangen ungebetene Besucher mit einem ohrenbetäubenden Gezeter: So signalisieren die Roten Stummelaffen unmißverständlich ihre Revierrechte. Im Park sind auch die nicht minder stimmgewaltigen Gelbgrünen Meerkatzen sowie Guinea-Paviane und Husarenaffen erfreulicherweise noch häufig zu beobachten. Als ausgesprochene Bodenbewohner zeigen die Vertreter der letztgenannten Art geradezu Sprinterqualitäten: In nur drei Sekunden können sie auf eine Geschwindigkeit von 55 Stundenkilometern beschleunigen.
Seit die Bauern und die Viehhirten in den frühen siebziger Jahren aus dem einstigen Jagdrevier am Gambia-Fluß weichen mußten, gehört das Biosphärenreservat wieder

1 Die Savanne wird durch resistente Baumarten geprägt, die selbst die siebenmonatige Trockenzeit überstehen. In der Regenzeit – von Juni bis Oktober – verwandelt sich die dürre Landschaft in ein grünes Paradies.

2 Die Vielfalt der Lebensräume, geprägt von den Bodenverhältnissen und der Feuchtigkeit, spiegelt sich auch in der wechselnden Zusammensetzung der Baumarten wider: Neben den Stämmen einiger Palmen fallen hier vor allem die Brettwurzeln der Laubbäume auf. Sie verleihen den Stämmen eine hohe Standfestigkeit.

3/4 Die Flußufer im Nationalpark werden von Schilfgürteln und üppigen Galeriewäldern gesäumt (3). Sie bleiben, dank der ausreichenden Wasserversorgung, auch während der Trockenzeit grün. In den Flußniederungen halten sich gerne Steppenpaviane auf, die in der trockenen Jahreszeit auf die Hauptwasseradern des Gebiets angewiesen sind (4).

2

den Affen – und vielen anderen Tierarten, die hier ein relativ sicheres Refugium gefunden haben.

Rekordverdächtige Artenvielfalt

Im Südosten durchziehen Hügelketten den ansonsten überwiegend flachen Nationalpark. In den Ebenen dominiert eine Grasart aus der Gattung Vetiveria oder das Bartgras Andropogon gayanus. Dort, wo das Land während der Regenzeit überschwemmt wird, wachsen vor allem die eng verwandten Gräser aus den Gattungen Paspalum und Echinochloa. Die großen Flußläufe säumen Galeriewälder mit prächtigen, bis zu 50 Meter hohen Bäumen, an denen sich zahllose Lianen emporwinden.

3

4

1

1 *Da sie als Bodentiere ständig von hungrigen Räubern bedroht sind, beobachten die Husarenaffen immer wieder sehr aufmerksam ihre Umgebung.*

2 *Kampfadler, die meist auf hohen Bäumen nisten, erkennt man leicht an ihrer weißen Brust mit den braunen Flecken.*

Dazu kommen kleinere Bereiche mit Trokkenwäldern, in Altarmen von Flüssen gelegenen Sümpfen oder sandigen Abschnitten – ein differenziertes Mosaik an Lebensräumen. So verwundert die schier unglaubliche Zahl von rund 1500 verschiedenen Pflanzenarten im Nationalpark kaum noch. Auch der Artenreichtum der Fauna in dem Gebiet, das seinen Namen nach einem Nebenfluß des Gambia trägt, weist – für westafrikanische Verhältnisse – ein Rekordniveau auf: Neben insgesamt 330 Vogelarten registrierten die Wissenschaftler 80 Säugetierspezies, darunter eine auf 150 Tiere geschätzte Schimpansenpopulation in den Galeriewäldern und am 311 Meter hohen Mont Assirik, sowie 36 Reptilien-, 60 Fisch- und 20 Amphibienarten.

Krokodile und Kampfadler

In den Schlammlöchern suhlen sich Warzenschweine; von den Flußpferden, die bis zur Dämmerung im Wasser verharren, sieht

2

3

3 Greifvögel am Boden ohne Beute wie dieser Habichtsadler, sind ein seltener Anblick – auch in einem Park wie Nikolo-Koba, der verschiedenen Bussard- und Adlerarten einen geeigneten Lebensraum bietet.

4 Die dichte, kräftige Mähne läßt dieses prachtvolle Löwenmännchen besonders imposant erscheinen.

man selten mehr als die Schnauze und die Augen. Träge dösen die Nilkrokodile, die bis zu dreieinhalb Meter Länge erreichen, im Uferschlamm, und auch ihre »Vettern«, die Panzer- und die Sumpfkrokodile – und damit alle afrikanischen Vertreter dieser Großechsen –, sind hier heimisch.
Büffelherden durchstreifen die Savanne, in der außer Löwen und Leoparden auch einige Rudel Hyänenhunde jagen. Zu ihrer Beute zählen neben kleinen Säugetieren auch Antilopen, etwa die sehr selten gewordene Westsudanesische Riesenelenantilope.
Das Grasland ist bevorzugtes Aufenthaltsgebiet für verschiedene Webervogelarten, die bunte Farbtupfer in die Landschaft setzen. Neben Kampfadlern, die am Himmel ihre Kreise ziehen, gibt es hier noch weitere interessante Vertreter der Vogelwelt, so etwa Schwarzflügeltrappen, Nördliche Hornraben, Schildturakos oder Gaukler.
Das staatliche Verbot, im Nationalpark Jagd und Landwirtschaft zu betreiben, kam für den Niokolo-Koba gerade noch rechtzeitig: Vor allem durch Wilderei war der Bestand an Großsäugern damals bereits stark zurückgegangen. So sind die auf 200 Tiere geschätzten Afrikanischen Elefanten schon seit Jahren nicht mehr gesichtet worden.

4

Timbuktu

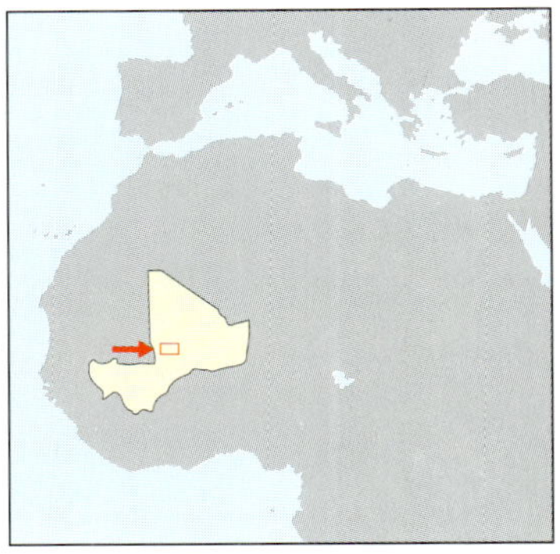

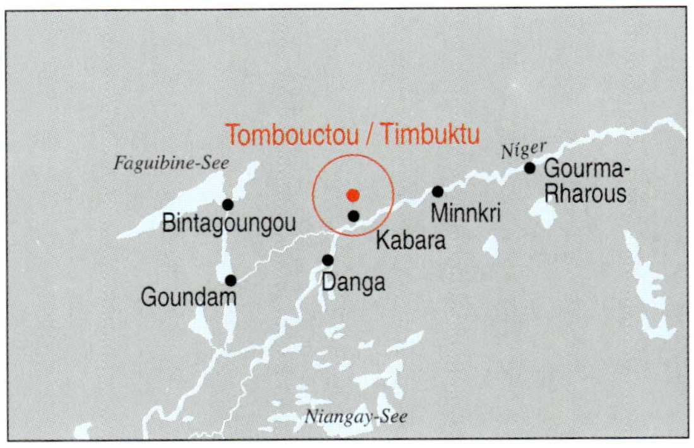

Lage: am Südrand der Sahara, 7 Kilometer nördlich des Nigerbogens im Zentrum des Landes

Weltkulturerbe: seit 1988

Seit dem ausgehenden Mittelalter übte Timbuktu eine eigenartige Faszination auf Europa aus. Als Zentrum eines afrikanischen »Schlaraffenlandes« waren seine Paläste – nach europäischen Vorstellungen – mit Gold überzogen und die Straßen mit dem Edelmetall gepflastert. Um so enttäuschender wirkten dann die Berichte über den tatsächlichen Zustand Timbuktus, als es im 19. Jahrhundert von Europäern besucht wurde: Sie erblickten neben den Moscheebauten nur ärmliche Lehmhütten und eine notleidende Bevölkerung.

Nach alter Tradition werden die Fladenbrote von den Frauen in großen Lehmöfen gebacken.

»In Timbuktu gibt es zahlreiche Richter, Ärzte und Geistliche, die alle vom König gute Gehälter empfangen. Er erweist den Gelehrten große Achtung«, berichtete Leo Africanus, der auf den Spuren des Chronisten Ibn Battuta reiste und in seiner 1550 veröffentlichten »Beschreibung Afrikas« den Europäern erstmals die Verhältnisse in den seinerzeit weitgehend unbekannten Wissenschaften, die mit der islamischen Religion eine untrennbare Einheit bildeten. »Es besteht eine große Nachfrage an Büchern in Manuskripten, die von den Barbaren importiert werden. Man verdient mehr am Buchhandel als an irgendeinem anderen Geschäftszweig«, konstatierte Leo Africanus, der auch berichtete, daß sogar Kopien von Werken des Aristoteles in der

Die 1325 errichtete Djingerber-Moschee wurde zwischen 1570 und 1583 erweitert und mit einer Mauer umgeben. Das Gebetshaus mit seinen charakteristischen Minaretten ist das Wahrzeichen Timbuktus.

Königreichen im Westen des afrikanischen Kontinents näherbrachte.
Als strenggläubiger Moslem akzeptierte König Mohammed Askia, der Timbuktu im frühen 16. Jahrhundert erobert hatte, den geistlichen und geistigen Führungsanspruch der Ulema, der gebildeten religiösen Elite, und förderte nach Kräften die Stadt zirkulierten. Wie Archäologen in den sechziger Jahren unseres Jahrhunderts feststellten, hatte der Chronist nicht übertrieben: Bei Grabungen stieß man auf die Reste einer Bibliothek mit alten Handschriften. Seit 1966 beherbergt Timbuktu das Dokumentationszentrum der UNESCO für arabische Literatur.

Eine großherzige Stiftung

Ursprünglich von Berbernomaden gegründet, verdankte Timbuktu einen ersten Aufschwung dem beliebten Mali-König Kankan Moussa, der sich nach seiner Mekka-Pilgerfahrt im 14. Jahrhundert dort längere Zeit aufhielt. Der großzügige Monarch stiftete die Djinger-ber-Moschee, auch einfach

Große Moschee genannt, deren zentrales Viereck-Minarett mit den typischen Holzstützen in den Außenwänden Timbuktu majestätisch überragt. Auf rechteckigem Grundriß angelegt, besitzt das aus Lehmziegeln errichtete Gebetshaus zwölf Schiffe und drei Innenhöfe. Das Bauwerk ist das Wahrzeichen der Stadt.

Das lehmverkleidete Flachdachgerüst stützen massive Ziegelpfeiler. Lehmaufsätze in Zuckerhutform zieren die Ecken der umfassend restaurierten Großen Moschee, deren Grundriß wohl von dem andalusischen Dichter Abu Ishaq, genannt al-Saheli, einem Begleiter des königlichen Wallfahrers, entworfen wurde. Im Moscheehof und an

Die aus den Minarettwänden der Djinger-ber-Moschee herausragenden Balken erfüllen gleich mehrere Funktionen: Sie tragen das Gebäude, gliedern die Fassade und dienen den Handwerkern bei Reparaturen als Gerüst.

1

der Außenmauer ruhen bedeutende Persönlichkeiten, deren Grabmäler an den Ekken vier bis sechs konische Säulen aufweisen. Die Moscheen und Grabstätten – es gibt in Timbuktu 16 Friedhöfe und Mausoleen – gehören in den religiösen Vorstellungen der Bewohner eng zusammen. In den Gebetshäusern erbitten die gläubigen Moslems göttlichen Beistand, während der Volksglaube die Grabstätten als eine Art Schutzschild gegen alle Arten von Unglück ansieht.

Im »Bauch des Hauses«

Timbuktus kleinstes Gebetshaus, die um 1400 erbaute Sidi-Yahia-Moschee im Wohnviertel der Araber und Songhai, erinnert an einen islamischen Heiligen, der nach seiner lange erwarteten Ankunft in der Stadt zum neuen Imam, dem geistlichen Oberhaupt, wurde. Wie die Djinger-ber- und die Sankoré-Moschee wurde sie unter der Herrschaft der Askia-Dynastie gegen Ende des 16. Jahrhunderts restauriert.
Der Kadi el-Aquib, der oberste Richter der Stadt, hatte in jener Zeit bei einer Pilgerfahrt nach Mekka mit Schnüren eigenhändig den Umfang der dortigen Kaaba-Außenfassaden vermessen. Nach seiner Rückkehr legte er diese Maße dem neuen Sahn, dem Innenhof der Sankoré-Moschee im Viertel der Vornehmen und der Geistlichkeit, zugrunde. Verrät bereits die Betonung des Ahnenkults den Einfluß der Naturreligionen, so steht diese offene Fläche mit Arkaden und Gebetshalle für den altafrikanischen Brauch, den Innenhof als Abbild des Weltzentrums, als »Bauch des Hauses«, einzustufen.
In der Moschee befand sich die Wirkungsstätte der Gelehrten, die überwiegend aus dem marokkanischen Fès oder aus Kairo stammten und nicht selten als Marabuts schon zu Lebzeiten im Ruf der Heiligkeit standen. Die geistigen Urheber des »sudanesischen Humanismus«, die sich im Mittelalter schon an Augenoperationen wagten und den Ursprung der Wörter ergründeten, empfingen ihre zeitweilig bis zu 20 000 Studenten in Vorlesungsräumen nahe dem vierschiffigen Gebetssaal, für dessen Dekoration eckige Lehmziegelsäulen mit vorkragenden Kapitellen verwendet wurden.

Timbuktus Niedergang

An der Südfront der Sankoré-Moschee thront ein pyramidenartiges Minarett, das an seiner Spitze ein mit Lehmpfeilern geschmücktes Türmchen trägt. Jene gedeckten Galerien, die das Minarett stabilisieren, entstanden vermutlich um 1840 während der Herrschaft der marokkanischen »Paschalik«, die mit der Eroberung der Stadt im Jahr 1592 deren Blütezeit jäh beendeten. Timbuktu und seine Zwillingsschwester Djenné, die lange Zeit wirtschaftlich wie kulturell eng mit der arabischen Welt nördlich der Sahara verflochten waren, versanken allmählich in der Vergessenheit.
Seit Leo Africanus über den »Hafen der Wüste« berichtet hatte, gab man sich in Europa den wildesten Spekulationen über die goldüberzogenen Palastdächer und Straßen Timbuktus hin. René Caillié und Heinrich Barth, die Timbuktu nach riskanter Sahara-Durchquerung im 19. Jahrhundert besuchten, kehrten mit enttäuschenden Berichten zurück. Wo einst Goldstaub, Elfenbein und Sklaven gegen kostbare Stickereien aus Marokko oder chinesisches Porzellan getauscht wurden, standen nur noch zerfallende Lehmhütten, deren Bewohner kaum genug zu essen hatten.
Als der Journalist Félix Dubois 1896 die Sankoré-Moschee zeichnete, war diese früher so bedeutende Hochschule architektonisch nur noch ein Schatten ihrer selbst. Seit der marokkanischen Eroberung waren Timbuktus Lehmmoscheen stets nach den jeweils vorherrschenden politischen, ethnischen und religiösen Strömungen umgebaut worden. Trotzdem vermitteln sie noch eine Ahnung von ihrem früheren Erscheinungsbild, während die Wohnhäuser oft bis zur Unkenntlichkeit verändert sind.
Timbuktu, dessen Mythos Europa fast ein halbes Jahrtausend lang beschäftigte, hat bis heute keinen Weg in die Zukunft gefunden. Dringender denn je könnte die einst so weltoffene Stadt eine Persönlichkeit vom Schlage des Kadi el-Aquib brauchen. Der würde wohl zumindest die vom Sahara-Sand schon bedrohlich zugewehte Sankoré-Moschee wieder freischaufeln lassen. Timbuktu ist durch Sandverwehungen so stark bedroht, daß es von der UNESCO 1990 auf die »Rote Liste« gesetzt wurde.

1 Das kleinere der beiden Minarette der Djinger-ber-Moschee wacht über einen der drei Innenhöfe der aus Lehmziegeln errichteten Anlage.

2

2 Der deutsche Afrika-Reisende Heinrich Barth kam, verkleidet als Araber, im September 1853 nach Timbuktu. Über der Tür des Hauses, das er damals fast ein Jahr lang bewohnte, erinnert eine Gedenktafel an den berühmten Besucher.

3

3 Fast schmucklos präsentieren sich heute die meisten Wohnhäuser in Timbuktu, lediglich die Eingangstüren sind bisweilen schön verziert.

Felsen von Bandiagara – das Land der Dogon

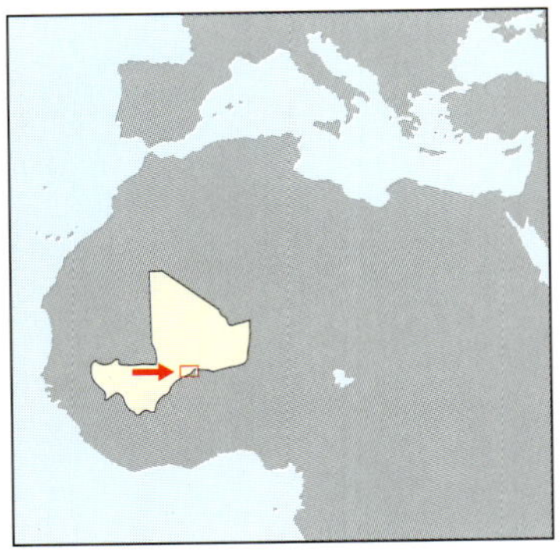

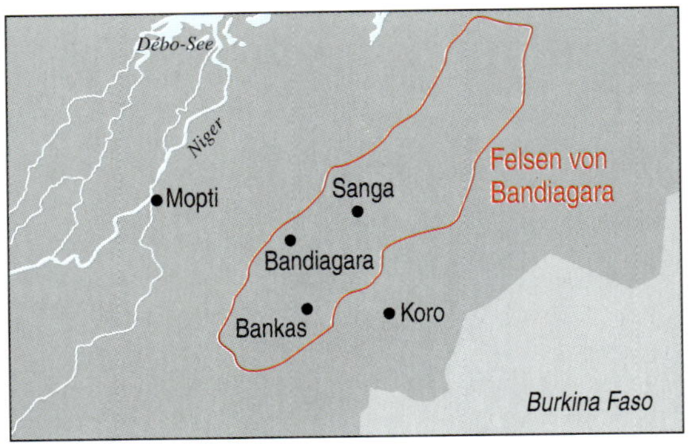

Lage: zwischen Mopti und Koro im Zentrum des Landes, rund 120 Kilometer nordöstlich von Djenné

Weltnatur- und Weltkulturerbe: seit 1989

Fläche: 4000 Quadratkilometer

Beharrlich bewahrten die Dorfgemeinschaften der Dogon, seit rund 700 Jahren in der grandiosen, schwer zugänglichen Felsenlandschaft von Bandiagara gut geschützt, ihre kosmologische Weltsicht und einen reichen Mythenschatz. Holzfiguren und kunstvoll geschnitzte Masken stehen im Mittelpunkt ihrer jahrhundertealten Rituale, mit denen sie die Welt reinigen und die kosmische Ordnung wiederherstellen. Die verheerenden Dürrekatastrophen in der Sahel-Zone und der beginnende Tourismus bilden inzwischen jedoch für die einzigartige schriftlose Kultur der Dogon ernstzunehmende Gefahren.

Aus Lehmziegeln errichten die Dogon ihre charakteristischen Kornspeicher – im Bild die Vorratshäuser des südlich gelegenen Dorfes Teli.

Wie an den Fels geklebte Schwalbennester wirken die Grabgrotten (links im Bild) und die Kornspeicher (rechts im Bild) im Dorf Banani. Sie gehen auf die architektonischen Traditionen des Volkes der Tellem zurück, das von den Dogon vor rund 700 Jahren verdrängt wurde.

Bei Einbruch der Dämmerung kehrt der Wahrsager seinem Dorf den Rücken und steigt an riesigen Felsblöcken vorbei zu einem einsamen Platz, den die anderen Bewohner von Bongo seit Menschengedenken abends sorgsam meiden: Dort beginnt das Reich der Geister und der Totem-Tiere. Mit einem Holzstäbchen zeichnet der Greis runde und gitterförmige Symbole in den Sand, legt eine Handvoll Erdnüsse nieder und kehrt zurück. Wenn er bei Sonnenaufgang Bongo erneut verläßt, harren die Dorfbewohner ungeduldig seiner Rückkehr: Sie erwarten Antworten auf Fragen, die der Wahrsager am Vorabend, in alten Symbolen verschlüsselt, dem allwissenden Fuchs gestellt hat: Wann fällt der lang ersehnte Regen, der eine gute Ernte beschert? Wird die junge Frau ihrem Mann einen Knaben oder ein Mädchen schenken? Wenn ein Wesen darauf die Antwort kennt, dann der Blaßfuchs, den die Menschen hier als Orakeltier verehren. Von den Erdnüssen angezogen, hinterläßt er im Sand seine Spuren, aus deren Verlauf der Wahrsager die Zukunft liest.

Kein Volksstamm Westafrikas entwickelte eine umfangreichere kosmologisch-religiöse Weltsicht als das altnigritische Bauernvolk der Dogon, das seit etwa 1300 in Hunderten von Dörfern entlang der bis zu 500 Meter hohen Felsen von Bandiagara lebt. Allen moslemischen und christlichen Bekehrungsversuchen zum Trotz konnten die rund 250 000 Dogon ihre archaische Lebensweise und ihren reichen Mythenschatz bis heute bewahren.

Holzfiguren als Opfergaben

Als die Dogon aus dem Norden in die atemberaubend schöne Felsenlandschaft östlich des Nigers einwanderten, blieb den ursprünglichen Bewohnern, den Tellem, nur die Flucht. Von jenem Volk, das damals bereits in der Lage war, Metall zu verarbeiten, zeugen noch die Ruinen von Dörfern und zwergenhafte Lehmbauten mit dunklen Fensterhöhlen in den Klüften der Steilstufe. Die Tellem zogen in das Gebiet des heutigen Burkina Faso, wo sich ihre Spur seitdem verloren hat. Wer und wo ihre

Nachkommen sind, ist heute nicht mehr nachvollziehbar.
In Grotten betteten sie ihre Toten zur ewigen Ruhe und legten ihnen als Opfergaben Holzfiguren bei. Diese steinharten Grabbeigaben besaßen oft eine symbolstarke menschliche Gestalt, die sich auf einfache geometrische Formen beschränkte. Mit einer Patina aus Staub, Tierblut und Hirsebrei überzogen, blieben die Figuren, die europäische Archäologen überwiegend als Regenmacher oder Ahnengestalten einstuften, in den schwer zugänglichen Höhlen von holzfressenden Insekten und Grabplünderern verschont.
Vermutlich haben die Dogon von den Tellem nicht nur Heiligtümer, Grabgrotten und Kornspeicher, sondern auch einige ihrer künstlerischen Motive übernommen. Allerdings entwickelten die Holzschnitzer daraus eine eigene, realistischere Formensprache. So schufen sie szenisch wirkende Figurengruppen mit ausgeprägter Gestik. Vor allem für religiöse Zwecke gedacht, wurden die Figuren entweder in Schreinen verwahrt oder bei Ritualen eingesetzt.

Uralte Glaubensvorstellungen

Der Schöpfungsmythologie der Dogon zufolge schuf die oberste Gottheit Amma, die mit einem Ei verglichen wird, das Universum. Das kosmische Ei vibrierte siebenmal, bevor es zerbrach. Aus den Schalen schlüpfte ein Nommo genannter Zwillingsgeist, der auf die Erde fiel. Nachdem ihm ein weiblicher Zwilling und vier weitere Nommo-Paare gefolgt waren, schufen sie Himmel und Erde, Tag und Nacht und schließlich die menschliche Gesellschaft. Aus dem siebten Nommo machte Amma den ersten Schmied – nur den Schmieden kommt das Privileg zu, Holzfiguren zu schnitzen.
Wie stark die materielle Welt der Dogon von ihren uralten Glaubensvorstellungen durchdrungen ist, belegen auch ihre Siedlungen. Wird ein Dorf erbaut, entsteht zunächst ein Togu-na genanntes, auf allen Seiten offenes Gebäude, das den Kopf des Urahnen Nommo repräsentiert. Die den Männern vorbehaltene, kühle Versammlungsstätte krönt meist ein bis zu zwei Me-

Auch in der Moschee des Dorfes Kani-Kombolé, dem größten islamischen Gebetshaus der Region, zeigt sich der typische Baustil der Dogon. Rund ein Drittel dieses Volkes bekennt sich inzwischen zum Islam.

Nächste Doppelseite: Im Schutz einer Felswand drängen sich die Kornspeicher von Teli. Die Größe dieser Vorratshäuser gibt auch Auskunft über das Geschlecht ihrer Besitzer – die der Männer sind um einiges größer als die der Frauen.

ter hohes Dach aus Hirsestengeln. Auf den acht steinernen Pfosten mit den skelettartigen Figuren der Ahnen ruhen Holzstäbe, die als Dachunterlage dienen. Die magische Zahl Acht findet sich nicht nur in den schwarzweißen Baumwollstreifen der Dogon-Totendecken wieder; selbst ihre Gärten gliedern sich häufig in acht Streifen.

Die Familie wohnt in einem Ginna genannten fensterlosen Haus, das in Nord-Süd-Richtung angelegt ist. Es hat normalerweise zwei Stockwerke und symbolisiert die Brust des Nommo. Im Marktort Sanga wurde die zugleich das Geschlecht des Besitzers an: Männer haben größere Speicher als Frauen. Menstruierende Dogon-Frauen ziehen sich in ein eigens für sie errichtetes Rundhaus zurück. Der Hogon, der oberste Priester, lebt in einem mit Säulen, Affenschädeln und Juwelen verzierten Tempel. Sein Haus zählt zu den vielen kultischen Bauten, deren Wände mit weißen, roten und ockergelben Symbolen geschmückt sind.

Untereinander halten die Dorfgemeinschaften wenig Kontakt. Die Kommunikation wird zusätzlich dadurch erschwert, daß

Beim Dorf Tireli malen zwei Männer geheimnisvolle Kästchen und Zeichen in den Sand, mit deren Hilfe der Wahrsager die Zukunft beschwören wird.

Hauptfassade des Familienhauses in acht Reihen mit jeweils zehn Nischen eingeteilt. Die Zahl 80 – sie steht für die ersten Nachkommen des Urahnen Nommo – wird im oberen Stockwerk wieder aufgegriffen: 80 Ahnenfiguren zieren dort die hölzerne Speichertür des Hauses, dessen Dach acht Lehmzinnen krönen.

Da Kulturfläche um den dichtbebauten Marktort Sanga besonders knapp ist, wurden die Familienhäuser meist direkt auf Felsblöcke gesetzt. Das wehrhafte Aussehen der Dörfer dürfte dazu beigetragen haben, daß die Gegend von Sklavenhändlern stets gemieden wurde. Die Zahl der strohgedeckten Speichertürme auf kurzen Stelzen gibt Aufschluß über den Reichtum der jeweiligen Familie. Die Speichergröße zeigt die Dogon – ein vereinfachender Sammelbegriff der französischen Kolonialverwaltung – drei Dutzend Dialekte sprechen. Es gibt daher auch kein politisches Oberhaupt, jedes Dorf wird von seinem Ältestenrat regiert. In religiösen Angelegenheiten gibt es jedoch für alle nur eine Bezugsperson, den Hogon. Mittlerweile bekennen sich 35 Prozent der Bewohner zum islamischen Glauben, den sie jedoch problemlos mit ihrer kosmologischen Weltsicht in Einklang bringen.

Bedrohliche Dürreperioden

Seit Jahrhunderten führen die Dogon ihr Leben im Einklang mit der Natur. Die Sandsteinfelsen von Bandiagara bieten den am

Mit Bildern und Symbolen aus ihrer reichen Mythologie verzieren die Dogon vor allem jene Bauten, denen sie rituelle Bedeutung beimessen – im Bild eine Detailansicht aus dem Dorf Ireli.

Fuße gelegenen Dörfen Schutz und wirkten auf mögliche Angreifer durch ihre Steilwände abschreckend. Da die Kultur der Dogon ohne diese besonderen landschaftlichen Bedingungen nicht hätte überdauern können, aber auch wegen der Schönheit der Felsformationen, hat die UNESCO das Land der Dogon gleichermaßen zum Weltkultur- und Weltnaturerbe erklärt.
Geologisch reichen die Sandsteine bis ins Erdaltertum zurück: Sie entstanden im Kambrium und Ordovizium vor 100 bis 90 Millionen Jahren. Die Region gehört klimatisch zum Savannentyp mit bis zu acht Monaten Trockenzeit. Entsprechend herrscht auf den Ebenen und unterhalb der Felsabhänge ein lockerer Bewuchs mit Akazien und Savannengräsern vor. Auf den Plateaus findet sich überwiegend eine niedrige Strauchvegetation, während an den Hängen und in Felsspalten nur noch solche Pflanzen überleben können, die an die extreme Trockenheit angepaßt sind.
Während Gazellen, Schakale und die seltenen Wildhunde die umgebenden Savannen bevölkern, zeichnen sich die Felsen von Bandiagara durch eine Vielzahl verschiedener Vogelarten aus, die in den Klippen nisten. Das Gebiet ist auch ein Aufenthaltsort für Zugvögel, die hier den Winter verbringen. Dazu gehören die Beutegreifer Fuchsfalk, Gabar-Habicht und Gelbschnabelwürger sowie Felsentauben, die häufigen Rotbauchschmätzer und der Kleine Alexandersittich.
Verheerende Folgen für Mensch und Natur hatten die Dürreperioden, die das Sahel-Gebiet in den letzten Jahrzehnten heimsuchten. Viele Ortschaften wurden zwischen 1973 und 1984 aufgegeben, ihre Bewohner versuchten in den Städten ihr Glück. Die Landflucht wird sich wohl noch so lange fortsetzen, bis endlich Tiefbrunnen im Bandiagara-Gebiet gebohrt werden. Zwar fällt der Tourismus hier wirtschaftlich noch kaum ins Gewicht, er könnte jedoch ebenfalls zur Gefährdung der Dogon-Kultur beitragen. Bereits jetzt schnitzen Kunsthandwerker serienmäßig Masken und Figuren, die nicht mehr religiösen Zwecken dienen. Und die Zahl der Bettler, die von jedem Besucher aus Europa eine milde Gabe erwarten, hat in den letzten Jahren auffallend stark zugenommen.

Ein Blick in das Haus eines Jägers: Im Vorraum sind typische Kultgegenstände und Trophäen ausgestellt.

1

1 Auf dem Kopf tragen diese Frauen ihre Waren – vor allem Lebensmittel, aber auch Handwerksprodukte –, die sie auf dem Markt von Kani-Kombolé verkaufen wollen.

2 Durch das im Streit gesträubte Fell wirken diese Goldschakale ungewöhnlich massig; die etwa einen Meter langen Tiere werden selten schwerer als zehn Kilogramm.

3 Diese teilweise bemalten Grabgebäude schmiegen sich harmonisch an eine Felswand im Bandiagara-Gebiet.

2

Die Masken der Dogon

Während die Schmiede als Angehörige einer besonderen Kaste Figuren schnitzen, bleibt die Fertigung der berühmten Holzmasken den Mitgliedern spezieller Maskenbünde vorbehalten. Diese »Awa« genannten Bünde heben sich durch eine Geheimsprache von den übrigen Bewohnern ab. Alle drei bis vier Jahre findet der Beschneidungs- und Initiationsritus für Jungen statt, der diese berechtigt, Mitglied eines »awa« zu werden.

Kein Volksstamm in Westafrika besitzt einen größeren Fundus an Masken als die Dogon, deren Brauchtum schon in den dreißiger und vierziger Jahren dieses Jahrhunderts europäische Ethnologen gründlich erforschten. Besonders erfolgreich waren dabei die Franzosen Marcel Griaule und Germaine Dieterlen, die lange Zeit mit den Dogon lebten, ihr Vertrauen erwarben und ihre Sitten und Bräuche dokumentierten.

Die rund 90 Maskenmotive, die man bislang gezählt hat, zeigen hauptsächlich Menschen, Säugetiere, Vögel, Reptilien oder abstrakte Formen. Jeder Maske, deren Entstehung auf eine Sage zurückgeht, kommt eine feste Funktion zu: Bei Maskentänzen inszenieren ihre Träger, ausschließlich Männer, Episoden aus der Schöpfungsgeschichte der Dogon. Die Wesen der Wildnis darstellenden Holzmasken sollen bei Totenfeiern die Geistkräfte des Verstorbenen binden und aus dem Dorf geleiten. Anschließend wird der Tote in einer Grotte zur letzten Ruhe gebettet.

Im Abstand von 60 Jahren treffen sich die Angehörigen mehrerer Dörfer zum Sigi-Fest, das die Menschen von jener Unordnung befreien soll, die durch Rechtsübertretungen entstanden ist. Dann schnitzen die Geheimbünde die große Maske der mythischen Schlange Lébé neu. Trommelschläge und der Gesang der Männer begleiten die Maskentänze, »dama« genannt. Jede Bewegung, jeder Schritt folgt festen Regeln, die seit Anbeginn dieser Kultur überliefert sind. Ein Vergleich der verschiedenen Masken zeigt, daß die Dogon im Laufe der Jahrhunderte verschiedene Stilrichtungen entwickelten. Möglicherweise gab es eine Reihe von Meisterschnitzern, die jeweils eigene Werkstätten gründeten. Zwischen den einzelnen Festen werden alle Kultgegenstände – außer Masken auch geschnitzte Pfähle und aus Baumfasern geflochtene Gärbottiche für das Hirsebier – im Haus des Hogon aufbewahrt.

Nachdem Ethnologen ab 1931 viele historische Masken nach Paris gebracht hatten, setzte bereits einige Jahre später ein Umdenken ein: Offenbar empfanden die Forscher zunehmend Unbehagen bei dem Gedanken, daß sie die Dogon durch ihre Sammeltätigkeit um einen Teil ihres Kulturerbes beraubten. Betrachtet man die Dogon-Arbeiten im Pariser Musée de l'Homme, fühlt man sich stark an kubistische Werke erinnert.

3

Das alte Djenné

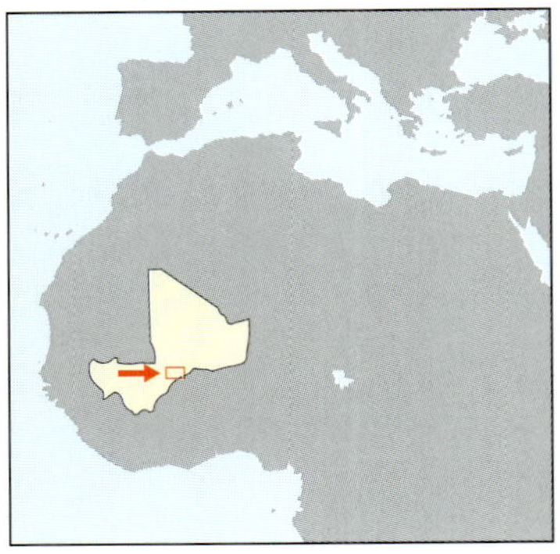

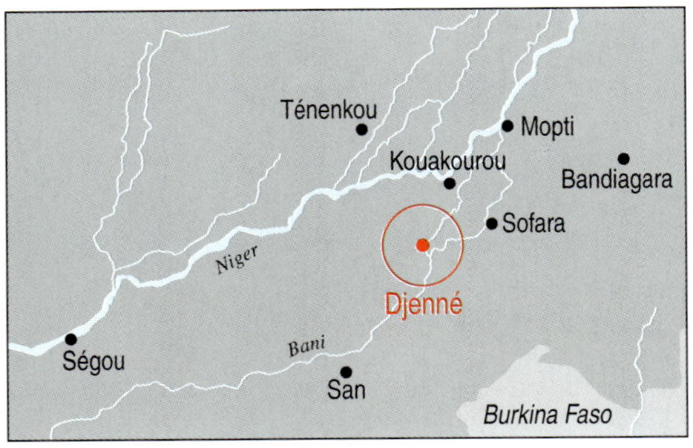

Lage: 3 Kilometer südlich des heutigen Djenné, etwa 400 Kilometer südwestlich von Timbuktu, im Niger-Binnendelta in der Region Mopti

Weltkulturerbe: seit 1988

Die Handelsstadt Djenné glich Timbuktu fast wie ein Ei dem anderen: Durch wirtschaftliche Beziehungen eng verbunden, wiesen die »Zwillingsschwestern« eine ähnliche Stadtstruktur auf. Reiche Händler residierten in einem eigenen Wohnviertel, weniger wohlhabende Kaufleute und Handwerker bewohnten die einfacheren Stadtteile. Alt-Djenné, das wohl schon im 3. Jahrhundert v. Chr. gegründet wurde, war einst die Drehscheibe des Transsahara-Handels und gilt als Schwarzafrikas älteste Stadt.

Die berühmte Große Moschee von Djenné, das bekannteste islamische Wahrzeichen Westafrikas, bietet rund 3000 Gläubigen Platz.

Gewiß hatte der Fahrer des Einbaums diese Strecke schon oft bewältigt; als er nach einer Flußbiegung jedoch plötzlich auf einer Insel ein Häusergewirr mit den Umrissen einer wuchtigen Moschee erblickte, legte der Mann sein Paddel zur Seite und erhob sich ehrfurchtsvoll von der Holzbank. Daß der Einheimische das vertraute Djenné lange andächtig bestaunte, konnte sein Begleiter Félix Dubois nicht begreifen. Der französische Journalist, der nach der Besetzung Djennés durch die Kolonialtruppen 1893 für die Zeitung »Le Figaro« die Stadt besuchte, sollte allerdings bald selbst nicht aus dem Staunen herauskommen.

Der Niger bildet im Herzen Malis ein riesiges Binnendelta. An einem der zahlreichen Flußläufe entwickelte sich Djenné zu einer wichtigen Drehscheibe des Transsahara-Handels.

Ein altes Handelszentrum

Das »Juwel im Niger-Tal«, wie Félix Dubois das frühere Handelszentrum apostrophierte, war nicht etwa »eine ungeordnete Ansammlung von Hütten«, sondern eine »richtige Stadt mit exakt gezogenen, breiten Straßen und mehrstöckigen Häusern und herausgearbeiteten Fassaden, deren Stil sofort ins Auge sticht«.

Wie alt die Stadt an der Schnittstelle zwischen Wasserwegen und Karawanenrouten tatsächlich ist, entdeckten amerikanische Archäologen, die 1977–81 auf benachbarten Inseln spektakuläre Funde aus dem Boden bargen: Terrakottascherben, zerbrochene Armbänder aus Stein und Fragmente aus rostigem Metall deuten darauf hin, daß die bis auf ihre Inseln regelmäßig überflutete, fruchtbare Flußlandschaft schon im 3. Jahrhundert v. Chr. besiedelt war. Das ursprünglich mit einem Lehmwall geschützte Djenné-Djeno, Alt-Djenné, ist wahrscheinlich Schwarzafrikas älteste Stadtgründung. Seine Bewohner pflanzten Reis und waren auch schon mit der Technik der Eisenverarbeitung vertraut.

Als Bestandteil des Mali-Reiches, das sein Machtgebiet im 13. Jahrhundert ausweitete, entwickelte sich Djenné zur bedeutenden Handelsstadt, die mit dem etwa 400

Kilometer entfernten Timbuktu nicht nur wirtschaftlich eng verflochten war: Djenné und Timbuktu ähnelten einander so stark, daß man sie die »Zwillingsschwestern« nannte. Hier wie dort lebte die Elite der Kaufleute aus den verschiedensten Kulturen West- und Nordafrikas in getrennten Stadtvierteln, wobei jede an ihren Gebräuchen, ihrer Kleidung und ihrer Ernährungsweise streng festhielt.

Zwei getrennte Stadtteile

Arabisch-berberische Händler brachten über Karawanenrouten den Islam in die

Stadt, zu dem die animistischen Bewohner von den Gelehrten und Marabuts, die Djennés Aufstieg zu einem geistigen Zentrum begründeten, jedoch nie gewaltsam bekehrt wurden.

Das erste Gebetshaus verdankte Djenné wohl dem Sultan Koumboro, der sich um das Jahr 1300 zum Islam bekannte, seinen Palast abreißen und dort die Große Moschee erbauen ließ.

Gemäß ihrer sozialen Stellung lebten Großkaufleute, einfache Händler und Handwerker in ihren jeweiligen Wohnvierteln; eine breite Freifläche trennte die Ost- von der Weststadt. Während der dichter bebaute Ostteil mit seinem Hafen vorwiegend

Nach jeder Regenzeit müssen die Handwerker Schäden an der Großen Moschee und an den anderen Lehmbauten der Stadt reparieren. Die dekorativ aus den Mauern ragenden Balken dienen ihnen dabei als Gerüst.

1

1 Typische Wohnhäuser an einem kleinen Platz mit Brunnen in Djenné: Da auch Neubauten mit den herkömmlichen Materialien und im traditionellen Stil errichtet werden, läßt sich das jeweilige Alter der Gebäude kaum abschätzen.

dem Handel diente, dominierte im Westen – auch er besaß einen Hafen – dagegen das Handwerk.
Weit über die Grenzen Djennés hinaus eilte den »Bari« genannten Maurern ein guter Ruf voraus. Wie französische Besucher im 19. Jahrhundert beobachteten, benutzten sie kaum Handwerkszeug; das Senkblei kannten sie nicht, sondern vertrauten auf ihr Augenmaß. Von Hand formten sie die typischen, »Djenné-fery« genannten zylindrischen Ziegel. Über der Haupttür der Bauwerke schufen sie ein Feld, dessen Fenster nach marokkanischer Art mit einem holzgeschnitzten Türchen verziert wurde. Die eisenbeschlagenen Holztüren der Häuser verweisen auf maurisch-andalusische Einflüsse.

Seife gegen Salzbarren

Djennés Kaufleute verwahrten ihre Güter – vor allem Hirse, Honig, Gewürze und in der Stadt hergestellte Seife – in Lagerhäusern. Sie tauschten sie gegen Kola-Nüsse, die von den Dioula aus dem Süden hertransportiert wurden. Aus Timbuktu kamen im Gegenzug vor allem Salzbarren.

Unter dem Mandingo-Herrscher Kankan Moussa, der im 14. Jahrhundert das Mali-Reich übernommen hatte, stand die Drehscheibe des Transsahara-Handels im Zenit ihrer Macht: Moussa, dessen Reich bald flächenmäßig die Größe Westeuropas erreichte, ließ das kosmopolitische Djenné großzügig verschönern. Als das Mali-Reich zerfiel, bemächtigte sich der Songhai-Herrscher Sonni Ali Ber der Handelsstadt, deren wirtschaftlicher Niedergang Ende des 16. Jahrhunderts mit der marokkanischen Eroberung besiegelt war.
Im Gegensatz zu den Songhai-Herrschern, die sich für die Verbreitung des Islam einsetzten, zeigten sich die Paschas, denen Djenné viele monumentale Baudenkmäler im Algasba-Viertel verdankt, nur an der Mehrung ihres Reichtums interessiert. Bis ins frühe 19. Jahrhundert hinein erschütterten Kriege und Anarchie das einst wohlgeordnete Handelszentrum.
Der Fulbe-Führer Seku Amadou, der als Student in Djenné ohnmächtig den Niedergang des Islam miterleben mußte, sammelte Anhänger um sich und erklärte der Stadt im Jahr 1818 den »Heiligen Krieg«. Nach der

2

3

Eroberung Djennés befahl der Eiferer, neben den Moscheeruinen ein neues Gebetshaus zu erbauen und die Hauptstadt seines »Gottesstaates« zu erneuern.

Unter französischer Herrschaft

Nach dem Einmarsch französischer Truppen beschloß man den Bau einer dritten Moschee auf dem Gelände der ersten. Anstelle von Seku Amadous nüchternem Bethaus ließ die Verwaltung eine Medrese erbauen. Sie diente nicht nur Koranlektionen, dort lernten die Kinder auch gleich die Sprache der neuen Herren. Begeistert von der Exotik des Handelsplatzes am Rande der Wüste, entwarfen französische Ingenieure einen Plan für den Wiederaufbau der ursprünglichen ersten Moschee, der von 1906 an verwirklicht wurde. Als Vorbild nahm man einen zur Militärresidenz umgewandelten Palast Seku Amadous in Ségou und ließ im übrigen der Phantasie freien Lauf.
Das Dach des Gebetssaales setzten die Handwerker auf viereckige Lehmsäulen. Das 150 Meter lange, aus der Nähe etwas wuchtig wirkende Bauwerk, heute Westafrikas bekanntestes islamisches Wahrzeichen, besitzt eine Höhe von 20 Metern. Schmale Pfeiler gliedern die Fassade, auf den sich verjüngenden Minaretten sitzen Spitzen, die mit Straußeneiern verziert wurden. Die in regelmäßigen Abständen aus der Fassade ragenden Balken haben nicht nur tragende Funktionen: Sie dienen auch als Dekoration und als Gerüst für die Arbeiter, die jedes Jahr nach der Regenzeit schadhafte Stellen ausbessern.
Nur noch die Große Moschee und die Bürgerhäuser, in vielen Fällen allerdings stark beschädigt oder verfallen, erinnern an die einst führende Rolle von Djenné, das seit Beginn der französischen Herrschaft im Schatten von Mopti stand. Als folgenreich erwies sich in den letzten zwei Jahrzehnten der Diebstahl archäologischer Funde, mit denen in Europa ein schwunghafter Handel getrieben wird. Mali ist außergewöhnlich reich an begehrten Kunstschätzen. Um den systematischen Ausverkauf der malischen Kultur zu unterbinden, werden die Grabungsstätten von Alt-Djenné jetzt tagsüber scharf bewacht.

2 Neugierig und ein wenig skeptisch blickt dieser Junge in die Kamera des Fotografen: Seine farbenfrohe Kleidung bildet einen Kontrast zum einheitlichen Braun der Lehmbauten.

3 Jeden Montag herrscht auf dem Marktplatz bei der Großen Moschee reges Treiben. Viele der rund 8000 Einwohner Djennés versorgen sich hier mit den Waren des täglichen Bedarfs.

Naturreservat Aïr und Ténéré

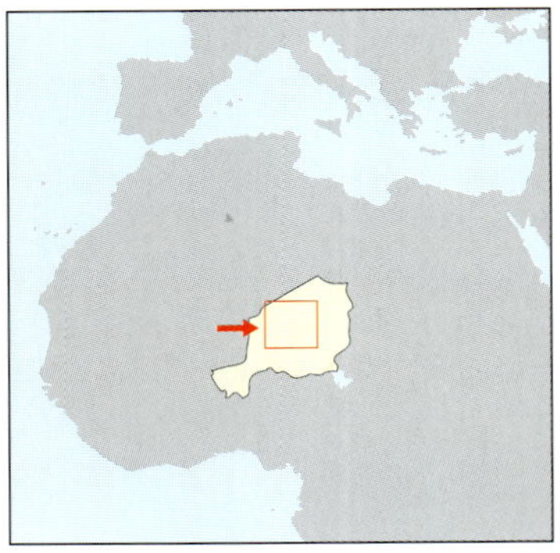

Lage: im Süden der Zentralsahara, etwa 160 Kilometer nordöstlich von Agadez
Weltnaturerbe: seit 1991
Fläche: 77 360 Quadratkilometer

»Land da draußen« nennen die Tuareg die einsame Wüstenlandschaft des Ténéré, der mit dem Ostteil des Aïr-Gebirges zum Schutz stark bedrohter Tierarten zum Naturreservat erklärt wurde. Weil der Naturschutz jedoch aus Sicht der Einheimischen ihre traditionelle Lebensgrundlage bedrohte, gingen die Tuareg auf die Barrikaden. Mittlerweile wird zwar ihren Forderungen stärker Rechnung getragen, dennoch herrscht seit 1990 in dem Gebiet ein Bürgerkrieg: Die Tuareg kämpfen für eine autonome Region. Das Reservat mußte inzwischen auf die Rote Liste des bedrohten Welterbes gesetzt werden.

In einer kargen Landschaft aus Sand- und Geröllbergen zieht eine Kamelkarawane durch das Aïr-Gebirge.

Eine grüne Insel in der unwirtlichen Wüste: Im Aïr-Gebirge am Rand des riesigen Naturreservats liegt die Oase Timia.

Seit Menschengedenken hatte der knorrige Baum Karawanen als vertraute Orientierungsmarke in der flachen Kies- und Sandwüste des Ténéré wertvolle Dienste geleistet. Wenn die Tuareg-Nomaden sein beeindruckendes Geäst am Horizont sahen, wußten sie, daß der lebenspendende Brunnen des »Arbre du Ténéré« nicht mehr fern war. Warum dann ein Lastwagenfahrer Ende der achtziger Jahre ausgerechnet gegen den einzigen Baum auf einer riesengroßen Wüstenfläche prallte, konnte nie geklärt werden. Während das abgestorbene Astwerk des gestürzten Veteranen heute ein Museum in Niamey ziert, steht neben dem einstigen Standort ein ausgedientes Ölfaß mit einem jungen Baum. Er wird von den Tuareg seit Jahren sorgsam bewässert und bewacht, obwohl nur noch selten eine Kamelkarawane dieses Etappenziel ansteuert: Der Transsahara-Handel wird mittlerweile mit Lastwagen abgewickelt.

Mit der Wüste vertraut

Im »Land da draußen«, so die Übersetzung des Tuareg-Namens für die trocken-heiße Wüstenlandschaft im Süden der Zentralsahara, war Wasser von jeher ein rares Gut. Nur die Nomaden, die dort seit dem 11. Jahrhundert ein entbehrungsreiches Dasein fristen, wissen, wo die ganzjährig gefüllten Gueltas – steinerne Wasserbecken im Aïr-Bergmassiv – versteckt liegen. Sie kennen auch die Gefahren, die dem Menschen drohen, wenn sich die Wadis nach heftigen Regenfällen zwischen Juli und Oktober schlagartig in reißende Ströme verwandeln. Sinkt das Quecksilber zwischen November und Februar nicht selten unter den Gefrierpunkt, so backen bis zu 50 °C heiße Hitzewellen von März bis Juni die Erdkruste zu hartem Stein. Wenn der spärliche Grasbewuchs verdorrt ist, können die Tuareg-Hirten nur noch hoffen, daß der normalerweise ab Ende Juni erwartete Niederschlag nicht ausbleibt. Dürrekatastrophen in den siebziger und achtziger Jahren hatten die Nomaden bereits veranlaßt, in großer Zahl Akazien zu fällen, damit ihre Ziegen an die Blätter gelangen konnten.

Spuren in der Mondlandschaft

Daß sich an der Stelle dieses schier endlosen Sandmeeres in vorgeschichtlicher Zeit eine Savanne um ein flaches Binnengewässer erstreckt haben soll, erscheint ange-

In der Zentralsahara ist Wasser ein kostbares Gut. Nur an wenigen Stellen gibt es Quellen, an denen sich die Menschen – wie hier über einen hölzernen Ziehbrunnen – ganzjährig mit dem lebenswichtigen Frischwasser versorgen können.

sichts der Ténéré-Dünen, die Nordostwinde teilweise zu 300 Meter hohen Ergs aufgetürmt haben, wie ein durch Wassermangel hervorgerufenes Hirngespinst. Dennoch stießen Archäologen in dieser Mondlandschaft auf Spuren von Siedlungen und aufgegebenen Dörfern. Fundstücke wie Pfeilspitzen und Schleifsteine aus grünlichem Jaspis, roten Hämatiten und Vulkangestein sowie verzierte Keramikreste bezeugen eine neolithische Blütezeit dieser Landschaft im 4. Jahrtausend v. Chr.

Damals entstanden die Felsgravuren des Aïr, dessen bis auf rund 2000 Meter Höhe ansteigende, bizarr gefaltete Bergzüge aus Granit, Porphyr, Schiefer und Marmor sich über 400 Kilometer von Agadez bis nach Algerien erstrecken. Künstler porträtierten in jener Zeit die ersten Elefanten und Giraffen, Aïr-Mufflons und später Menschen mit Kampfwagen. In den Fels geritzte Gebete und Liebeserklärungen in der Berberschrift Tiffinagh, die auf das altlibysche Alphabet zurückgeht, sind noch leidlich gut zu entziffern; den Inhalt dieser Botschaften verstehen heute allerdings nur noch sehr wenige Tuareg.

Im Gegensatz zum Tassili n'Ajjer benutzten die Künstler im Aïr selten Naturfarben, sondern ritzten tiefe Umrißlinien in den Fels und verzierten die Figuren mit Punkten und geometrischen Flächen. So verliehen sie den Werken das Aussehen von Flachreliefs. Zunehmend länger andauernde Dürreperioden und steigende Temperaturen dürften die Hirten und Jäger dann vermutlich zum Weiterziehen gezwungen haben. Jüngeren Datums sind dagegen die dargestellten Gazellen und Strauße, die noch heute im Naturreservat vorkommen.

Bemerkenswerter Artenreichtum

Jäger und Wilderer haben den Tierbestand in den letzten Jahrzehnten drastisch verringert. Die Bemühungen der Behörden, unterstützt durch den Worldwide Fund for Nature (WWF), Flora und Fauna in diesem Teil der Sahara besser zu schützen, gipfelten 1988 in der Schaffung eines Naturreservats, in das der Ostteil des Aïr-Gebirges und die Ténéré-Wüste einbezogen wurden.

Mehr als 350 Pflanzenarten haben Botaniker hier bisher gezählt. Zeigt sich die Sandwüste nahezu pflanzenleer, so treten in der Übergangszone zu den Bergen schon mehr Spezies auf. In den höheren Lagen finden sich dann die größten Artenzahlen: vor al-

1

2

1 Wie die gekräuselte Oberfläche eines Sees wirken die Rippelmarken, die der Wind in den ebenen Bereichen der Ténéré-Wüste an verschiedenen Stellen geformt hat.

2 Es sind fast ausschließlich Tuareg, die der Wüste trotzen und mit ihren Ziegen- und Kamelherden die karge Landschaft durchstreifen.

3 Ihre Gesamtzahl im Naturreservat Aïr und Ténéré wird auf etwa 1000 bis 2000 Tiere geschätzt: Die Westafrikanischen Strauße gelten inzwischen als stark gefährdet.

4 Ausschließlich in felsigen Wüstengegenden lebt der Mähnenspringer – im Bild ein Weibchen mit seinem Jungen: Die eleganten Kletterer finden im Aïr-Gebirge einen geeigneten Lebensraum.

lem typische Vertreter der Sahel-Vegetation, aber auch – als Relikte – Sudan- und Mittelmeerpflanzen.
Die Fauna ist mit etwa 165 Vogel-, 18 Reptilien- und 40 Säugetierarten ebenfalls erstaunlich artenreich. Zu ihren Vertretern gehören auch Anubispaviane und Husarenaffen, beide in endemischen Unterarten.
Für den stark bedrohten Geparden und sehr selten gewordene Huftiere wie Mendes-Antilope, Mähnenspringer, Dorkas- und Dama-Gazelle, aber auch für die letzte nennenswerte Population der Westafrikanischen Strauße errichtete man im Kern des Gebiets, rund um die weißen Marmorhügel von Kogo, ein Forschern vorbehaltenes »Strenges Naturschutzreservat«: Sowohl die Jagd als auch der Holzeinschlag wurden dort verboten – zumindest für die Tuareg, denn Soldaten und höhere Beamte durften weiterhin Jagdausflüge mit Schnellfeuergewehren veranstalten.

Naturschutz als Zankapfel

Geschaffen mit der lobenswerten Absicht, die stark beeinträchtigte Natur vor weiteren Schäden zu bewahren, entwickelte sich das Naturreservat jedoch bald zum Zankapfel zwischen den Behörden und den Tuareg, deren Vorfahren im 11. Jahrhundert in das Gebiet eingewandert waren. Von Dürreperioden heimgesucht, erhoben die Tuareg, deren Karawanenhandel mit Algerien durch Ausfuhrverbote zum Erliegen gekommen war, den Vorwurf, man entziehe ihnen die Lebensgrundlage.
Die Tuareg-Befürchtungen schienen sich auf fatale Weise zu bewahrheiten, als der WWF beschloß, den zunehmenden Tourismus unter Ausschluß der Tuareg-Führer selbst in die Hand zu nehmen. Nachdem der WWF jedoch 1990 das Projekt der Internationalen Union für den Naturschutz (IUCN) übertragen hatte, wird der dringend nötige Naturschutz stärker zum Nutzen der Einheimischen abgestimmt – ein erfolgversprechender Ansatz, den allerdings ein 1990 ausgebrochener Bürgerkrieg überschattet. Die Nachfahren jener Nomaden, die schon den französischen Kolonialherren erbitterten Widerstand leisteten, kämpfen seither für eine autonome Tuareg-Region im Norden des Staates Niger.

3

4

Naturreservat Nimba-Berge

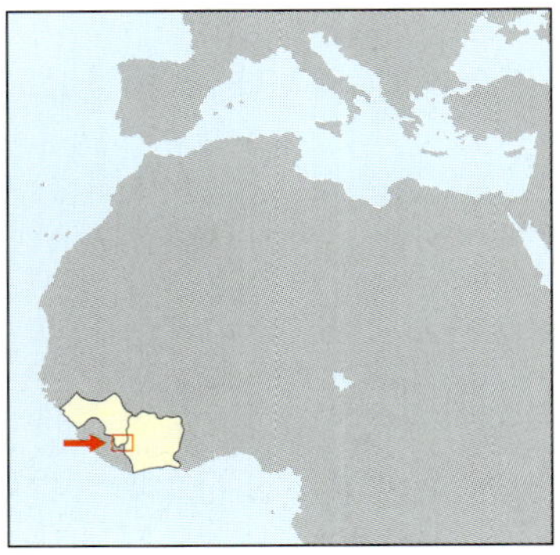

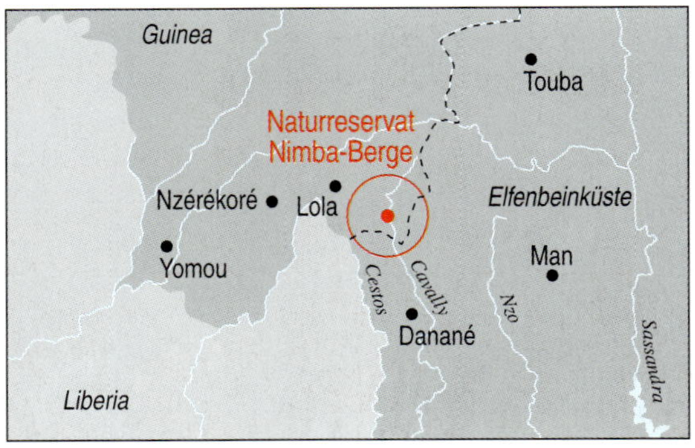

Lage: westlich der Stadt Man, im Grenzgebiet zwischen Guinea und der Elfenbeinküste
Weltnaturerbe: seit 1981
Fläche: 350 Quadratkilometer

»Wald, Wald, Wald! Bäume von 50, 60, 70 Meter Höhe, dunkelgrün – lianendurchflochten, über braunrotem Sumpf – ein blütenloses Blätterdach und dumpfstickige, lichtlose Luft«, notierte der deutsche Ethnologe und Kulturphilosoph Leo Frobenius, als er in der ersten Hälfte des 20. Jahrhunderts den westafrikanischen Regenwald erblickte. Als Relikt der einst ausgedehnten Waldgebiete hielt sich im Westen der Elfenbeinküste und im Südosten Guineas das Naturreservat Nimba-Berge, das von Experten als außergewöhnliches »Raritätenkabinett der Natur« geschätzt wird.

Auf Höhen zwischen knapp 500 und mehr als 1700 Metern erstreckt sich das grenzübergreifende Naturreservat. In den tiefen und mittleren Lagen gedeiht eine üppige tropische Vegetation.

Eine extrem artenreiche Tier- und Pflanzenwelt bergen die Urwälder, Bergwiesen und Flußtäler der Nimba-Berge.

Gewöhnlich verhüllen morgens dichte Wolkenbänder Westafrikas höchsten Bergzug. Reißt der graue Schleier über dem immergrünen Dach des tropischen Regenwaldes gegen Mittag für einige Momente auf, dann fällt der Blick auf den bläulich schimmernden Gipfel des 1752 Meter hohen Mont Richard Molard. Er bildet die höchste Erhebung der Nimba-Berge, die sich wie ein natürlicher Riegel von Südwesten nach Nordosten erstrecken.

Archäologischen Funden zufolge schon früh besiedelt, zieht diese üppig bewachsene »Insel« inmitten der ausgedehnten Savannenlandschaften Westafrikas seit Jahrzehnten Biologen geradezu magisch an. Zu den Besonderheiten der Fauna in den Nimba-Bergen zählt ein winziger, braungefleckter Froschlurch, dessen Entdeckung 1942 in wissenschaftlichen Kreisen als große Überraschung gefeiert wurde: Nur knapp über zwei Zentimeter lang, bringt Nectophrynoides occidentalis vollentwikkelte Junge zur Welt. Bis zu 16 Jungtiere leben frei im mütterlichen Uterus und fressen Nahrungsflocken, die das Organ der Mutter nach innen abscheidet. Diese Westliche Baumkröte, eine der wenigen bislang bekannten Krötenarten in diesem Teil Afrikas, kommt nur auf den über 1200 Meter hoch gelegenen Bergwiesen des Mont-Nimba-Gebiets vor.

Bedrohte Abgeschiedenheit

Wie lange sich die Kröte dort noch halten kann, ist ungewiß: Der »Eisenerzberg«, wie die Einheimischen den Höhenzug nennen, birgt gewaltige Mengen an Bodenschätzen. Als die Zahl der Flüchtlinge, die der Bürgerkrieg in Liberia über die Grenzen der Nachbarländer getrieben hatte, Anfang der neunziger Jahre sprunghaft anstieg, setzte die UNESCO das einzigartige »Raritätenka-

Oft zieht sich der Leopard auf einen Baum zurück, um sich vor seinem Feind, dem zum Klettern weitgehend untauglichen Löwen, in Sicherheit zu bringen.

binett der Natur« im Jahr 1992 auf die Rote Liste des bedrohten Welterbes.

Daß der auf dem Gebiet der Elfenbeinküste gelegene Anteil an diesem Höhenzug weitgehend unberührt blieb, ist nicht zuletzt dem Fehlen von Straßenverbindungen zu verdanken. Von der Stadt Danané aus führt lediglich eine holprige, während der Regenzeit nicht befahrbare Piste bis zum Dorf Yalé, dessen Einwohner sich am Rand des Schutzgebiets mit dem Anbau von Reis, Kaffee und Kakao nur mühsam über Wasser halten. Die Forstverwaltung, die lediglich über einen altersschwachen Jeep verfügt, hat zwar am Dorfrand eine feste Unterkunft eingerichtet; Parkwächter bekommen die Dorfbewohner aber kaum einmal zu Gesicht.

Einige hundert Meter weiter verläuft die Grenze zum »Strengen Naturschutzgebiet«, das – so wollen es die Vorschriften – nur Forschern offensteht und von den Anrainern meist aus einem simplen Grund gemieden wird: Schon nach wenigen Metern verliert sich der einzige Trampelpfad im zähen Schlamm des Gebiets, dessen seichte Flußläufe von gewaltigen Bambuswäldern gesäumt werden.

Enormer Pflanzen- und Tierreichtum

Der auch im internationalen Vergleich gewaltige botanische Reichtum – gut 2000 Pflanzenarten, darunter 16 endemische Spezies, die nur hier im Nimba-Gebiet vorkommen – geht auf die Höhenzonierung und die damit zusammenhängende Vielfalt der Pflanzengesellschaften zurück. Zwischen bewaldeten Flächen erstrecken sich immer wieder grasbewachsene Abschnitte. Gerade dies begründet eine stark differenzierte Fauna: Neben Hunderten anderer Arten entdeckten die Forscher sensationelle 200 endemische Spezies!

1

Die schwer zugänglichen Gebiete sind darüber hinaus ein ideales Refugium für 55 Säugetierarten, darunter Leoparden und Löwen, aber auch mehrere Schleichkatzenarten wie Pardelroller und Afrika-Zibetkatze oder Panther-, Wald- und Johnston-Ginsterkatze. Häufiger als in anderen Naturreservaten Westafrikas stößt man auf Buschbökke, Maxwell-Ducker und auf Waldbüffel. Beachtliche sieben endemische Fledermausarten tummeln sich im Geäst.
In den Flußläufen finden sich die seltenen Zwergflußpferde und possierliche Fingerotter. Nur im Nimba-Gebiet und seiner nächsten Umgebung lebt die selbst ausgewachsen höchstens 80 Gramm schwere Zwergotterspitzmaus aus der Familie der Tanreks. Als frucht- und kleintierfressende Baumbewohner finden sich in den Wäldern die behäbig wirkenden Pottos, eine zur Familie der Loris zählende Halbaffenart. Nahe verwandt und doch sehr unähnlich sind die putzigen, flinken Senegal-Galagos. Neben Bärenstummelaffen und Roten Stummelaffen halten sich im Schutzgebiet auch Schimpansen in einer ungewöhnlichen Population; man hat beobachtet, daß sie Steine als Werkzeuge benutzen.

Bergwiesen und Trockenwälder

Eine gute Kondition vorausgesetzt, benötigt man etwa sechs Stunden, um durch den Tropenwaldgürtel mit seinen lianen- und epiphytenbewachsenen Riesenbäumen den Gipfel des Mont Richard Molard zu erreichen. Je höher man steigt, desto häufiger erblickt man tiefe, dichtbewaldete Täler, die das Gebirgsmassiv durchschneiden. Hier auf den Bergwiesen lebt die bereits erwähnte Westliche Baumkröte, deren Vorkommen auf nur wenige Quadratkilometer beschränkt ist. Während der Regenzeit von Mai bis Anfang August haben Biologen, die im Nimba-Gebiet eine Forschungsstation unterhalten, auf einer vergleichsweise kleinen Fläche von 100 Quadratmetern bis zu 500 Exemplare gezählt. Setzt die Trockenzeit ein, dann verkriechen sich die Tiere in schmalen Felsspalten und unterirdischen Gängen, da sie sonst in kürzester Zeit austrocknen würden.
Mit zunehmender Höhe weicht der üppige Regenwald einer kargeren Vegetation zwi-

schen steil abfallenden Hängen, hohen Felsklippen und massiven Granitblöcken. Im weniger niederschlagsreichen Norden der Nimba-Berge, auf dem Territorium Guineas, erstrecken sich Reste von Trockenwäldern. Die einst ausgedehnten Waldflächen litten in den vergangenen Jahrzehnten unter der weitverbreiteten Brandrodung, mit der die Bauern neue Ackerflächen gewinnen. Der noch erhaltene Bestand wurde glücklicherweise als Biosphärenreservat gemeinsam mit dem Anteil der Elfenbeinküste grenzübergreifend zum Weltnaturerbe erklärt.
Inzwischen steht Guinea kurz davor, die auf 300 Millionen Tonnen geschätzten Vorräte im »Eisenerzberg« abzubauen. Die Behörden planen eine jährliche Fördermenge von zwölf Millionen Tonnen. Welches Schicksal dem Naturparadies dann drohen könnte, läßt sich jenseits der Grenze in Liberia bereits besichtigen: Transportwege, Senkschächte und Abbaugruben durchziehen das abgeholzte Gelände, dessen Flüsse mit Schwermetallen verseucht wurden. Der zudem von Wilderern heimgesuchte liberianische Anteil, der ursprünglich ebenfalls in das Weltnaturerbe einbezogen werden sollte, wurde mittlerweile von der UNESCO-Nominierung ausgenommen.

2

3

1 Auf den riesigen Urwaldbäumen wachsen zahlreiche Aufsitzerpflanzen, auch Epiphyten genannt.

2 Nur ungefähr jedes fünfte Löwenjunge übersteht seine ersten beiden Lebensjahre, die anderen verhungern, sterben während Schlechtwetterperioden an Unterkühlung oder fallen anderen Raubtieren zum Opfer.

3 Schimpansen können nicht schwimmen, daher sind sie beim Überqueren von Flüssen auf Trittsteine oder überhängende Bäume angewiesen. Kleinere Wasserläufe hingegen überwinden sie mit einem kühnen Sprung.

Nationalpark Comoé

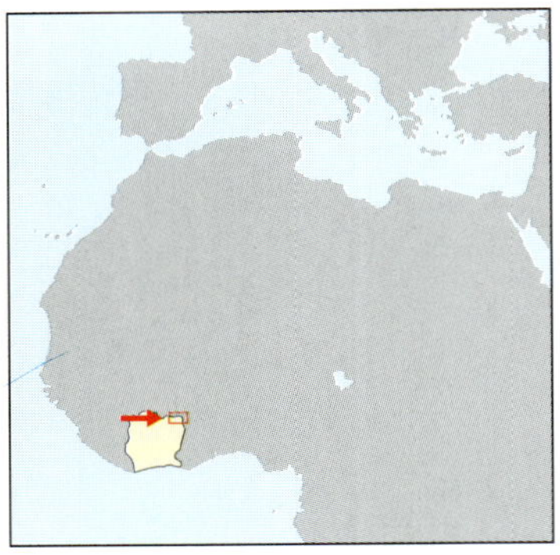

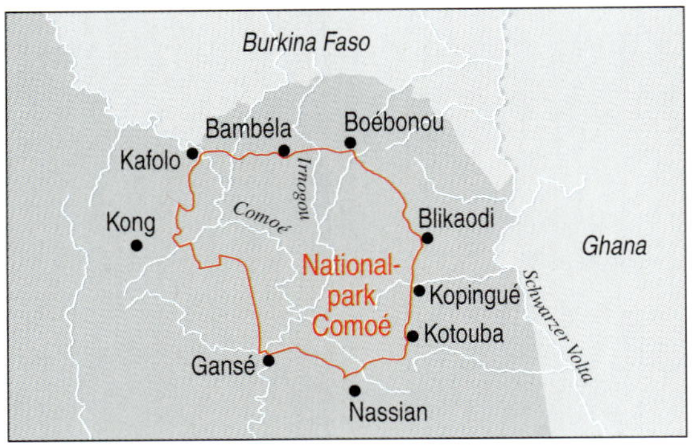

Lage: etwa 600 Kilometer nördlich von Abidjan, im Nordosten des Landes
Weltnaturerbe: seit 1983
Fläche: 11 500 Quadratkilometer

Dem noch vor Jahren von Touristen gern besuchten Comoé-Nationalpark hat eine exzessive Wilderei mittlerweile schwere Wunden zugefügt. Was von der bedrohten Tierwelt in der weitläufigen, aber schlecht geschützten Savannenlandschaft noch übriggeblieben ist, ließe sich wohl nur retten, wenn den Wildererbanden endlich das Handwerk gelegt und der Tourismus wieder zum Leben erweckt würde. Eine angemessene Beteiligung der Anrainer des Nationalparks an den zukünftigen Einnahmen aus dem Fremdenverkehr könnte dazu beitragen, das Ruder vielleicht noch herumzureißen.

In den bewaldeten Teilen des Nationalparks sind auch mächtige Baumriesen wie dieser Bombax ellipticum aus der Familie der Wollbaumgewächse vertreten.

1

1 Wasserböcke wirken immer etwas struppig: Da sich die Tiere häufig am und im Wasser aufhalten, wird ihr Fell von Schweißdrüsen mit einer öligen Flüssigkeit eingefettet. Das Bild zeigt eine Herde von hornlosen Weibchen, nur links hinten ist ein männliches Jungtier mit kurzen Hörnern zu erkennen.

Wenn die Tropensonne über der endlosen Savanne untergeht, müßte eigentlich die Stunde der Löwen und Leoparden schlagen, die sich vorsichtig durch das hohe Elefantengras an Antilopen, ihre bevorzugten Beutetiere, heranpirschen. Jetzt müßten auch die Kaffernbüffel das dichte Unterholz verlassen, in dem sie vor der Hitze Schutz finden, um sich in Herdenverbänden den Wasserlöchern zu nähern. Aus den braunen Fluten des gemächlich dahintreibenden Comoé, der das Gebiet auf einer Länge von 230 Kilometern durchfließt, huschen in der Dunkelheit die Schatten scheinbar plumper Flußpferde verblüffend flink über das steinige Ufer in die Galeriewälder, auf deren Bäumen unbeweglich einige Vögel verharren.

Doch von den dumpfen Grunzlauten der Flußpferde abgesehen, überrascht der Parc National de la Comoé im Nordosten der Elfenbeinküste den Besucher mit einer seltsamen, unheimlichen Stille. Während in den Savannen Ostafrikas bei einbrechender Dämmerung Affen schreien, Löwen brüllen, Elefanten trompeten und Hyänen ihr gellendes Lachen ertönen lassen, wirkt dieser Park, egal zu welcher Uhrzeit, wie ausgestorben. Kein durstiger Buschbock verirrt sich an die Wasserlöcher, und nicht etwa Großsäuger, sondern höchstens der Wind zaubert ab und zu Wellen in das Grasmeer der Savanne: Westafrikas wilde Tiere bleiben im Nationalpark Comoé offenbar lieber unsichtbar und stumm.

Wo sind die Elefanten?

Ihre Vorsicht hat einleuchtende Gründe: Keine Landschaft der Elfenbeinküste wird seit Mitte der achtziger Jahre hemmungsloser von Wilderern heimgesucht als der Comoé-Nationalpark, der von bewaldeten Savannenabschnitten mit Inselbergen aus Granit, Überflutungsebenen und Galeriewäldern entlang dem Comoé und seinen Nebenflüssen geprägt wird. Obwohl das frühere Jagdrevier gutbetuchter Großwildjäger 1968 zum geschützten Nationalpark und 1983 zum Biosphärenreservat erklärt wurde, hat der Tierbestand in den letzten Jahren dramatisch abgenommen. Biologen gehen inzwischen davon aus, daß im Nordteil des Parks keine Huftiere mehr leben.

Auch der Rückgang der anderen Großsäuger, die in den Savannen dank der Vielzahl unterschiedlicher Lebensräume in besonders großer Zahl vorkamen, geht ausschließlich auf das Konto der zügellosen Wilderei. Besaß der Comoé-Park im Jahr

2

2 *Der Mittelreiher, eine der im Nationalpark vertretenen Reiherarten, fliegt – im Gegensatz etwa zu Störchen und Kranichen – wie alle seine Verwandten mit gekrümmtem Hals.*

3

3 *Zehn verschiedene Reiherarten wurden im Nationalpark Comoé registriert – darunter auch der elegante Graureiher.*

1978 mit 1500 Tieren noch Westafrikas größte Elefantenherden, so war der Bestand zwölf Jahre später auf die Hälfte geschrumpft. Heute dürfte die Zahl der verbliebenen Dickhäuter nicht mehr als 200 betragen. Wo sie sich versteckt halten, wissen nicht einmal die mit dem Gebiet gut vertrauten Biologen der parkeigenen Forschungsstation, die von der Würzburger Universität am Flußufer eingerichtet wurde. Erhebungen zur Tierwelt legen den Schluß nahe, daß die Tage des Comoé als Wildtierreservat gezählt sein dürften. So nahm etwa der Bestand der früher weitverbreiteten Kob-Antilope zwischen 1993 und 1995 um mindestens 50 Prozent ab. Während Schwarz- und Gelbrückenducker kurz vor dem Aussterben stehen, sind Bongo und Riedbock bereits ausgerottet. Auch den brüllenden König der Savanne haben die Forscher seit Jahren nicht mehr gesichtet: Es steht zu befürchten, daß der Löwe ebenfalls in die Liste der ausgerotteten Comoé-Wildtiere aufgenommen werden muß.

Das blutige Handwerk der Wilderer

Als Anhaltspunkte für den rapiden Artenschwund dienen den Biologen die unübersehbaren Spuren der Wilderer, die sich heu-

Im Comoé und seinen Nebenflüssen lebt noch eine beachtliche Zahl von Flußpferden, die mit weit aufgerissenen Mäulern ihre Streitereien austragen. Die meisten anderen Großtierarten des Parks wurden inzwischen von Wilderern dezimiert oder ausgerottet.

te von allen Seiten zu jeder Tageszeit ungehindert Zugang zum Park verschaffen können und mit Schrotflinten alles niederschießen, was sich bewegt. Noch brutaler wirken die häufig zu findenden Drahtschlingen, in denen die Opfer qualvoll verenden.

Wie unbekümmert die in Banden organisierten Wilddiebe heutzutage im gesamten Parkgebiet ihr blutiges Handwerk ausüben, verdeutlicht der Umstand, daß sie mit Frauen und Kindern, hinter den Bäumen der Waldinseln bestens getarnt, ihre Biwaks aufschlagen und dort das erbeutete Fleisch gleich verarbeiten, bevor sie es ihren Auftraggebern außerhalb des Parks liefern. Zwar mußten die Angehörigen des Koulango-Stammes in den siebziger Jahren den Nationalpark verlassen und neue Dörfer außerhalb der Parkgrenzen beziehen, doch die Natur hat diese Zwangsumsiedelung kaum entlastet: Weiterhin bauen sie auf einigen Flächen Hirse und Jamswurzeln in jenen Teilen des offiziell geschützten Gebietes an, in denen sie fruchtbaren Boden vorfinden.

Sollten die Parkwächter, die oft monatelang auf ihre kargen Gehälter warten müssen, tatsächlich einmal Wilderer stellen, ist

kaum damit zu rechnen, daß die eigentlich fällige, empfindlich hohe Geldstrafe eingetrieben wird. Der Ertappte zieht sich mit einigen Geldmünzen aus der Affäre und widmet sich dann um so entschiedener der Wilderei. Derzeit halten sich während der Trockenzeit täglich schätzungsweise 1000 bis 5000 Wilddiebe im Park auf.

Tödliche Begegnungen

Aber selbst friedliche Honigsammler verursachen Schäden, indem sie die Bäume mit den Waben der wilden Bienen aus Bequemlichkeit einfach fällen. Wer den Eindringlingen entgegentritt, geht ein unkalkulierbares Riskio ein. Mitte der siebziger Jahre wurde der Direktor des Nationalparks getötet, 1992 starben zwei Parkwächter bei einem Feuergefecht.

Als weiträumige Naturlandschaft, die im Gegensatz zu anderen Savannenflächen Westafrikas nicht durch den Menschen verändert wurde, war der Comoé-Park noch in den achtziger Jahren wesentlich besser geschützt als heute. Im Übergangsbereich zwischen den Feuchtwaldgebieten Westafrikas und den Sudansavannen gelegen, wies das Gebiet einst eine außergewöhnliche Fülle von Tierarten auf, zu denen sich während der Trockenzeit noch weitere Tiere aus dem Süden der Elfenbeinküste gesellten. Kein Nationalpark Westafrikas besitzt bis heute intaktere Galeriewälder, die zusammen mit den Inselwäldern in den dichten Baum- und Buschsavannen denkbar günstige Lebensbedingungen für zahlreiche Tierarten darstellen. So zählte man hier früher elf Affenarten, drei Krokodilspezies und vier der insgesamt sechs westafrikanischen Storcharten.

Als häufigste Krokodilart des Schutzgebiets – hier wurden alle drei afrikanischen Arten registriert – gilt das Nilkrokodil, das im seichten Wasser auf Beute lauert.

Relikte aus besseren Zeiten

Außer einigen schlichten Unterkünften entstand am südlichen Parkrand ein Hotel, das 1991 geschlossen wurde und nun unter der Buschvegetation zu verschwinden droht. Von den angeblich 500 Kilometern befahrbarer Pisten, auf denen früher Besucher im Geländefahrzeug zu den Beobachtungspo-

1

1/2 Organisierte Wildererbanden stellen auch den Afrikanischen Elefanten im Comoé-Nationalpark gnadenlos nach. Heute wird die Zahl der beeindruckenden Dickhäuter auf nicht mehr als 200 Tiere geschätzt.

2

3

4

5

sten gelangten, sind nur noch kümmerliche Reste erhalten. Niemand bemüht sich darum, die von heftigen Regenfällen zerstörten Pfade des Parks, der nur während der Trokkenzeit von November bis Anfang Mai offiziell geöffnet ist, wieder instandzusetzen. Da die Behörden das Budget für den Comoé-Park außerdem ständig reduziert haben, finden mittlerweile keine Patrouillen mehr statt, Ausrüstung und Waffen der Parkwächter sind museumsreif.

Von Wilderern heimgesucht und vom Tourismus gemieden, steht der Nationalpark Comoé heute als trauriges Symbol für die Verschlechterung der wirtschaftlichen Verhältnisse in der Elfenbeinküste. Um der bedrängten Tierwelt eine dringend nötige Ruhepause zu verschaffen, würde es nicht ausreichen, nur die Zahl bewaffneter und motivierter Parkwächter zu erhöhen; auch die Bevölkerung in den Dörfern am Rande des Parks müßte durch eine Beteiligung an den Einnahmen aus dem Tourismus für den Naturschutz gewonnen werden.

3 Früher ein alltägliches Bild: Um die Mittagszeit fanden sich meist die Pferdeantilopen mit ihren charakteristisch nach hinten gebogenen Hörnern an den Wasserstellen ein, um ihren Durst zu stillen.

4 In Tümpeln und den Altarmen der Flüsse des weitläufigen Savannengebiets strecken Seerosen ihre Blütenköpfe über die Wasseroberfläche.

5 Grüne Meerkatzen halten sich gerne am Boden auf, doch wenn Gefahr droht oder sie sich ausruhen wollen, ziehen sie sich auf einen Baum zurück.

Nationalpark Taï

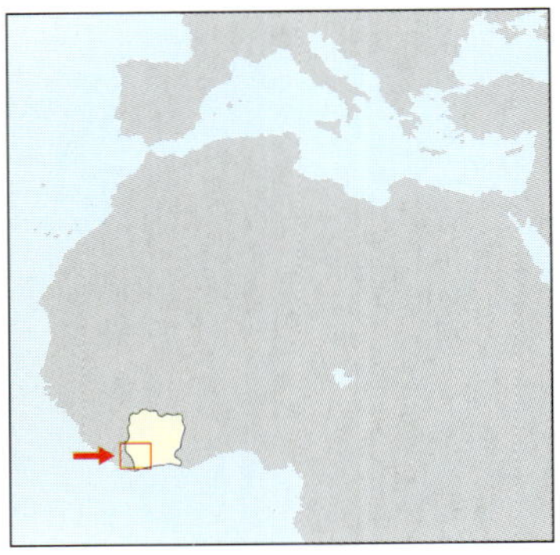

Lage: im Südwesten des Landes, nahe der Grenze zu Liberia
Weltnaturerbe: seit 1982
Fläche: 3500 Quadratkilometer

Um Westafrikas letzten großen Regenwald langfristig zu bewahren, wurde 1996 im Süden des ausgedehnten Gebiets mit seiner überragenden Artenvielfalt ein Teilbereich für Öko-Touristen geöffnet. Dort leben Gruppen von Schimpansen, die an die menschliche Anwesenheit gewöhnt wurden und sich bei ihrem Gemeinschaftsleben beobachten lassen. Wenn das Dorf Guiroutou am Rande dieses Regenwaldes von den Einnahmen aus dem Tourismus profitieren kann, lassen sich die Einheimischen auch leichter für die Belange des Naturschutzes gewinnen – so hoffen die Verantwortlichen.

Im Nationalpark Taï gedeihen rund 1300 Arten von höheren Pflanzen – damit besitzt das Gebiet eine außergewöhnlich vielfältige Flora. Einige Gewächse hat auch der Mensch erst eingeführt, so etwa die Bananenstaude links im Bild oder den Kaffeestrauch im Vordergrund.

Nur selten fällt ein Sonnenstrahl durch die grünlich-braune Dämmerung auf den laubbedeckten Boden. Allmählich wird das Atmen in der stickigen Luft des Regenwaldes mühsam. Über zwei Meter dicke, lianenbehangene Urwaldriesen spannen ein kompaktes Dach über die wie erstarrt wirkende Baumlandschaft, aus der dem Besucher eine verwirrende Geruchsvielfalt entgegenweht: Bald riecht es verlockend nach Früchten und Gewürzen, dann plötzlich nach faulender Vegetation. Bis über 30 Meter hoch aufragend, verweisen die moosüberzogenen Baumgiganten den Besucher des immergrünen tropischen Regenwaldes in die Rolle eines Zwerges.

Ein natürlicher Regenwald wie im Taï-Gebiet gliedert sich in mehrere »Etagen«, in denen jeweils charakteristische Pflanzen- und Tierarten vorkommen.

Eine unheimliche Szenerie

Um die Mittagszeit herrscht in dieser schwülheißen Wildnis, in der die klamme Kleidung nicht mehr trocken werden will, Totenstille. Schon ein abgestorbener Zweig, der mit leichtem Rascheln auf den modrigen Waldboden fällt, vermag dann zartbesaiteten Naturen einen Schrecken einzujagen. Die Stille im Regenwald, den nur frühmorgens und während der Abenddämmerung ein Konzert aus Vogelstimmen, Affengeschrei und Froschquaken erfüllt, läßt um diese Tageszeit schnell ein Gefühl der Beklemmung aufkommen.

Je weiter man über schmale, bisweilen steil abfallende und glitschige Pfade durch dunkle Schluchten und Bäche mit kristallklarem Wasser in den Parc National du Taï vordringt, desto unheimlicher wirkt die Szenerie. Alle Tiere des Regenwaldes fliehen vor dem näherrückenden Eindringling. Während weit entfernt ein Ibis heisere, an langgezogene Klagelaute erinnernde Rufe ausstößt, ertönen hoch oben in den Baumkronen plötzlich ratternde Geräusche, einer Dampflokomotive ähnlich: Mit seinen kurzen Flügeln flattert ein aufgeschreckter Hornvogel aus der Gefahrenzone.

Um die Jahrhundertwende, als die Elfenbeinküste französische Kolonie war, überzogen schätzungsweise 16 Millionen Hektar Regenwald die Landesfläche. Nur ein Achtel davon ist heute noch erhalten. Der immergrüne Urwald des Taï-Nationalparks im Südwesten an der Grenze zu Liberia gehört zu den Primärwaldflächen, die von der Abholzung verschont blieben.

Pflanzungen statt Regenwald

Nach der Unabhängigkeit 1960 nahm die Dynamik der Waldzerstörung ungewöhnliche Ausmaße an. Bedenkenlos opferte man ganze Regenwälder, um Exportholz und Anbauflächen für Kakao-, Kaffee- und Ölpalmenplantagen zu gewinnen. Daß beispielsweise die Niederschlagsmenge 1986 um 30 Prozent geringer als üblich ausfiel, führen Wissenschaftler nicht zuletzt auf den massiven Verlust von Feuchtwaldflächen zurück.

Schon wegen seiner Größe kommt dem Taï, seit 1972 Nationalpark und ein Jahrzehnt später in die UNESCO-Naturerbeliste aufgenommen, eine Schlüsselrolle zu. Mit 3500 Quadratkilometer Fläche stellt der Park, in dem der Holzeinschlag offiziell zu Beginn der siebziger Jahre eingestellt wurde, das letzte geschlossene große Regenwaldgebiet Westafrikas dar.

Rund 1300 Pflanzenarten wurden im Nationalpark registriert, von denen 52 Prozent nur hier vorkommen. Mit 230 Vogelspezies und 47 der insgesamt 54 Großsäuger, die zwischen der Oberguinea-Schwelle und

dem Kongobecken leben, behauptet der Taï im gesamten westlichen Afrika eine Spitzenstellung.
Die bedeutendste Attraktion des Parks, um dessen Erhalt seit Ende der achtziger Jahre auch der Worldwide Fund for Nature (WWF) ringt, sind seine Schimpansen, deren Zahl auf maximal 3000 Tiere geschätzt wird. Diese Primaten, die trommeln, Nüsse knacken und gemeinsam andere Affenarten jagen, sollen dazu beitragen, daß der Wald langfristig erhalten werden kann.

Grundlage für Öko-Tourismus

Nach dem Vorbild der Primatenforscherin Jane Goodall, die im tansanischen Gombé seit den sechziger Jahren Schimpansengruppen an die Anwesenheit von Menschen gewöhnt, bemüht sich der Würzburger Biologe Gerhard Radl, Schimpansen zu »habituieren«. Seit Ende der achtziger Jahre lebt er am Rande des Regenwaldes, von wo aus er mit seinen Mitarbeitern regelmäßig die Schimpansenherden aufsucht. Unbe-

Nach einer Tragzeit von 22 Monaten bringt die Elefantenkuh ein einzelnes Jungtier, ganz selten auch Zwillinge, zur Welt. Zwei Jahre und länger säugt sie dann ihren Nachwuchs. Allerdings sind die Dickhäuter auch im Taï-Nationalpark durch Wilderer bedroht.

waffnet und offen zeigten sie sich den zunächst davonstürmenden Tieren so lange, bis diese sich an die Anwesenheit der Menschen gewöhnt hatten und nicht mehr flohen. Als Bestandteil eines Projekts der Deutschen Gesellschaft für Technische Zusammenarbeit (GTZ) soll die Schimpansengewöhnung die Grundlage für den Öko-Tourismus bilden. Man wählte für das Projekt einen Abschnitt im landschaftlich abwechslungsreicheren Süden, aus dem bis 1991 alle Bewohner umgesiedelt wurden.

Leoparden sind südlich der Sahara in Urwald- und Savannengebieten vertreten. Die geschickten Kletterer suchen sich gern auf Bäumen ein Ruheplätzchen.

Der Süden unterscheidet sich vom Norden und Südosten durch höhere Feuchtigkeit und deutlich fruchtbarere Böden, deren Verlust für die Umgesiedelten, die dort kleine Plantagen angelegt hatten, äußerst schmerzlich war. Nun sollen Einnahmen, die man sich aus dem Fremdenverkehr erwartet, den Betroffenen verdeutlichen, daß sich Naturschutz auch für sie bezahlt macht. Die Verantwortlichen hoffen, daß durch eine solche Vorgehensweise auch ehemalige Wilddiebe ins Lager der Wildhüter überwechseln.

Hetzjagd im Regenwald

Nur ein kleines Stück des Regenwaldes wurde 1996 für Öko-Touristen geöffnet. In diesem Parksektor sind die Chancen, an menschliche Anwesenheit gewöhnte Schimpansengruppen zu erblicken, besonders groß. Wenn die Primaten im September auf Stummelaffenjagd gehen, lassen sich Sozialverhalten und Rollenverteilung gut beobachten. Während sich einige Schimpansenmännchen auf die Hetzjagd beschränken, blockieren andere den Fluchtweg. Fällt das in die Enge getriebene, nervöse Beutetier vom Baum, wird es von einer dritten Gruppe am Boden ergriffen und getötet.
Wer sich auf den Pfaden oder an Bord von Einbäumen auf dem Hana in den Regenwald begibt, stößt auf Horden lärmender Diana-Meerkatzen, Roter Stummelaffen, Mona-Meerkatzen oder Halsbandmangaben, die sich in ihrer ausgeprägten Neugier bisweilen den Besuchern nähern. Die tagsüber im Fluß verborgenen Zwergflußpferde, die im Taï in großer Zahl vorkommen, lassen sich hingegen selten beobachten. Ebenso unwahrscheinlich sind Begegnungen mit Waldbüffeln, die sich im undurchdringlichen Dickicht des Regenwaldes, in dem die Sichtweite selten mehr als zehn Meter beträgt, verbergen. Wesentlich häufiger entdeckt man dafür aber Vertreter der mehr als 230 Vogelarten, darunter auch ausgesprochene Raritäten: Das Weißbrust-Perlhuhn zählt ebenso dazu wie der Nimba-Schwarzschnäpper, der Lappenraupenesser und der Weißkehl-Bülbül sowie eine Reihe von Schwalbenarten, deren Gefieder metallisch schimmert.

Wilderei als Kavaliersdelikt

Was in den hellbraunen Fluten des Hana, dessen Wasserstand sich bei Hochwasser um bis zu sechs Meter erhöhen kann, auf den ersten Blick wie der Rumpf eines gewaltigen Panzerkrokodils wirkt, erweist sich bei näherem Hinsehen nur als harmloser Baumstamm. Und die Chance, im Taï-Nationalpark eine erstmals 1985 entdeckte Gruppe von Waldelefanten zu Gesicht zu bekommen, tendieren mittlerweile gegen Null. Verantwortlich für den Rückgang sind auch hier Wilderer, die sich seit Gründung des Parks mit seiner 400 Kilometer langen Grenze in Richtung Liberia herzlich wenig um das Jagdverbot kümmern. Ihnen fielen vor allem zahlreiche Bongo-Antilopen, verschiedene Duckerarten und Kleinstböckchen zum Opfer.
Auch im Dorf Guiroutou, das vom Öko-Tourismus profitieren soll, gehört es von je-

Undurchdringlich wirkt das dichte Gewirr von Kräutern, Sträuchern, Bäumen und Lianen in weiten Teilen des Regenwaldes.

1 Höhen von mehr als 600 Metern erreichen die dichtbewachsenen Hügel im Taï-Nationalpark.

her zum guten Ton, die Wilderei als Kavaliersdelikt zu verharmlosen und Täter aus den eigenen Reihen zu decken, solange sich die Dorfelite nicht mit unmißverständlichen Worten gegen die Wilderei ausspricht.

Die berühmte »Sauce africaine«, die oft auf dem Speisezettel an erster Stelle auftaucht, ist in der Elfenbeinküste die feine Umschreibung für ein Gericht, in dem Wild aus dem Regenwald verarbeitet ist. Und hinter dem Namen »Cabri de village« – Dorfzicklein – verbirgt sich nichts anderes als ein Waldducker, den man dem teuren Rindfleisch aus Mali vorzieht.

Zwiespältige Interessen

Während der Großwildbestand im Nordteil des Parks bereits stark dezimiert wurde, konnte dieser Entwicklung im Süden inzwischen ein Riegel vorgeschoben werden. Auch das illegale Abholzen von Urwaldbäumen und die Goldschürferei gehören dort mittlerweile der Vergangenheit an.

Welche zwiespältigen Gefühle die Anwohner dem benachbarten, jetzt nicht mehr wirtschaftlich genutzten Regenwald gegenüber hegen, verdeutlichen die jungen Öko-Touristenführer aus Guiroutou. Sie verweisen einerseits darauf, daß die Dorfbewohner ihren vergleichsweise hohen Wohlstand den Kakao- und Kaffeepflanzungen verdankten und bestätigen so zunächst die weitverbreitete Einstellung, wonach der Regenwald den Menschen erst dann wirklich nutzt, wenn es ihn nicht mehr gibt. Andererseits wachsen im Regenwald Heilpflanzen, mit denen sich viele Krankheiten kurieren lassen. Als willkommene Proteinquelle schätzen die Menschen zudem die Gemeine Achatschnecke, die dort in großer Zahl vorkommt. Die Meinung, der freie Zugang in ein Naturschutzgebiet erleichtere illegale Tätigkeiten, vertreten auch die Touristenführer und fordern deshalb, zumindest die Kernzone des Taï-Parks und damit ihren Arbeitsplatz mit allen Mitteln zu schützen.

Die Frage, welche Nebenwirkungen der Öko-Tourismus auf die Tierwelt ausüben kann, spaltet die Biologen in zwei Lager. Die Kritiker verweisen auf die traurigen Erfahrungen der Primatenforscherin Goodall, die in den letzten Jahren 50 Tiere verloren hat. Als Todesursache stellte sie Lungenentzündung oder Grippeinfektionen fest; mit großer Sicherheit hatten Menschen die Krankheitskeime eingeschleppt. Außerdem könne nicht ausgeschlossen werden, daß die bereits jetzt nur schwach ausgeprägte Fortpflanzungsrate der Taï-Schimpansen im Zuge einer touristischen Erschließung weiter sinke.

Seit das frühere Sperrgebiet des Nationalparks zugänglich ist, melden sich mehr und mehr Einheimische beim greisen Dorfchef und überreichen ihm nach altem Brauch eine Flasche Schnaps, damit er ihnen gestatte, die wenig freundlichen Geister auf dem fast 400 Meter hohen Inselberg Niénokoué versöhnlich zu stimmen und den bislang tabuisierten Bereich zu betreten. Der Preis, den die weißen Besucher für eine Waldführung zahlen, schien den Einheimischen allerdings wohl zu gering: Sie boten dem Stammeshäuptling für die Erlaubnis, den Fetischberg aufzusuchen, bereits den dreifachen Betrag.

2

2 Mit seinem mächtigen Gehörn und einem Körpergewicht von bis zu 700 Kilogramm bietet der Kaffern- oder Steppenbüffel einen beeindruckenden Anblick.

3

3 Das scheue, einzelgängerische Zwergflußpferd wurde erst um die Mitte des 19. Jahrhunderts für die Wissenschaft entdeckt. Die bis zu 260 Kilogramm schweren Tiere halten sich tagsüber gewöhnlich im Wasser auf.

Traditionelle Bauten der Ashanti

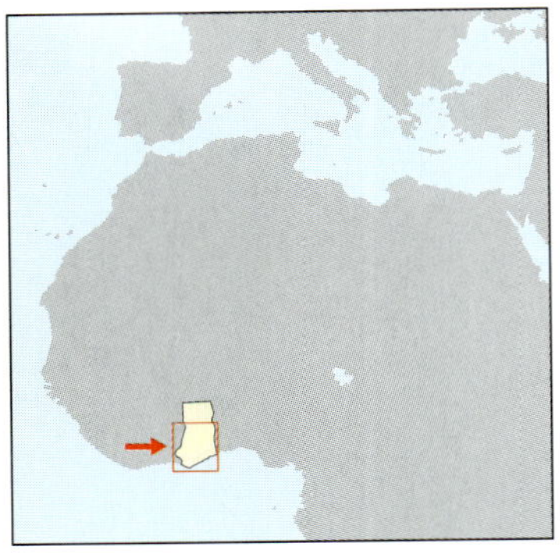

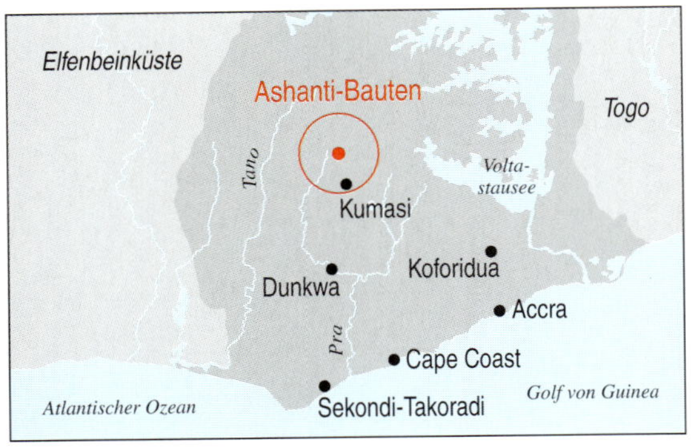

Lage: in 13 Ortschaften nordwestlich von Kumasi, im südlichen Landesinneren

Weltkulturerbe: seit 1980

Ihre steilen, mit Palmblättern gedeckten Dächer haben die Wohnstätten der Ashanti-Schutzgötter zwar inzwischen eingebüßt, und nur wenige der typischen Tempel, die erst im 20. Jahrhundert entstanden sind, wurden seit den fünfziger Jahren zufriedenstellend restauriert. Dennoch vermitteln die verzierten, nach dem Vorbild der städtischen Paläste im Ashanti-Reich erbauten Fetischhäuser noch heute eine Vorstellung von der Meisterschaft früherer Handwerkergenerationen, die leider ohne ebenbürtige Nachfolger geblieben sind.

Dieses kunstvolle Wandrelief am Tempel in Adwenase ist in eine weiße und eine rötlich-braune Zone eingeteilt. Palmnüsse und ein großes Krokodil mit einem Fisch im Maul schmücken die obere Hälfte.

Die Tempel oder Fetischhäuser der Ashanti besitzen einen offenen Innenhof, der von vier Gebäuden gesäumt ist. Ihre Dächer waren ursprünglich mit Palmblättern gedeckt.

In der animistischen Religion der Ashanti kann kein Sterblicher seine Taten vor Nyame verbergen, denn die oberste Gottheit ist allgegenwärtig und allwissend. Während die Gläubigen den Schöpfer des Universums mit dem Mond gleichsetzen, symbolisiert die Göttin Asaase die Erde. Zahllos sind Nyames Söhne, die den Menschen in ihrer Verkörperung als Flüsse, Seen und Landschaften erfreuen. Weil Irdische den unnahbaren Nyame niemals direkt ansprechen konnten, wandten sie sich mit ihren Anliegen von jeher an die Abosom, wie die niederen Göttersöhne genannt wurden. Ihnen zu Ehren errichteten die Ashanti reichverzierte Tempel, in denen Priester der jeweiligen Gottheit dienten.

Einzigartige Baudenkmäler

Als die Ashanti-Armee, die England im Kampf um die Vorherrschaft an der Goldküste fast ein Jahrhundert lang in Atem gehalten hatte, 1901 dann schließlich die Waffen streckte, lagen viele der alten Tempel und Paläste in Trümmern. Die ausnahmslos erst im 20. Jahrhundert nach dem Modell der Ashanti-Paläste erbauten neueren »Fetischhäuser« – wie die christlichen Missionare die Baudenkmäler der Naturreligion abschätzig nannten – bilden daher nur einen Bruchteil des reichen Architekturerbes.
Dank ihrer Bauweise sind diese Schutzgötter-Tempel perfekt an das Tropenklima angepaßt und gegen Termitenbefall geschützt. Die aus Lehm und Holz errichteten Bauten vermitteln immer noch einen hervorragenden Einblick in die Kultur der Ashanti. Die Tempel mit Hauptfassade und Balustrade haben ihre charakteristischen Steildächer – Meisterwerke einer hochentwickelten Zimmermannskunst – inzwischen zwar eingebüßt, dennoch stehen sie als einzigartige Architektur- sowie Religionszeugnisse für

drei Jahrhunderte, die in der Geschichte Ghanas und ganz Westafrikas eine zentrale Rolle spielten.

In ihrer Grundstruktur aus vier an den Ecken mit Bambuswänden verbundenen Gebäuden um einen rechteckigen, offenen Innenhof sind alle Tempel ähnlich. Die Hauswände bestehen meist aus einem mit Lehm überzogenen Holzkern; in neuerer Zeit beschränkte man sich auf getrocknete Erde für den Mauerbau. Die Dächer waren ursprünglich mit Raphia-Palmwedeln gedeckt. Meist zirkulierte im gesamten Bezirk eine angenehme Brise, der Lehm und das Blätterdach sorgten für erträgliche Innentemperaturen.

Das Sprachrohr der Götter

Die Dekoration der Hauswände, die reliefartig mit verschiedenen Mustern überzogen wurden, fiel von Dorf zu Dorf unterschiedlich aus. Zu den häufigen Motiven zählen Spiralen, aber auch Vögel, Fische und andere Tiere – die entweder naturalistisch oder stilisiert dargestellt wurden. Blätter, Rauten und Pfeilspitzen verzieren oft untere Mauerteile und Säulenschäfte. Während die Spiralmuster noch heute auf den gebietstypischen bedruckten Adinkra-Stoffen zu sehen sind, schmücken die Fisch- und Krokodilmotive der Fetischhäuser auch alte Bronzegewichte, die den Ashanti zum Goldwiegen dienten.

Im Dorf Bawjwiasi steht der am besten erhaltene Schutzgöttertempel, selbst seine Verzierungen blieben unversehrt. Geometrische Muster, in der Fachsprache Zwergenschemel genannt, zieren den mächtigen Tragbalken über dem Eingang zum Altarraum, in dem außer dem Schrein auch sieben stilisierte Puppenskulpturen mit scheibenförmigen Köpfen aufbewahrt wurden. Der Okomfo, der Priester, übergab früher

Ein Blick in den Altarraum des Tempels von Abirim: In den Fetischhäusern wurde der jeweilige Schutzgott des Ortes verehrt.

diese Fruchtbarkeitssymbole den Frauen mit Kinderwunsch.
Der eigentliche Fetisch oder Zauber bestand aus Lehm vom heiligen Fluß Tano, der zusammen mit Glasperlen und Kauri-Muscheln in einem Bronzebecken zerstoßen wurde. Nur ein erfahrener Priester

1

1 Solche Metallscheiben benutzten die Ashanti früher als Gewichte zum Goldwiegen. Dieses herrliche Exemplar ist heute im Britischen Museum in London zu sehen.

konnte seine Wirksamkeit entfalten: In Trance versetzt, agierte der Okomfo als Medium, durch das die überirdischen Mächte, darunter die Geister der Ahnen, zu den Lebenden sprachen und ihnen bei allen Problemen beistanden. Er las auch die Zukunft aus dem Wasser des Flusses Tano. In etlichen Dörfern exorzierte er noch in den siebziger Jahren Frauen, die der Hexerei verdächtigt wurden.

Vom Verfall bedroht

Vom Tempel von Abirim ist zwar nur noch der Altarraum erhalten, dennoch muß er der Fläche nach zu den eindrucksvollsten Baudenkmälern gezählt haben. Mit schwarzer Patina überzogene Tongefäße im Altarraum zeigen unter anderem gekreuzte Krokodile mit drei Köpfen, acht Beinen und einem Schwanz. Ob dieses Symbol für die Abhängigkeit der Familienmitglieder allgemein oder für die Verbindung zwischen Mann und Frau stand, läßt sich nicht mehr klären: Bei den Nachgeborenen geriet die Bedeutung der einst verbindlich festgelegten Symbole, die eine Handwerkergeneration an die nächste weitergab, in Vergessenheit.
Der Tempel in Adwenase besticht durch die einzige komplett erhaltene Eingangsfront, sein Wandfeld zeigt Palmnüsse und ein riesiges Krokodil mit einem Fisch im Maul. Während im Tempel von Asrimaso noch eine kunstvoll gearbeitete Decke aus Palmzweigen in Fischgrätmuster zu sehen ist, besitzt der Tempel von Kenyasi geschnitzte, vergoldete Fensterläden mit farbenprächtiger Bemalung.
Wenn der Verfall der Fetischhäuser, die seit den achtziger Jahren auf der Roten Liste des bedrohten Welterbes aufgeführt sind, weiter anhält, werden künftige Generationen auch die seltenen Holzschnitzarbeiten nur noch auf Fotos bewundern können. Das verwendete Holz ist zwar sehr widerstandsfähig gegen Termiten, besitzt aber keine lange Haltbarkeit. Da heute schon kein Handwerker mehr in der Lage ist, die eingestürzten Dächer zu rekonstruieren, verunstalten inzwischen rostige Wellbleche als Dachersatz die Tempel.
Wenn ein Fetischpriester stirbt und das Dorf keinen geeigneten Nachfolger findet, geben die Einwohner den Schrein auf – niemand pflegt dann mehr die Lehmreliefs, die regelmäßig neu bemalt werden müssen.
Während in Ayigya noch jeden zweiten Donnerstag ein Priester, begleitet von Trommlern und Tänzern, zu Ehren Anyanos das Foyawa-Fest zelebriert, ist dem alteingesessenen Schutzgott Tano Bobodwo in Bosore in den siebziger Jahren ein populärer Konkurrent erwachsen: Der Fetisch des modernen Gottes, dessen Schrein in einem nüchternen Betontempel thront, besteht aus europäischen Kleidern, Rasierzeug, Zigaretten und einem Kassettenrekorder. Während Nyames Söhne jahrhundertelang angerufen wurden, die Wünsche der ganzen Dorfgemeinschaft zu erfüllen, soll diese moderne Gottheit stattdessen dem Einzelmenschen Glück und Wohlstand bescheren.

Das Ashanti-Reich

Noch heute zählen die Ashanti durch die Produktion und den Verkauf von Holz, Kakao und Bodenschätzen zu den wirtschaftlich erfolgreichsten Stammesgruppen Ghanas. Die Gründung ihres Reiches, das sich unter dem König oder Asantehene Osei Bonsu zwischen 1801 und 1824 vom Fluß Bia im Westen bis zum Volta im Osten, also von der Elfenbeinküste bis nach Togo, erstreckte, fällt ins frühe 18. Jahrhundert. Als Residenz wählte der erste Asantehene, Osei Tutu, eine Hügellandschaft am Owabi. In kurzer Zeit entstanden an den breiten Alleen großzügige, aus jeweils vier Einzelgebäuden bestehende Paläste mit Empfangshallen und Balustraden. Die Außenwände der mit Palmblättern gedeckten Häuser schmückten die Ashanti mit Dekorationen aus Lehm.

Zu Beginn des 19. Jahrhunderts stieß die Ashanti-Armee in die Küstenregion vor und bedrängte die Handelskontore der Engländer, die trotz mehrerer Strafexpeditionen den Widerstand der Stämme nicht brechen konnten. Nach der ersten Zerstörung Kumasis holten die Engländer vor der Jahrhundertwende zum letzten Schlag aus: Auf Befehl Königin Viktorias zog Gouverneur Hodgson nach Kumasi, um den Asantehene und seine Untertanen zur Herausgabe des legendären »Goldenen Stuhles«, der Mythologie zufolge Sitz der Seele des Ashanti-Volkes, zu zwingen.

Hodgson löste dort jedoch mit seiner unbedachten Forderung einen Volksaufstand aus. Der englische Major Robert Baden-Powell eilte mit seiner Truppe den Bedrängten zu Hilfe und ließ nicht nur Kumasi in Flammen aufgehen: Enttäuscht darüber, daß er im Mausoleum der Könige nicht auf den erwarteten Goldschatz gestoßen war, setzten die Soldaten des späteren Pfadfindergründers auch gleich die Begräbnisstätte – die später nachgebildet wurde – in Brand. König Prempeh I. verbannten die Engländer auf die Seychellen. Als er 1931 zurückkehrte, tauchte auch der auf mysteriöse Weise verschwundene Goldene Stuhl wieder auf. Noch bevor in den sechziger Jahren über Afrika die Sonne der Unabhängigkeit aufging, erlangte Ghana 1957 als erster schwarzafrikanischer Staat seine Selbständigkeit.

2

3

2 Eine stilisierte Puppenfigur galt als Fruchtbarkeitssymbol (Museum für Afrikanische und Ozeanische Kunst, Paris).

3 Diese eisernen Schwertinsignien stammen vom Hof der Ashanti-Könige (Ghana-Museum, Accra).

4 Fein gearbeiteter Goldschmuck zeigt den Reichtum der Ashanti-Herrscher (Britisches Museum, London).

5 Allegorische Motive zieren diesen Ritualkamm (Privatsammlung).

4

5

Festungen und Schlösser an der Goldküste

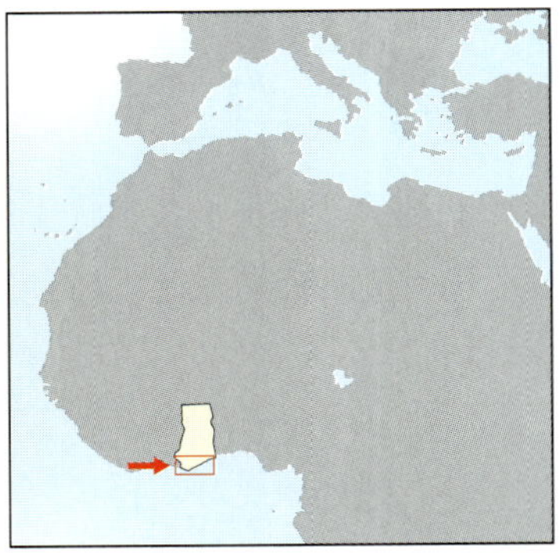

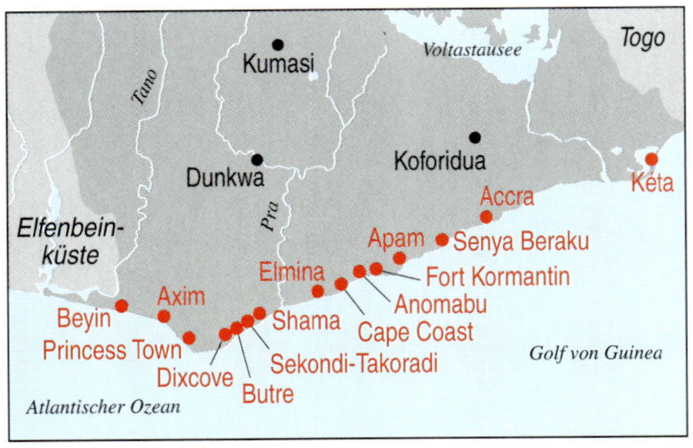

Lage: entlang der Atlantikküste zwischen Beyin und Keta, im Süden des Landes
Weltkulturerbe: seit 1979

Fast an der gesamten Küste des heutigen Ghana errichteten europäische Seefahrer und Kaufleute ab dem späten 15. Jahrhundert ein Netz von Handelsniederlassungen. Auf Westafrikas längster Handelsstraße tauschten die Weißen ihre Waren gegen Gold, Elfenbein und heimische Agrarprodukte. 300 Jahre lebten hier Weiß und Schwarz weitgehend friedlich und gleichberechtigt zusammen. Einige der Festungen erinnern jedoch auch noch an den Sklavenhandel, der hier seinen Anfang nahm, und an das Zeitalter des Kolonialismus.

Weiße Mauern und hohe Palmen: Am Rand von Elmina, der ersten portugiesischen Siedlung an der Goldküste, erhebt sich das ab 1482 erbaute Schloß São Joao da Mina.

Prächtig gekleidet und üppig mit Goldschmuck behangen, empfingen Häuptling Caramança und sein Gefolge die portugiesischen Seeleute um 1470 mit jenen Ehren, die fremden Besuchern in diesem Teil Afrikas erwiesen wurden. Als die Weißen einer portugiesischen Chronik zufolge den Häuptling baten, ihnen ein felsiges Vorgebirge für den Bau einer Handelsfaktorei zu überlassen, soll er ihnen in weiser Voraussicht abgeraten haben: Er warnte vor der mörderischen Hitze in seinem Land, das dem anspruchsvollen Europäer niemals jenen Luxus bieten könne, an den dieser gewöhnt sei. Außerdem wollte der Häuptling nicht ausschließen, daß »jene Leidenschaften, die in uns sind«, über kurz oder lang zu Streit und Unfrieden führen könnten.

1

1 Einstmals heiß umkämpft, ist das imposante Schloß São Joao da Mina mit seinen weißen Mauern heute ein beliebtes Fotomotiv.

2 Mit riesigen Kanonen konnten sich die einstigen Besitzer des Schlosses von Elmina gegen Angreifer verteidigen.

3 Über eine Zugbrücke betritt man das St.-Georgs-Schloß in Elmina, das zu den größten Festungsanlagen an der Küste zählt.

Ein Schrein für die Geister

Die portugiesischen Seeleute, die im Hinterland ergiebige Goldvorkommen witterten und den Landeplatz an einer Meeresbucht daher »Mina de Ouro« – Goldmine – tauften, schlugen Caramanças diplomatisch formulierte Bedenken in den Wind. Ab 1482 bauten sie – allerdings an einem flacheren Küstenabschnitt als ursprünglich geplant – eine mächtige Handelsburg zu Ehren des heiligen Georg, des Schutzpatrons aller Ritter. Teile des Baumaterials, darunter Backsteine für Türrahmen und Fensterwölbungen sowie Gips, Mörtel und Holzbalken, kamen direkt aus Portugal. Aus Furcht vor einem Angriff trieben die Portugiesen ihre Arbeitskräfte zur Eile an. Das Schloß war noch nicht fertig, da schienen sich Caramanças Befürchtungen zu bewahrheiten: Die Einheimischen empörten sich gegen die Fremden und warfen ihnen vor, die lokalen Geister erzürnt zu haben. Der Volkszorn legte sich aber wieder, als die Portugiesen ihnen erlaubten, in einem Burggewölbe zur Besänftigung der Geister einen Schrein einzurichten.

Im Schutz des ältesten Schlosses an der Küste des heutigen Ghana entstand die Siedlung Elmina, die im frühen 16. Jahrhundert die portugiesischen Stadtrechte zugesprochen bekam. Das dortige Schloß São Joao da Mina wird heute auch St.-George's-Castle genannt. Weitere Schlösser sind außerdem das in der benachbarten Portugiesengründung Cabo corço – von den Engländern in Cape Coast umbenannt – gelegene Cape-Coast-Castle sowie Christiansborg in Accra. Die anderen Baudenkmäler der Europäer dienten als Festungen und Handelsposten. An einem knapp 500 Kilometer langen Küstenabschnitt, der nicht wie in den Nachbarländern von Sümpfen

2

und Lagunen zerschnitten ist, entstanden zwischen dem 15. und dem 18. Jahrhundert fast fünf Dutzend Handelsniederlassungen europäischer Länder, von denen allerdings kaum ein Drittel bis heute erhalten blieb.

Blühende Handelsposten

Auf die Portugiesen, die ihr Handelsmonopol in diesem Teil Afrikas um 1600 einzubüßen begannen, folgten die Engländer, die mit den Holländern bis zur Mitte des 17. Jahrhunderts um die Vorherrschaft rivalisierten. Zwischen 1710 und 1800 beteiligten sich dann auch Dänen, Schweden und Preußen an den Handelsgeschäften. Während der Kriege zwischen England und den Ashanti kam den Handelskontoren schließlich nur noch militärische Funktion zu.

3

1

1 Als schwedische Gründung entstand um 1652 das Schloß von Cape Coast, das später an die Dänen und dann an die Engländer fiel. Seine kanonenbestückten Mauern samt den dazugehörigen Eisenkugeln sind noch gut erhalten.

2 Die Mauern des Cape-Coast-Castle, das heute ein Museum und ein Gefängnis beherbergt, bieten einen schönen Blick über die Bucht.

Kein Land bewahrte ein dichteres Netz an historischen Handelsposten als Ghana, dessen Staatswappen außer einem Goldbergwerk auch ein Miniaturschloß ziert. Als weltweit einzigartiges Architekturensemble bildeten die in zumeist relativ kurzen Abständen angelegten Forts eine Art »Shopping-Meile«. Dort tauschten die europäischen Seeleute ihre Waren gegen Gold, Elfenbein, Gewürze, Palmöl und andere afrikanische Produkte. Als aus unerklärlichen Gründen kein Gold mehr verfügbar war, blühte der Sklavenhandel auf: »Mögen jene, die umkamen, die ewige Ruhe finden. Und mögen die Zurückgekehrten ihre Wurzeln wiederfinden«, so liest man heute auf einer schlichten Gedenktafel am St.-George's-Castle in Elmina, dem einstigen Hauptumschlagplatz für die Sklaven aus dem Hinterland.

Die erhaltenen Baudenkmäler der Europäer unterscheiden sich in Größe und Bedeutung frappierend. Während die Gouverneure von Elmina, Cape Coast und Christiansborg ihre Handelsstützpunkte zu stark befestigten Residenzen ausbauen ließen, war das holländische Mount Congh nie mehr als ein bescheidenes Kontor. Keine Spur findet sich mehr von diesem Lehmhaus, das – so eine Chronik – von »einem Mann, mit einer Axt bewaffnet«, verteidigt werden konnte. Gut erhalten blieb hingegen Fort Goede Hoop, das die Holländer 1667 in Senya Beraku in der vergeblichen Hoffnung erbaut hatten, daß der frühere Goldhandel erneut aufleben werde.

2

Von Fort Batenstein in Butre, einer brandenburgischen Niederlassung aus dem 17. Jahrhundert, zeugen heute nur noch Ruinen.

Brandenburger Intermezzo

Gemessen an Portugiesen, Holländern und Engländern gaben die Kaufleute der Kurfürstlich-Brandenburgischen Compagnie hier nur ein kurzes Gastspiel. Im Jahr 1682 verhandelte der preußische Gouverneur mit dem Pokesu-Häuptling über ein Baugelände, doch schon 1724 mußten die glücklosen Brandenburger ihre Kontore fluchtartig aufgeben. Groß-Friedrichsburg in Princess Town und die Ruine von Fort Batenstein in Butre erinnern noch an jene Zeit.

Das Schicksal der Handelsniederlassungen hing immer stärker auch von den gerade vorherrschenden machtpolitischen Verhältnissen außerhalb der Goldküste ab. Mehrfach belagerten die Holländer São Joao da Mina in Elmina, dessen Verteidiger die portugiesische Flagge schließlich 1637 vom Mast holen mußten: Portugals Atlantikreich hatte damit seinen wichtigsten Stützpunkt verloren. Die neuen Herren tauften das gegenüberliegende São Jago da Mina, ein Hügelfort, in Coenraadsburg um und benutzten es als Gefängnis.

Nachdem Holländer die englische Besatzung aus Fort Kormantin vertrieben hatten, reparierten sie das Bauwerk, das vermutlich als erstes Sklavengefängnis diente. Sie benannten es 1665 in Fort Amsterdam um und konnten sich damit zumindest symbolisch für den Verlust ihrer nordamerikanischen Besitzung Neu-Amsterdam, des heutigen New York, an England rächen.

300 Jahre Koexistenz

Im großen und ganzen hatten die Europäer wenig Einfluß auf die Machtstrukturen der einheimischen Stämme. In Axim hingegen,

dessen Fort São Antonio inzwischen als Postamt dient, wandten sich die untereinander zerstrittenen Häuptlinge an den Kommandanten als Schlichter. Als schließlich die Spannungen zwischen den Handelsmächten zunahmen, fühlten sich die lokalen Häuptlinge nicht mehr an die Abmachungen gebunden: Sie wechselten beliebig die Seiten, konnten zeitweise sogar einige Handelsniederlassungen besetzen.
Ohne die enge Zusammenarbeit mit den eingeborenen Nachbarn hätten sich die Kaufleute und Soldaten aus Europa selbst hinter den solidesten Festungsmauern nicht lange halten können. Bis zum Beginn des Kolonialzeitalters mußten sie die schwarze Bevölkerung daher wohl oder übel als ebenbürtig behandeln. Diese 300jährige Koexistenz hat die Küstenbewohner des heutigen Ghana spürbar geprägt: Die Menschen in Elmina und Cape Coast wirken offener und selbstbewußter als in anderen westafrikanischen Küstengebieten.
Die europäischen Baudenkmäler beherbergen heute Geschichtsmuseen, Behörden, Gefängnisse, Schulen oder dienen sogar als Leuchtturm. Einige der Bauten, in denen einst oft genug entwurzelte Europäer, von tropischen Krankheiten gepeinigt, das baldige Ende ihrer Dienstzeit herbeisehnten, sollen zu komfortablen Hotels umgebaut werden. Die Gemütslage ihrer Gäste wird dann wohl besser sein als die eines holländischen Buchhalters, der im Jahr 1703 bekannte: »Ich gebe bereitwillig zu, daß ich von Zeit zu Zeit ein gutes Glas Wein trinke und auch, daß ich mir in der Regel morgens ein kleines Glas Branntwein genehmige. Aber ich würde gerne wissen, wer in diesem tristen Land nicht das gleiche täte; dies ist sogar nötig, wenn man nur seine Gesundheit bewahren will.«

Manche der alten Festungen – so auch das Fort Dixcove – sollen zu Hotels umgebaut werden, in denen zahlungskräftige Touristen ihren Urlaub verbringen können.

Königspaläste von Abomey

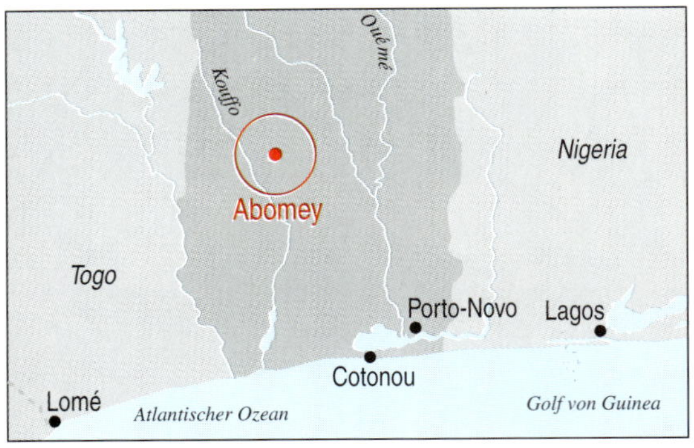

Lage: im Süden des Landes, etwa 140 Kilometer nordwestlich von Cotonou

Weltkulturerbe: seit 1985

Streng beherrschten drei Jahrhunderte lang zwölf Monarchen, die sich von ihren Untertanen als göttergleiche Wesen verehren ließen, das Königreich von Dahomey im heutigen Benin. Nur zwei ihrer mit farbigen Flachreliefs geschmückten Paläste blieben weitgehend erhalten. Sie bilden ein historisches Museum, das vom einheimischen Stamm der Fon nach wie vor als Eigentum der Gemeinschaft begriffen und gepflegt wird. Seine Ausstellungsgegenstände stehen für lebendige Traditionen, an denen die Fon bis heute festhalten.

Die farbigen Flachreliefs an den Außenwänden der Königspaläste von Abomey berichten von den Taten der einstigen Herrscher und ihrer Krieger.

1

1 Durch Wellblechbahnen, die als Ersatz für die ursprünglichen Strohdächer der Palastbauten dienten, wurden die Flachreliefs an den Außenwänden nicht ausreichend geschützt und zusätzlich in Mitleidenschaft gezogen.

2

2 Etwas abseits von den anderen Königspalästen erinnern Ruinen an die Residenz von König Akaba, der das Reich von Dahomey zwischen 1685 und 1708 regierte.

Um die heiligen Stätten Mekka und Medina zu besuchen, hatte sich der Forscher Richard Francis Burton im Jahr 1853 als moslemischer Wallfahrer getarnt. Wenige Jahre später begab er sich im Auftrag der britischen Regierung ganz offiziell an den Hof des Königs von Danxomé nach Abomey. Zwar hatte Glélé (Regierungszeit 1858 – 89) seinen Thron auf makabre Weise mit Menschenschädeln schmücken lassen, der Empfang für den Besucher aus Europa fiel dennoch ehrenvoll und freundlich aus. Tief beeindruckt vom pompösen Hofzeremoniell im Adjalala, dem Palast von König Glélé, der als göttergleicher Monarch mit seiner legendären Amazonenarmee über das Reich der Fon herrschte, mußte Burton jedoch schon nach kurzer Zeit seine Mission abbrechen. Denn der selbstbewußte Glélé wollte nicht einsehen, warum er dem Sklavenhandel abschwören sollte. »Die persönliche Verbindlichkeit des Königs paßt schlecht zu seinem starren Vorsatz, selbst bei geringen Angelegenheiten die Wünsche Ihrer Majestät zu mißachten«, klagte Burton später enttäuscht. Der drittletzte der zwölf Herrscher von Dahomey blieb dem Gentleman nichts schuldig: Er beurteilte ihn nach Burtons Worten als »guten, jedoch zu aufbrausenden Mann«.

Sklaven gegen Kanonen

Einzig und allein dem Sklavenhandel verdankte Danxomé, das die Europäer Dahomey nannten, seinen Aufstieg zu einem der wohlhabendsten Königreiche an Westafrikas Küsten. Um sich gegen die Nachbarrei-

che Ouidah und Allada zu schützen, ließ der zweite König, Dakodônou, 1625 seine aus Stampflehm erbaute Residenz mit einer Mauer umgeben. Seine Nachfolger fügten ihre eigenen Paläste mit je drei Höfen hinzu. Als 1911 die Kolonialmacht Frankreich den letzten König absetzte, standen zwölf Residenzen auf dem 43 Hektar großen Königsbezirk von Abomey, um den eine sechs Meter hohe Lehmmauer verlief.
Die meisten der hier verkauften Sklaven waren Kriegsgefangene besiegter Nachbarvölker. Die portugiesischen Sklavenkäufer tauschten sie in der Regel gegen Feuerwaffen ein: Für eines jener Geschütze, die den »Kanonenhof« im Palastbezirk säumen, erhielten sie wahlweise 21 schöne Frauen oder 15 kräftige Männer.
Nachdem sich Dahomey 1724 Allada einverleibt hatte, marschierte Agaja, der von 1708 bis 1740 regierte, 1727 in die Hafenstadt Ouidah ein und sicherte sich die Einnahmen aus dem Menschenhandel in Form eines königlichen Monopols. 1818 gelang es König Ghèzo – dem bedeutendsten Monarchen, der 40 Jahre lang bis 1858 herrschte –, sein Reich von Tributzahlungen an die benachbarten Yoruba im heutigen Nigeria zu befreien und eine effiziente, zentralistische Verwaltung aufzubauen.

Blühende Handwerkskunst

Während Ghèzos Herrschaft blühte das Kunsthandwerk auf; zahlreiche Yoruba-Handwerker aus dem Königreich Benin – es lag im heutigen Nigeria und hat mit dem Staat Benin nur den Namen gemeinsam – schufen wie auch ihre Kollegen aus dem Stamm der Fon Holzschnitzereien, Metallgüsse und mit aufgenähten Mustern versehene Textilarbeiten, wie sie noch heute im Handwerkerhof des Palastbezirkes hergestellt werden. Diese Wandbehänge erzählen in bunten Bildern von den Heldentaten der großen Könige Dahomeys.
Nur die beiden großen Paläste von Ghèzo und seinem Sohn Glélé sind fast vollständig erhalten geblieben, an die übrigen Residenzen, darunter der Palast und das zweistöckige Wohnhaus König Akabas (1685 bis 1708), erinnern nur noch Ruinen. Während Akaba einen gesonderten Bezirk ausgewählt hatte, ließen die anderen elf Könige ihre Baudenkmäler vornehmlich im Osten des Hauptbezirks errichten.
Auf viereckigem Grundriß angelegt, sind die ummauerten Residenzen von Ghèzo und seinem Sohn im Aufbau nahezu identisch: Nach dem Außenhof – Schauplatz religiöser Zeremonien und Militärparaden – betrat der Besucher den Innenhof, der zum Königshof und zu den Privatgemächern des Herrschers führte.
Als Baumaterial für die mit geschnitzten Türen versehenen Wohnhäuser verwendete man Stampflehm und Teakholz. Mit Bambusstangen konstruierten die Handwerker den strohgedeckten Dachstuhl. Die Außenwände der Gebäude zierte eine Abfolge von bunten Flachreliefs, auf denen die Monarchen ihre Großtaten verherrlichen ließen. Andere Darstellungen zeigen Tiere und Pflanzen, die sich Dahomeys Herrscher als Symbole gewählt hatten.

3

3 In den bunten Wandmalereien finden sich Hinweise auf Mythen und wichtige Vorgänge im einstigen Königreich Dahomey – links ein Zwitterwesen aus Löwe und Widder, darunter die Abbildung einer Kanone.

Ahnenkult und Menschenopfer

Um Gesandte würdevoll zu empfangen, kamen später weitere Gebäude hinzu. Die kleineren Rundbauten dienten religiösen Zwecken. Dort befanden sich Altäre für die Geister der Ahnen sowie die königlichen Grabmäler. Bei der Beisetzung Glélés 1889 wurden der Überlieferung zufolge seine 41 Ehefrauen lebendig mit ihm begraben. Solange das Königreich existierte, ließen die Monarchen auch Menschenopfer darbrin-

1

1 *Die oft mit Metall überzogenen Holzskulpturen zeichnen sich meist durch überlange Gliedmaßen und eine ziselierte Oberfläche aus: im Bild ein Löwe, Symbol des Königs Glélé.*

gen: Sie sollten den verstorbenen Würdenträgern noch im Jenseits zu Diensten sein. Dem Baumaterial der Ahnentempel mischte man Goldstaub, Portwein, das Blut von hingerichteten Kriegsgefangenen, Perlen, Kauri-Muscheln und Meerwasser bei.

Der Marsch französischer Kolonialtruppen nach Abomey besiegelte 1894 den Untergang des Reiches. König Behanzin, dem die Franzosen fortwährende Vertragsbrüche zur Last legten, ließ die Stadt und den Palastbezirk in Brand stecken. Unter dem letzten Monarchen, dem von der Kolonialmacht eingesetzten, fügsamen Agoli-Agbo, begann der Wiederaufbau der zentralen Baudenkmäler. Etliche Götterstatuen schmücken seit Jahrzehnten europäische Museen. In den Königspalästen von Abomey, seit 1944 als historisches Museum genutzt, gibt es häufig nur Nachbildungen zu sehen. Die Flachreliefs, mehrfach restauriert, übermalt und mit Beton zur Stabilisierung der Nischen teilweise entstellt, lassen sich heute zeitlich kaum noch einordnen.

2

2 *Insgesamt 15 Löwendarstellungen finden sich auf den 56 Bildtafeln am »Palais des Bijoux«, mit denen König Glélé seine Residenz schmücken ließ.*

3

4

3 *In traditioneller Kleidung mit Festtagsschmuck und Stab führt diese Frau anläßlich des Ahnenfestes Jahouhou im Palasthof einen Tanz zu Ehren des Königs auf.*

4 *Etliche der Kunstwerke bedürfen mittlerweile dringend einer Restaurierung: Diese Wandmalerei stellt die Prinzessin Nessuhué dar.*

Die bedeutendsten Reliefs entstanden in der Regierungszeit Glélés, der auf 56 Bildtafeln am »Palais des Bijoux« 15mal sein Symboltier, den Löwen, darstellen ließ. Da niemand mehr die alten Strohdächer reparieren konnte, ersetzte man sie durch Wellblechplatten, die jedoch nicht nur das ursprüngliche Erscheinungsbild der Paläste nachhaltig störten: Sie konnten auch die Flachreliefs nicht mehr wirksam vor dem Tropenregen schützen. Seit mehrere Wirbelstürme während der siebziger und achtziger Jahre im Palastbezirk verheerende Schäden anrichteten, bemühen sich Denkmalpfleger des Getty Conservation Institute in einer Werkstätte des Palastbezirks um die Bewahrung und die Restaurierung der historischen Gebäude. Die Königspaläste von Abomey werden von der UNESCO aufgrund ihres schlechten Zustands mittlerweile auf der Roten Liste des bedrohten Welterbes geführt.

Lebendige Traditionen

Auch heute noch gibt es im einstigen Reich von Dahomey einen König, Agoli-Agbo Dejalagni; politische Macht besitzt er allerdings nicht. Dennoch blieb er für viele Fon eine Respektsperson. Seit sich der anfänglich zögernde Monarch und seine Familie für den Schutz der Paläste ihrer Vorfahren einsetzen, stehen die Restaurationsarbeiten unter einem günstigeren Vorzeichen.

Hinter den Palastmauern bilden Götterstatuen, Königsthrone, Baldachine und Hofkleider offiziell die Exponate eines historischen Museums, das nach europäischen Maßstäben allerdings keines ist. Denn für die Fon, die die Paläste als Eigentum der Gemeinschaft betrachten, haben die ausgestellten dickbauchigen Tonvasen, deren dumpfer Klang früher den Tod der Monarchen verkündete, einen unmittelbaren Bezug zur Gegenwart: Bis heute erfährt die Gemeinschaft so vom Tod eines Erwachsenen.

Einmal jährlich versammelt man sich im Museum, um das Jahouhou genannte Ahnenfest zu begehen. Wird ein Dorfchef oder ein Familienoberhaupt eingesetzt, findet die Zeremonie im Thronpavillion mit seinen Königssitzen statt. Und wenn vor den Toren des Palastbezirks der alle fünf Tage abgehaltene Markt zu Ende geht, begibt sich eine Gruppe von Marktfrauen in das königliche Mausoleum, um den Geistern der Verstorbenen nach alter Tradition 41 verschiedene Gerichte darzubringen.

Medina von Tetuan

Land: Marokko

Lage:
am nördlichen Fuß des Rif-Gebirges, nahe der Straße von Gibraltar

Weltkulturerbe:
seit Dezember 1997

Aufgrund seiner Lage an der nordafrikanischen Mittelmeerküste bildete Tetuan, das ab dem 10. Jahrhundert in schriftlichen Quellen erwähnt wird, die Verbindung zwischen der Iberischen Halbinsel und dem Landesinneren Marokkos. Ihre Blüte erlebte die Stadt jedoch erst ab 1609, als sich viele der aus Spanien verbannten Morisken, darunter einige reiche Kaufleute, hier niederließen. Tetuans Medina ist von einer zinnenbekrönten, bis zu sieben Meter hohen Stadtmauer umgeben, durch deren Tore man auf teilweise überdachten Straßen (im Bild) zu den Souks, den öffentlichen Plätzen und Gebäuden sowie den Moscheen gelangt. Etwas abseits an den kleineren Straßen liegen die Wohnviertel. Minarette überragen die Dächer von Tetuan, dessen Stadtbild noch deutlich den maurisch-andalusischen Einfluß verrät.

Ruinen von Volubilis

Land: Marokko

Lage:
nordwestlich des Mittleren Atlas, nahe Meknès, etwa 60 Kilometer westlich von Fès

Weltkulturerbe:
seit Dezember 1997

Im 1. Jahrhundert n. Chr. wurde Volubilis erstmals schriftlich erwähnt, doch eine punische, in Stein gemeißelte Inschrift bezeugt, daß es bereits im 3. Jahrhundert v. Chr. besiedelt war. Im Jahr 40 n. Chr. wurde der Ort von den Römern annektiert, später jedoch aufgegeben und schließlich unter islamischer Herrschaft Ende des 8. Jahrhunderts für kurze Zeit neu belebt. Die Überreste der danach fast 1000 Jahre lang unbewohnten Stadt stammen hauptsächlich aus römischer Zeit. Eine Wehrmauer mit einst etwa 40 Türmen ist fast in ihrer gesamten Länge von knapp zweieinhalb Kilometern noch sichtbar. Die Ruinen einer Basilika, des Forums mit Kapitolstempel, des Caracalla-Triumphbogens (im Bildhintergrund), der Thermen und Villen sowie einige herrliche Mosaiken (Bild) zeugen von der Blütezeit dieser Handelsmetropole.

Meknès

Land: Marokko

Lage:
nordwestlich des Mittleren Atlas, etwa 70 Kilometer westlich von Fès

Weltkulturerbe:
seit Dezember 1996

Vom Herrscherhaus der Almoraviden im 11. Jahrhundert als eine Art Garnison gegründet, fiel Meknès – der Name geht auf den Berberstamm der Meknassa zurück – später unter die Herrschaft verschiedener Dynastien, von denen jede ihre Spuren im Stadtbild hinterließ. Meknès wuchs schnell und wurde im 17. Jahrhundert zur Hauptstadt des Reiches von Sultan Moulay Ismaïl (1672–1727), der verfallene Gebäude rekonstruieren und neue in spanisch-maurischem Stil erbauen ließ. Unter seiner Herrschaft entstand die imposante Stadtmauer (Bild), die an manchen Stellen bis zu sechs Meter stark ist. Der von monumentalen Toren durchbrochene Wall umschließt zahlreiche Moscheen, Handwerkerviertel, Privathäuser, Gärten und Hammams, die noch weitgehend in ihrem ursprünglichen Zustand erhalten sind.

Ruinen von Thugga/Dougga

Land: Tunesien

Lage:
im Norden des Landes, etwa 100 Kilometer südwestlich von Tunis

Weltkulturerbe:
seit Dezember 1997

Die Überreste der alten Stadt Thugga zeugen von der Besiedlung Numidiens über einen Zeitraum von 17 Jahrhunderten. Aufgrund von neueren Ausgrabungen vermutet man, daß die Stadt um das 5. Jahrhundert v. Chr. gegründet wurde. König Massinissa (nach 240–148 v. Chr.) machte Thugga zu einer der Hauptstädte libysch-punischer Kultur. Mit Cäsars Sieg über Juba I. fiel der Ort 46 v. Chr. an die Römer. In den darauffolgenden 250 Jahren entstanden zahlreiche Bauten wie Tempel, Bäder und Zisternen, das Forum, zwei Triumphbögen und ein Theater (Bild) mit ursprünglich etwa 3500 Sitzplätzen, wobei jedoch die numidischen Bauwerke nicht zerstört wurden. Dougga war bis ins 14. Jahrhundert bewohnt, zuletzt unter islamischer Herrschaft, wie eine erhaltene Moschee aus jener Ära zeigt.

Wüstenstädte Ouadane, Chinguetti, Tîchît und Oualata

LAND: Mauretanien

LAGE:
im Nordwesten (Ouadane, Chinguetti) bzw. Südosten (Tîchît, Oualata) des Landes, am Westrand der Sahara

WELTKULTURERBE:
seit Dezember 1996

Am Rande des Maghreb, mitten in der Wüste liegen die vier Städte, die zwischen dem 11. und 12. Jahrhundert gegründet wurden. Entlang der wichtigsten Karawanen-Routen durch die Sahara entstanden sie als reine Versorgungsstationen, wurden jedoch bald zu blühenden Orten mit kultureller und religiöser Bedeutung. Ursprünglich von Mauern umgeben, entwickelten sich die Städte um die Moschee im Zentrum. Die Gebäude, deren Größe mit der Entfernung von der Moschee zunimmt und deren Bauweise ideal auf das Klima abgestimmt ist, sind innen und außen oft mit Steinapplikationen oder Lehmmalereien (Bild: Ouadane) verziert. Die letzten noch bis heute bewohnten Wüstenstädte Ouadane, Chinguetti, Tîchît und Oualata zeugen von der ursprünglichen Siedlungsweise der Nomadenvölker.

W-Nationalpark

LAND: Niger

LAGE:
im Südwesten des Landes, nahe der Grenzen zu Benin und Burkina Faso

WELTNATURERBE:
seit Dezember 1996

FLÄCHE:
2200 Quadratkilometer

Der W-Nationalpark wird im Nordosten vom Fluß Niger begrenzt, der hier eine Doppelschleife in W-Form bildet. Das Schutzgebiet erstreckt sich bis an die Landesgrenzen zu Burkina Faso und Benin. Auf den eher unfruchtbaren Böden der Busch-Savanne wurden 454 verschiedene Pflanzenarten gezählt, darunter zwei nur in Niger vorkommende Orchideenspezies. Etliche der Reptilien und Fische des Nationalparks sind ebenfalls typisch für die Niger-Region. Auf dem Flug nach Süden machen viele europäische Vogelarten hier Rast. Die heimische Fauna umfaßt mehr als 70 Säugetier- und 350 Vogelspezies. Der Bestand einiger Tierarten wie der Leierantilope (im Bild) konnte in den letzten Jahren wieder erhöht werden, nachdem zuvor manche Spezies aus der Gegend bereits verschwunden war.

Register

Fettgedruckte Stichworte und Seitenzahlen weisen auf Haupteinträge hin, *kursiv* gedruckte Seitenzahlen auf Abbildungen.

Bildnachweis

Für die Bildagentur Archivo Iconografico, S. A., Barcelona, wurde die Abkürzung AISA verwendet.

Titelfoto (Pyramiden in Giseh, Ägypten): AISA; **Vorsatz vorne und hinten** (Barbiermoschee in Kairouan, Tunesien): AISA; **Seite 1** (Säulendetail in Leptis Magna, Libyen): AISA; **Seite 4** (Dorf Teli im Land der Dogon, Mali): AISA; **Umschlagrückseite: l. o.** (Sultan-Hassan-Moschee in Kairo, Ägypten), **l. u.** (Timbuktu, Mali), **r. o.** (Panther), **r. u.** (Tadrart Acacus, Libyen): AISA.

Abbildungen im Inhaltsverzeichnis: aus dem Inhalt.

12/13, 14, 15, 16/17, 18, 19, 20/21, 22, 23, 24, 25, 26, 27 o., 27 u. l., 27 u. r., 28/29, 30 o., 30 u., 31, 32/33: AISA; **34/35:** W. Jacobs-Trip; **36:** B. & C. Desjeux; **37:** AISA; **38/39:** Ch. Kutschera; **40, 41, 42:** B. & C. Desjeux; **43:** Ch. Kutschera; **44/45:** AISA; **46 l., 46/47, 48 o. l., 48 u.:** B. & C. Desjeux; **48 o. r.:** AISA; **49:** B. & C. Desjeux; **50/51, 52, 53:** L.R. Pastor; **54/55:** K. Honkanen; **56:** C. Barton-Ch. Osborne Pict.; **57 o.:** AISA; **57 u.:** B. & C. Desjeux; **58/59, 60:** AISA; **61:** Ch. Kutschera; **62 o.:** AISA; **62 u.:** B. & C. Desjeux; **63:** AISA; **64/65, 66, 67, 68/69, 70, 71, 72 o., 72 u., 73 o.:** B. & C. Desjeux; **73 u.:** AISA; **74/75:** H. Miles-Nature Photographers Ltd.; **76:** AISA/E. Pott-B. Coleman; **77:** AISA/R. Williams-B. Coleman; **78 l., 78/79:** H. Miles-Nature Photographers Ltd.; **80 o.:** Heather Angel; **80 u.:** AISA; **81 o.:** R. Tidman-Nature Photographers Ltd.; **81 u.:** M. Gore-Nature Photographers Ltd.; **82/83, 84 l., 84 r., 85, 86 o., 86 u., 87, 88/89, 90 l., 90 r., 91, 92/93, 94 o. l., 94 o. r., 94 u., 95, 96 o., 96 u., 97 o., 97 u., 98/99, 100, 101, 102 o., 102 u., 103 o., 103 u., 104, 105, 106/107, 108, 109 o., 109 u., 110 l., 110 r., 111, 112/113, 114/115, 115 r., 116 o., 116 u., 117, 118/119, 119 o., 119 u. l., 119 u. r., 120/121, 122, 123 o., 123 u., 124/125, 126 l., 126/127, 128 o., 128 u., 129, 130/131, 132, 133, 134/135, 136 o. l., 136 o. r., 136 u., 137, 138/139, 140, 141 o., 141 u., 142/143, 144 l., 144/145, 146 o., 146 u., 147, 148/149, 150, 151, 152/153, 154/155, 156, 157, 158/159, 160, 161, 162, 163, 164, 165, 166 o., 166 u., 167, 168/169, 170 l., 170/171, 172/173, 174, 175, 176, 177, 178 o., 178 u., 179 o., 179 u., 180/181, 182, 183, 184/185, 186, 187, 188/189, 189 r., 190 o., 190 u., 191 o., 191 u., 192/193, 194, 195, 196 l., 196/197, 198/199, 199 r., 200/201, 201 u.:** AISA; **202/203, 204:** A. Greth-Bios; **204/205:** R. Tidman-Nature Photographers Ltd.; **206:** A. Greth-Bios; **207 o. l.:** P. Sterry-Nature Photographers Ltd.; **207 o. r.:** J. Sutherland-Nature Photographers Ltd.; **207 u. l.:** Worldwide Fund for Nature-B. Coleman; **207 u. r., 208/209:** AISA; **210 o.:** FNH Gunther-Bios; **210 u.:** AISA/H. Brehm-B. Coleman; **211:** FNH Gunther-Bios; **212/213, 214/215, 216, 217, 218, 219:** AISA; **220/221:** H. Van Lawick-Nature Photographers Ltd.; **222 o.:** J. A. Fdez. Durán; **222 u., 223 o.:** AISA; **223 u.:** J. A. Fdez. Durán; **224 o.:** M. Gore-Nature Photographers Ltd.; **224 u.:** AISA/D. Van Zyl-B. Coleman; **225 o.:** AISA/J. Burka-B. Coleman; **225 u.:** AISA/H. Reinhard-B. Coleman; **226/227, 228/229, 229 r., 230, 231 o., 231 u., 232/233, 234, 235, 236/237, 238, 239, 240 l., 240/241, 242 o.:** AISA; **242 u.:** H. Van Lawick-Nature Photographers Ltd.; **243, 244/245, 246/247, 247 r., 248, 249 l., 249 r.:** AISA; **250/251, 252, 253, 254 o.:** B. & C. Desjeux; **254 u.:** K. Honkanen; **255 o.:** B. Rogers-Biofotos; **255 u.:** Heather Angel; **256/257:** AISA; **258:** J. A. Fdez. Durán; **259:** AISA/E. & P. Bauer-B. Coleman; **260:** J. A. Fdez. Durán; **261 o.:** Heather Angel; **261 u.:** K. Carlson-Nature Photographers Ltd.; **262/263, 264, 265 o., 265 u., 266/267, 267 r., 268 o., 268 u., 269 o. l., 269 o. r.:** AISA; **269 u.:** R. Tidman-Nature Photographers Ltd.; **270/271:** AISA; **272:** S. Zalewsky-Bios; **273:** Heather Angel; **274, 275:** AISA; **276:** S. Zalewsky-Bios; **277 o.:** AISA; **277 u.:** AISA/HPH Photography-B. Coleman; **278/279, 280, 281:** Werner Forman Archive; **282, 283 o. l., 283 u. l.:** AISA; **283 o. r., 283 u. r.:** Werner Forman Archive; **284/285:** L. Taylor-Panos Pictures; **286:** L. Taylor-Hutchison Library; **287 l., 287 r.:** Werner Forman Archive; **288:** C. Hughes-Hutchison Library; **289:** Werner Forman Archive; **290:** A. Silvertop-Hutchison Library; **291:** C. Hughes-Hutchison Library; **292/293, 294 o., 294 u.:** J. A. Fdez. Durán; **295:** B. & C. Desjeux; **296 o.:** J. A. Fdez. Durán; **296 u.:** B. & C. Desjeux; **297 l.:** J. A. Fdez. Durán; **297 r.:** B. & C. Desjeux; **298 (Medina von Tetuan):** Wolfgang Fritz; **298 (Volubilis):** Silvestris-L. Janicek; **298 (Meknès):** AISA; **298 (Thugga):** B. & U. International Picture Service; **299 (Ouadane):** AISA; **299 (W-Nationalpark):** AISA.

Impressum

Dieses Buch entstand in Zusammenarbeit zwischen dem ADAC Verlag, München, Plaza & Janés Editores, S. A., Barcelona, Verlagshaus Stuttgart und der UNESCO, Paris

Autor: Thomas Veser

Projektleitung: Michael Dultz, Wolfgang Kellner, Joan Tarrida

Redaktionsleitung: Walter Liedke, Dr. Sabine Werner-Birkenbach

Redaktion: Hermann J. Benning, Ulrich Gohl, Sacha Goldman, Dr. Wolfgang Hensel, Cornelia Schaller, Peter Strasser

Bildbeschaffung, Layout, Kartographie und Repro: Creación y Edición Multimedia, S. A., Barcelona

Herstellung: Hans-Joachim Preußer, Andreas Schweiger, Max Widmaier

Titelgestaltung: Klaus Dempel, Stuttgart, Graupner & Partner, München

Satz: Bechtle-Druck, Esslingen

Druck- und Bindearbeiten: Mohndruck Graphische Betriebe GmbH, Gütersloh

ISBN 3-87003-811-X